분단시대의 지식인

통일
만세

남정현 · 박순경 외 지음
최진섭 대담 · 정리

도서출판 말

백발 외아들이 백발 홀어머님 껴안는 그 날아

산 역사 물려주려 감옥 간다

'신학자 박순경, 소설가 남정현, 비전향 장기수 기세문, 통일운동가 이천재, 청화 스님, 해직언론인 정동익, 시인 이기형, 강희남 목사'

이분들은 내가《말》지 기자로 일한 1989년 1월 31일부터 10년 동안 인터뷰를 했거나 취재 현장에서 만난 분들이다. 이기형 시인은 96세가 되던 2013년 6월, 강희남 목사님은 89세 되던 2009년 6월에 별세하셨다.

도서출판 말이 펴내는 첫 번째 책의 주제를 '분단시대의 지식인'으로 정하고, 이분들을 일이십 년 만에 다시 만나서 인터뷰했다. 여전히 이분들의 목소리가 '말다운 말'이고, 여전히 분단된 우리 시대의 실상을 대변하는 목소리라 여겼기 때문이다.

통일 신학자 박순경 교수는 "이념과 체제보다 민족이 우선, 연방제 통일로 제3의 민족사회 건설해야 함"을 역설한다.

남정현 소설가는 젊은 후배들에게 "한 사람 한 사람이 우리 시대를 지키는 초소이니, 자기 능력에 맞게 우리 시대의 빛이 되어 달라"는 마음을 전한다.

원로 지식인의 눈에 한국 사회는 《말》지와 인터뷰를 했던 20년 전이나 다를 바가 없는 분단시대이고, 외세문제가 중요한 때이다. 민족의 근본문제를 놓고 말한다면 이분들이 청춘이었던 50년, 60년 전과도 다를 바 없는 상황이라 할 수 있을 것이다.

이 책에 소개된 분들의 공통점을 나타낼 수 있는 말은 일편단심, 초지일관, 언행일치라 할 수 있다. 무엇이 이분들로 하여금 평생토록 한 길을 가게 할 수 있었을까? 혼돈의 시대에 원로 지식인들의 삶을 통해 열정, 지조, 자유의 가치를 되새겨 보는 기회가 되었으면 한다.

언제 봐도 부드러운 목소리에 온화한 낯빛을 띠고 있는 청화 스님은 '칼날 위에 선 사람'을 좋아한다. 이는 만해 한용운 선생의 《수양독본》에 나오는 말이다.

"정의의 칼날 위에 서라. 무슨 일이든 성공이나 실패보다 옳고 그른 것을 먼저 분별할 줄 알아야 한다."

역사의 승리자가 되고자 하는 이는 한 번쯤 깊이 새겨 둘 말이 아닌가 싶다.

세상으로부터 던져오는 불길을 피할 줄
도 모르고, 시커멓게 타서 숯이 되는
나무이고 싶지는 않다. 설령 어느 마른
땅이라 할지라도, 깊이 파서 내가 마시
고 싶은 물을 찾는 삶을 살고 싶다.
그것이 나의 의지에 의해, 선택된 주체
적인 삶이 되기 때문이라. 나는 이렇게
내 삶의 주인으로 살고 싶은 것이라.
주인으로 살고 주인으로 죽는다면, 거기
무슨 회한이 있겠는가. 정화

칼날을 밟고 서는 사람 그 어디 있는가

—

청화 스님

2013년 8월 시청앞 광장 촛불집회에서

1962년 출가 / 1977년 《불교신문》 신춘문예 시조 '미소' 당선 / 1978년 《한국일보》 신춘문예 시조 '채석장 풍경' 당선 / 1986년 민주헌법쟁취국민운동본부 공동의장 / 1992년 실천불교 전국승가회 의장 / 1995년 청평사 주지 / 1998년 조계종 중앙종회 수석부의장 / 2004년 대한불교 조계종 교육원장 / 참여연대 공동대표, 실천불교전국승가회 상임의장 역임, (현)서울 정릉 청암사 주지 / 저서 산문집 《향기를 따라가면 꽃을 만나고》(2009), 시집 《무엇을 위해 살 것인가》(2009)

어디 있는가
칼날을 밟고 서는 사람
古木나무의 그늘 아래 모인
썩은 송장 냄새의 무리들,
그들의 굿판의 술이 달다고
귀 있는 이들 우르르 몰려가는데,
그곳을 등지고, 둑을 무너뜨린
저 洪水를 향해 두 눈 부릅뜨고
칼날을 밟고 서는 사람
그 어디 있는가.

원장 임기를 마치고

교육원장 소임은

인적 없는 풀밭에 퍼질러 앉아 물결 없는 하늘 호수의 잉어 한 마리 찾다가

이 꽃에서 저 꽃으로 날아가는 흰나비나 바라보는 일이 아니었습니다.

물에 빠지면 큰일 날 희고 빛나는 소금 한 짐 지고

두 눈을 부릅뜨고 긴 외나무다리 건너가는 걸음걸음이 떨리는 발길이었습니다.

그러나 넘어지지 않고 지게를 벗을 종점까지 잘 왔습니다.

여기 손차양하고 돌아보는 어느 덧 먼 나라의 밤 언덕이 된 저편 반짝이는 불빛들 몇 점 남기고 홀홀히 떠나갑니다.

지난 오 년 동안 기다려 준 자작나무의 날개 치는 새를 따라
내가 아니면 누구도 불 수 없는 피리를 들고
내가 아니면 아무도 갈 수 없는 그런 길로.

조계종 제5대 교육원장 5년 임기 마치고 퇴임식(2009년 3월 24일) 하는 자리에서 등단 후 첫 시집《무엇을 위해 살 것인가》출간 기념법회도 함께 하셨네요. 퇴임사도 시로 대신하고요.

• 떠날 때는 말없이 떠나는 것이라 생각하고 퇴임식 안 한다고 했는데, 꼭 해야 한다고 해서 내 성미에 맞지 않게 요란하게 퇴임식을 하게 됐어요. 조용히 물러나면 되는 일인데, 오시는 분에게 미안한 생각도 들고 해서, 부랴부랴 시집을 엮어낸 것이에요.

그렇게 시를 애지중지하셨는데, 첫 시집은 늦게 펴냈네요. 1978년《한국일보》신춘문예 시조 부문에 '채석장 풍경'이 당선돼 등단했으니, 31년 만에 시집을 펴낸 것이죠?

• 많은 선지식이 남긴 게송을 통해 깨달음의 경지를 엿볼 수 있는 것처럼 나름대로 의미를 부여하며 시를 써 왔어요. 그렇지만 시심에 흥건히 젖어 시를 쓰면서도 늘 부질없는 망상이라 생각했고, 내 시집을 갈구하고 열망하는 독자는 없기에 스스로 시를 쓰는 것에 자족했지요. 정말로 시집 내려는 욕구는 없었는데, 교육원장 퇴임식을 꼭 해야 한다고 해서, 선물로 준비했어요. 이리 되면 시집에게 미안한 일인지도 모르겠어요.

월간 《말》지(1998년 5월호) 인터뷰에서 "약관의 나이에 입산한 사람들에게는 이성에 대한 갈망이 본능적으로 있는 법인데, 나 역시 목석이 아니었기에 욕망이 있었고, 유혹도 많았죠. 인간적 번뇌가 일어날 때마다 시작으로 승화시켰고, 문학에 탐닉함으로 청춘의 방황을 쉽게 극복할 수 있었죠. 내게 문학은 애인과도 같은 존재였습니다"라고 하셨는데, 지금은 어떤 관계인지 궁금합니다.

시는 애인과도 같은 존재라 했는데, 지금도 마찬가지예요. 내 인생에서 문학을 뺀다면 시체가 된다고 할 수 있어요. 경직되기 쉬운 수행 생활을 좀 더 유연하게 하기 위한 매개체가 필요하다고 봐요. 수행인으로서 한평생을 살아간다는 게 그리 녹록지만은 않습니다. 잠시라도 흔들릴 때면 시 한 수 지으며 제 자신을 달래고, 추슬러 보고, 환희심이 날 때도 시 한 수 지으며, 고양된 마음을 다독여 봅니다. 나의 시작은 구도의 알갱이로서의 의미도 중요하지만, 정서를 유연하게 하는 데도 큰 도움을 주지요. 제게 시는 도반이요, 반려자입니다.

2.

새로운 힘

서 있을 때 보지 못한 보석
쓰러진 눈으로 발견하고 주워 일어선 그 날은

온 세상이 보석빛이었다.

거기서 깨달았다.

눈만 감지 않으면

쓰러지는 것도 새로운 힘이라고.

1980년 전두환 군사정권이 저지른 10·27 법난을 겪으면서 "나를 참말로 깨우치게 한 것은 선방의 죽비가 아니라 바로 전두환 군사정권의 총칼이 아닌가 싶다"라고 말씀하셨는데, 10·27 법난이 스님께는 전화위복의 계기였네요.

그런 셈입니다. 그전엔 우물 안 개구리 식으로 사회에 관심 없고, 문학에만 몰두하고, 신문도 안 읽고 살았어요. 전두환 장군이 나를 깨우쳐 준 거죠. 그 뒤로 상구보리 하화중생의 뜻에 따라 종단개혁과 사회 진보에 몰두해왔어요. 그런데 그 부분은 이제 자신이 없어요. 세상을 변화시키는 데 일정 역할을 해야 한다는 사명감을 느끼고 열심히 했는데, 나이가 들어서 몸과 정신이 늙어져서 그런가, 자신이 없어요. 종단개혁이나 민주, 인권, 통일운동에 몸을 던져서 앞장섰는데, 도루묵이 되어 버린 느낌이에요. 개혁 운동이 되려면 사람들이 모여야 하고, 정의감에 불타야 하는데, 지금은 예전보다 보수화돼서 그런 게 없어요.

30년 넘게 앞장서서 하셨으니, 이제 좀 쉬셔도 되지 않을까 싶습니다.

피로감 때문에 나약해진 것도 같아요. 사명감 때문에 그랬다면 죽을 때까지 밀고 나가야 하는데, 이젠 쉬고 싶은 마음이 커요. 한편으로는 이런 것도 있어요. 계속 앞장서서 활동하는 사람만 쳐다보고 있어요. 새로운 사람이 나오질 않는 거예요. 그래서 내가 길을 비켜 줘야겠구나, 그런 생각이 들어요. 이제는 자꾸 오라고 해도 바쁘다는 핑계 대고 안가요. 국정원 시국법회 한다고 나더러 법문하라 하는 것도 안 나갔어요. 이젠 다른 젊은 스님들이 해야죠 (청화 스님은 2013년 11월 28일 조계사에서 열린 '박근혜 정부 참회와 민주주의 수호를 염원하는 조계종 승려 1,012인 시국선언' 기자회견에는 참석했다).

아무것도 아닌 돌을 깎으면/ 연꽃도 되지만/ 개가 산에 들어간다고 해서/ 사자가 되겠느냐/ 눈을 가시에 찔리기 전에/ 똑똑히 보고 똑똑히 보아라/ 대나무에 앉은 새라고 해서/ 어찌 다 봉황이겠느냐 (시 '똑똑히 보아라' 전문)
여기서 '개'와 '새'가 무엇을 가리키는 건가요?

하하. 그건 독자의 상상에 맡기는 것이죠. 박정희 시대를 넘어서려 그렇게 애를 썼는데 박근혜 시대에 직면했어요. 이번 대선에 대해 패배감이 커요. 결과가 이리 되니까 보통 절망감이 밀려오는 게 아네요. 어떨 때는 배신감이 느껴지기도 하고요. 내 논리는 이거예요. 가시나무에서는 사과가 열릴 수 없는 법, 뿌리가 가시나무인데 사과가 달리겠어요? 봉황을 맞이하지 못한 책임이 우리에게도 있어요. 어찌 보면 80년대 민주화운동에 동참했던 젊은이들의 상당수가 이제는 '속물적인 인간'으로 전락했어요.

종단개혁에 직접 나서 보라는 요청도 있지 않나요?

요즘도 나더러 총무원장 출마해보라고 권유하는 사람들도 있는데, 그것은 내가 이미 1998년에 정리한 거예요. 지선 스님이 후보로 두 번 나가서 고배를 마셨는데, 강성 이미지가 있어서 보수적인 스님들 표 얻기가 어려웠어요. 내가 나갔어도 마찬가지고, 진보적인 성향의 스님에겐 절대 표를 안 줘요. 우리 같은 개혁적인 성향의 사람이 종단 중심에 서는 것을 용납하지 않아요. 종단개혁 과정에서도 나를 얼마나 음해하고 상처 냈는데요. 문중 스님들이 각 지역에서 제대로 역할을 할 때 종단 발전의 동력으로 나타나는 건데, 제 몸만 생각하니 무슨 개혁을 하겠어요. 의식이 참 고루해요.

안팎으로 고독감을 느끼셨겠네요.

· 한마디로 진보적인 삶을 살아가는 것 자체가 고독한 거예요. 근데 그건 불가피한 것이기도 해요. 세계 역사를 바꾼 그런 사람들은 고독한 사람들이었어요. 우리처럼 근기가 약한 사람들은 이런 고독감을 이겨내기가 쉽지 않아요. 고난 속에서 의지 포기하지 않고 관철하고, 끝내 이뤄내는 사람들 보면 정말 숙연해져요. 그건 인간으로 치면 초인적 인간인 거예요. 존경스러운 분들이죠.

어찌 보면 수행자가 지향하는 게 초인 아닌가요?

· 실제로는 쉽지 않아요. 초인적으로 알려진 분들도 전설처럼 과장된 경우도 많고. 나는 만해 스님 같은 분이야말로 고개 숙일 분이라고 봐요. 나처럼 나약한 의지를 가진 입장에서는 만해 스님이 겪었던 고통을 감당 못할 거예요.

스님도 하실 만큼 하셨잖아요.

• 지금은 어느 정도는 평화로운 시대니까 하는 일이지, 만해 스님이 헤쳐 나간 극한적인 상황을 설정하고, 내가 할 수 있을까 생각해 보면, 정말 자신이 없더라고요.

3.

칼날을 밟고 서는 사람

어디 있는가
칼날을 밟고 서는 사람
古木나무의 그늘 아래 모인
썩은 송장 냄새의 무리들,
그들의 굿판의 술이 달다고
귀 있는 이들 우르르 몰려가는데,
그곳을 등지고, 둑을 무너뜨린
저 洪水를 향해 두 눈 부릅뜨고
칼날을 밟고 서는 사람
그 어디 있는가.

2012년 3월 12일 《법보신문》에 '칼날을 밟고 서는 사람' 이란 글을 기고하면서 말미에 쓴 시인데, 만해 스님을 떠올리며 쓰신 건가요?

· 만해 스님 산문 '고난의 칼날 위에 서라' 에 "세상 사람이 쉽고 성공할 일이면 하려 하고, 어렵고 성공할 가망이 적은 일이면 피하려는 경향이 있다. 이것은 옳지 못한 일이다. 어떤 일을 볼 때에 쉽고 어려운 것이나, 성공하고 실패할 것을 먼저 보지 말고, 그 일이 옳은 일인가 그른 일인가를 먼저 보아야 한다"는 말이 있어요.

백번 옳은 말이에요. 사실 누구나 옳고 그른 것을 분별할 줄은 알아요. 그러나 사람들은 본능적으로 성공과 이익과 편안함은 좋아하지만, 실패와 손해와 고난은 싫어해요. 바로 이것이 옳고 그른 것에 대한 분별보다도 좋은 것이냐 싫은 것이냐에 대한 선택을 먼저 하게 만들죠. 이 때문에 옳고 그른 분별은 항상 후순위로 밀리는 것이고요. 수행자나 운동가 또는 일반 시민들이 옳고 그른 것을 모르는 것은 아니라고 봐요.

만해 스님은 언행이 일치했기에 글에 힘이 실려 있는 것 같습니다.

· 맞아요. 오늘날 수행하는 스님이나 사회운동하는 이들이 만해 스님의 정신을 이어받기를 바라는 마음이 커요. 만해 스님의 〈수양독본〉에 나오는 '고난의 칼날 위에 서라' 는 읽어도 읽어도 어느 한 구절 허튼소리로 들리지가 않아요.

하늘과 땅을 둘러보아 조금도 부끄럽지 않은
옳은 일이라 하면 용감하게 그 일을 하여라.

그 길이 가시밭길이라도 참고 가거라.

그 일이 칼날에 올라서는 일이라도 피하지 말라.

가시밭길을 걷고 칼날 위에 서는 데서 정의를 위하여

자기가 싸운다는 통쾌한 느낌을 얻을 것이다.

그러므로 나는 지금 다난한 조선에 있어서

'정의의 칼날을 밟고 서거라' 하고 말하고 싶다.

무슨 일이든지 성공이나 실패보다

옳고 그른 것을 먼저 분별할 줄 알아야 한다.

실제로 만해 스님은 옳은 일에 자신을 내던지는 것을 사양하지 않았어요. 일본 제국주의에 맞서면서 성공과 실패를 논하지 않고 또 할 만한 것인지, 개죽음당하는 일인지도 상관하지 않았죠. 오직 옳은 일이기에 독립운동의 최일선에 섰어요. 그리고 갖은 회유에도 초지일관했으며, 긴 감옥 생활과 고문에도 굴하지 않고, '정의의 칼날' 을 밟고, 조선독립의 한길을 걸은 것이죠.

1998년 《말》 인터뷰에서 "80년대 이후 수많은 운동가가 철새처럼 민중의 곁을 떠났는데, 그 가장 큰 이유는 정식화된 목표, 정식화된 이념에다 운동을 맞췄기 때문이에요. 정식화된 이념에 주목하기보다는 현실이 안고 있는 모순점, 민중을 억압하는 부조리, 인간성을 파괴하는 제도 같은 것에 주목해야 합니다"라고 하셨는데, 요즘도 상황은 비슷한 것 같습니다.

◦ 요즘은 더 많이 떠났죠. 기본적으로 사람들은 나약한 존재고 정말 속물이에요. 어떨 때는 정말로 실망스러워요. 그런 점에서 나는

비전향 장기수, 그분들에 대한 남다른 존경심이 있어요. 한 번도 만나 본 적은 없지만, 진관 스님을 통해서 비전향 장기수 얘기를 전해 들었 는데, 그분들은 초인적인 사람들이에요. 생각 한번 바꾸면 감옥에서 나 올 수 있는데, 감옥살이를 감수하면서까지 사상을 안 바꾸고, 난 그럼 사람들이 그래서 존경스러워요. 한번 선택했으면 생각을 바꾸지 않고 끝까지 가는 것, 신조와 신념을 바꾸지 않는 사람들이 존경스러워요.

어찌 보면 정치적 신념을 지키기 위해 수십 년 감옥을 선택한 정치수들도 수십 년 면벽 수행하는 수도자 같아 보입니다.

• 평범한 수행자보다 나아요. 수행자를 초월한 사람들이에요. 그런 분들은, 그릇이 큰 사람은 감옥살이라는 것을 감옥살이로 끝내는 게 아니라 자기를 성숙시키는 그런 기회로 삼는 사람들이에요. 정말 훌 륭한 사람들이에요. 대부분은 세상이 변했느니 이런저런 핑계를 대면 서 자기가 선택한 것을 쉽게 포기하고 외면하는 속물들이죠. 그래서 난 어떤 상황에서도 신념 지키는 사람을 좋아해요.

스님의 시 '창조'가 떠오릅니다.
"바위는/ 정을 맞은 만큼/ 쇠망치에 의해/ 돌부처가 되나니// 나는 칼에 찔린 만큼/ 피흘림에 의해/ 견고한 무엇이 되나니// 창조여/ 너에게로 가 는 길에는/ 그 어디서나 들린다/ 두꺼운 껍질 깨지는 소리." (시 '창조' 전문)
외부의 도움을 받지 못하는 상황에서, 맞아 죽으면서도 전향공작 버티는 비전향 장기수 보면 상상이 안 됩니다.

• 당해봐야 알아요. 당해봐야 바탕을 알 수 있는 거죠. 근데 난 그런 거 못 견딜 거예요. 사람이 본질적으로 근기의 문제가 있어서, 극

한 상황에 처하면 밑바닥이 드러나요. 그걸 견디는 초인적 의지를 지닌 사람들은 보통 사람들이 아니에요. 정신무장이 되어 있는 거예요. 만해 스님도 그랬어요. 절대 불의에 굴복하지 않는 사내가 되어라, 아버지에 게 그렇게 교육받았어요.

> 어느 비전향 장기수 선생님이 "지도자는 고문을 견딜 수 있는 능력이 있어야 한다"는 말씀을 하셨는데, 이 말을 들으며 진정한 지도자는 아무나 할 수 있는 게 아니라는 생각이 들기도 했죠.

• 대단한 분이에요. 고문을 견딘 분들은 우러러봐야 해요. 정신적 높이란 게 범인들의 상상을 초월하는 겁니다. 절로 고개 숙여져요. 사람은 내부적으로 외형적으로 몸은 똑같아요. 그런 분들이라고 고문을 버티는 장기가 따로 있는 게 아닌데, 오장육부 다 똑같은데, 다른 사람과 전혀 다른 정신세계와 의지가 있는 거예요. 우리가 상상할 수 있는 게 아니에요. 정말 따라 배우기 쉽지 않은 사람들이에요. 남자가 겉보기엔 더 강해 보이지만 여자보다 나은 것도 아니에요. 남자도 고통을 당할 때는 한없이 약해요.

그래서 칼날을 밟고 서는 사람을 좋아해요. 나는 유연함을 좋아하지만, 신념 지키는 사람들 앞에 무릎 꿇어요. 고고함, 절개, 의리, 남성적인 기개, 이런 거 정말 좋아해요. 섬세하고, 여성적인 점도 있지만, 카리스마 있는 남성적 기백 아주 좋아해요. 그런 점에서 만해 스님을 능가할 분 없어요. 시는 여성적인데, 삶은 남성적이고, 내유외강이에요.

그래서 칼날을 밟고 서는 사람을 좋아해요.

나는 유연함을 좋아하지만,

신념 지키는 사람들 앞에 나는 무릎 꿇어요.

고고함, 절개, 의리, 남성적인 기개,

이런 거 정말 좋아해요.

섬세하고, 여성적인 점도 있지만,

카리스마 있는 남성적 기백 아주 좋아해요.

4.

촛불

― 시국 법회에 부처

한 눈으로 보면
촛불만 보이지만
두 눈으로 보면
촛불 속의 영혼까지 보입니다.

씽씽 바람이 되는 이여
알아야 합니다
영혼이 있는 촛불은
폭풍도 끄지 못한다는 것을.

이 촛불 앞에서
두 눈으로 보면
안 보이던 종달새의
노랫소리도 다 보이는데

그대는 어찌하여
한 눈을 감고

두 뿔로 들이받는 쇠귀신은 보지 못하면서
안 보이는 금송아지 꼬리만 보인다 합니까.

2008년 7월 4일 촛불집회 시국법회에서 연설하시면서 함께 낭송한 시인데, 시국 법회에서 이런 시를 자주 발표하셨나요?

　　• 　집회할 때 가끔 시를 발표했는데, 이 시가 인기가 좋았어요. 80년대 어두운 독재정권 시절, 험한 산을 힘겹게 넘어왔어요. 힘겹게 민주주의에 도달했고, 이제 더는 넘을 악산은 없을 것으로 생각했는데 그게 아니었죠. 이명박 정부가 들어서고 나서 돌연히 또 하나의 높은 산이 나타나 국민의 앞을 가로막은 거예요. 단순히 광우병 소만의 문제는 아니었죠. 국민을 무시하는 대통령의 비민주성에 경악을 금할 수 없었던 거죠.

　　그래서 내가 그때 두 눈으로 세상을 보라고 말한 거예요. 이명박 대통령은 대통령으로서 한 눈을 감았거나 아니면 대통령이라는 콩깍지가 씌어서 한쪽 눈의 시력을 잃었고, 그로 인해 한 가지만 보거나 한쪽만 보는 잘못이 생긴 거였어요.

　　예컨대 쇠고기는 보면서 광우병을 보지 못하고, 미국의 부시 대통령은 보면서 한국의 국민들은 보지 못했어요. 어디 그뿐입니까? 촛불시위의 허물은 보려 하고, 대통령의 잘못은 보지 못했어요.

　　양쪽을 다 보지 못하고 한쪽만 봤기 때문에 쇠고기협상에서 대통령으로서 막을 것을 막지 못하고 지킬 것을 지키지 못한 점, 그러면서 반대급부도 없이 오히려 주기만 하고 물러서기만 했다는 점을 깨달아야 했는데, 끝내 한쪽 눈으로만 세상을 보다가 퇴임한 것 같아 안타깝기 짝이 없어요.

스님은 수행자의 사회 참여를 강조하시는 편인데, 불교 가르침도 원래 그런가요?

• 불교가 사회와 더불어 숨 쉬는 생명체로서 존재해야 살아있는 불교가 된다고 생각해요. 스님들이 사회적 역할을 하지 않고, 은자적인 수행자의 삶을 산다면 불교는 사회와 동떨어지고 결국은 소외당하게 되는 거예요. 지금도 '세속을 떠난 사람이, 출가한 사람이' 하면서 자꾸 섬이 되려고 하는데 이것은 소승적인 사고방식입니다. 대승이란 보살의 원력으로 세간을 위해 회향하는 것인데, 자꾸 수행자의 이름 속으로 숨으려 하는 것은 바람직하지 않다고 생각해요. 사회 속에서 보살행을 해야 해요.

보살행이라 하면?

• 남을 위해 유익함, 이로움 주는 것, 이타행이라고도 하죠.

부처님의 삶과 비교해보면 어떤가요?

• 부처님은 당시 인도사회를 지탱하고 있는 카스트제도를 부정했고, 여성을 수도자로 받아들였어요. 당시로서는 혁명적인 일이에요. 부처님은 결코 자신의 공부에만 안주하지 않고, 시대정신으로 살았던 분입니다.

그런데 한국불교는 대승불교라 하면서도 산중에서 개인의 수행에 치중하는 편이 아닌가 싶습니다.

• 《법화경》을 보면, 부처님이 성불하고 나서 보니 모든 사람이 본래 부처님이라는 거예요. 그런데 부처행이 아닌 중생행을 하니 중생인 거고, 내가 부처처럼 살면, 다른 사람을 부처로 대하면, 부처가 되는 거예요. 사회구원의 가장 넓은 길은 그런 대승불교의 수행방법이어야 해요.

현재 스님들이 수행의 방편으로 널리 채택하고 있는 게 간화선인데, 이는 뛰어난 수행법임엔 분명하지만, 오랫동안 선방에서 살다 보면 소승적 삶, 자기 삶만 추구하고, 사회성이 결여되는 경우가 많아요. 한국불교의 큰 문제는 스님들이 사회성이 결여되고, 그러다 보니 시대정신이 없다는 데 있어요. 수행자는 속세를 떠나야 한다고 하는데, 이건 말이 안 되는 거예요. 그럼 하늘나라 가서 살아야죠. 선객입네 하고 선방에만 가 있지 말고, 사회에 나와서 환경운동을 한다던가, 환경운동을 통해서 사람들에게 이로움을 준다던가, 그렇게 해야 해요. 산속으로 들어가는 게 아니라 사람 속으로 들어가는 게 되잖아요. 보살행이 없이 성불하면 무슨 의미가 있어요.

화두선을 중시하는 조계종에서 교육원장 지내신 스님께서 그렇게 말씀하시니 뜻밖이네요.

• 종단은 이미 제도화되었기에 내 개인 생각으로는 어찌할 수가 없어요. 나 역시도 입으로는 이렇게 얘기하지만 예전 선지식처럼 정진도 제대로 못하고, 근기가 하열해서 그런 거죠, 문제는 짚으면서 그것을

개탄할 뿐이지 그것을 해결하기 위해 실천하지 못하는 거예요. 나와 완전히 다른 생각을 가진 스님들도 많아요. 간화선, 깨침을 향한 수행이 없이 불교를 말할 수 없다는 분들도 많아요. 성철 스님 같은 분들이 대표적이죠. 그렇지만 수행법에는 참선뿐만 아니라 염불, 간경, 위파사나, 그 밖에도 여러 가지가 있다고 봐요. 산꼭대기에 오르는 길은 많아요.

경전 중에 특별히 좋아하시는 경전이 있나요?

• 부처님이 중생들에게 바람직한 삶을 살도록 인도하고자 무던히 애쓴 흔적이 《아함경》에 그대로 다 드러나 있어요. 근본불교사상 위에 대승사상이 구축되어야 하지, 이러한 바탕이 없이 출발한다면 대승불교는 공허한 사상에 지나지 않게 돼요. 법문할 때 《아함경》, 《법구경》, 《숫타니파타》 등의 초기 경전을 많이 인용하는 편이에요.

5.

無字

하고 많은 글자이언만
조주는 하필 無字 속에
솟을대문 세워 놓고

먼 길의 목마른 나에게

이 문 열고 들어가

차 한 잔 마시라 하는가.

'무자'라는 화두를 제목으로 시를 쓰셨네요? 예전엔 '판치생모' 화두 들다가 '이 뭐꼬'(이것이 무엇인가) 화두로 바꾸신 걸로 아는데, 요즘 스님의 화두는?

· 여전히 '이 뭐꼬' 화두를 들고 있어요. 그런데 좋은 세상 만들기 위한 사회 개혁운동에 동참하다 보니 차분하게 화두 들 시간이 없어요. 어찌 보면 '좋은 세상'도 화두라면 화두죠. 현재 삶은 다 문제가 있어요. 그러니까 어떻게든 이런 문제점을 타개하고, 이런 세상에서 고통받는 사람들이 그 현실에서 벗어나게 도와주는 거, 이를테면 쌍용자동차 노동자 지원하는 일 같은 게, 혼자 깨우치려는 수행보다 더 중요하다고 봐요.

'이 뭐꼬' 화두 참구할 때 어려운 점은 무엇입니까?

· 아, 어려운 점 없어요.

그런데 왜 평생을 공부해도 화두 타파를 못하는 거죠? 스님께서도 아직까지 수십 년간 '이 뭐꼬' 화두를 붙들고 계시고요.

· 비유하면, 화두라는 것은 의심을 품는 것인데, '이 뭐꼬'를 하

는 것은 풍선에다 입김을 불어넣는 것과 같은 거예요. 의심의 덩어리가 부풀어 오르고, 풍선 안에 바람이 꽉 차면 터질 수밖에 없겠죠. 화두타 파란 바로 이런 상태를 말해요. 그런데 풍선이 잘 안 터져요. 어떤 사람은 평생을 불어도 풍선이 반밖에 팽창 못해요. 또 어떤 사람은 한 순간에 터뜨려 버려요. 중국 선종의 6조 혜능 스님은 땔나무 배달하러 갔다가 《금강경》에 나오는 "머무는 바 없이 마음을 낸다(應無所住而生其心)"는 소리를 듣고 크게 깨우쳤잖아요. 타고난 근기가 사람마다 다르기 때문에 그런 거예요. 똑같은 장소에서, 똑같은 방법으로, 똑같은 시간을 수행해도 근기 따라 차이가 생기는 거예요. 이번 생에 기필코 깨우치겠다는 마음으로 화두를 들어야 하지만, 혹시라도 근기가 떨어져서 이번 생에 깨치지 못하면 다음 생에라도 깨치겠다는 생각을 하고, 지금 이 순간에 열심히 해야 해요.

이제는 시로써 좋은 세상 만드는 데 기여하시는 건가요?

· 그렇죠. 사람이 팔방미인으로 살 수는 없으니까요. 내가 갖춘 능력으로 세상에 도움을 줘야 하는데 나는 시를 좋아하고, 시 쓰는 능력이 조금 있으니까, 시 쓰는 열정만큼은 남다른 점이 있으니까, 그리 하려고요. 산중에 있을 때도 시심이 밀려오지만, 신문을 본다거나 분노가 치미는 기사를 볼 때도 영감을 많이 받아요. 시로써 분노를 승화시키려 노력하는 거예요.

나이 들면 시에 대한 열정이 수그러들 것 같은데?

열정이 사라지지 않고 남아 있는 게 다행스러워요. 70~80년대에 승려시인이 많이 배출됐는데, 대부분 절필했어요. 예전만큼 시와 시인이 대접을 받지도 않는 시절이라 그런지. 나는 남들이 인정해주든 말든 시 쓰는 것 자체가 좋아요. 젊은 시절엔 건강을 해쳐가며, 목숨을 걸면서, 온몸을 던져가며 문학을 하고 싶었는데, 아직도 그 열정이 꺼지지는 않았어요.

6.

희망

어쩌다 넘어졌다고 해서
어찌 그 자리가 무덤이겠는가

포기하고 눈만 감지 않으면
고꾸라진 거기서도 발견할 것 있나니

보아라! 옆에 놓인 강철의 지팡이
무엇에도 부러지지 않을 그 지팡이

힘껏 꼬나 쥐고 다시 일어나면
눈부신 먼 산도 가까울진저.

민주주의, 인권, 통일이 뒷걸음질 치는 것 같아 절망감을 느낀다고 하셨는데, 그래도 희망의 끈은 놓지 않으셨네요.

· 이명박 정권 5년 견뎠는데, 또 꽉 막힌 상황에 놓이니까, 인내력의 한계라든가, 고통 감내력에 대한 한계를 느껴요. 구름 타고 어디로 가버릴 수도 없고요. 이런 절망스런 상황 가운데서도 어찌해야 하느냐, 나는 내 삶을 사는 게 중요한 거죠. 절망스럽다고 허랑방탕하게 살아야 하겠어요? 내 삶의 축을 잃지 않고, 내 할 일 찾아서 하고, 당분간 내 삶의 축은 시 쓰는 게 되겠죠.

시대적인 상황이 절망적일 때 종교가 큰 힘이 되지 않을까 싶습니다.

· 불교는 어떤 상황에서도 사람을 믿어야 해요. 모두에게 불성이 있다고 믿기 때문에, 누구나 수행을 통해 성불할 수 있다고 보거든요. 중생의 본바탕은 부처라 하잖아요. 인간은 단기적으로 보면 구원 불능인 것 같지만, 점차 진화하는 존재예요. 부처는 인간에게 자기 운명을 스스로 바꿀 수 있다는 설법을 하셨지, 희망이 없다는 단정은 안 했어요.

그래도 종단이나 사회 속에서 정의가 바로 서지 못하는 것을 보면 답답하

고, 분노가 솟구치지 않나요? 수행자로서 이런 화를 어떻게 다스리는지 궁금합니다.

　　• 　사회적 분노와 개인의 화는 달라요. 남이 나한테 개인적으로 모욕감 주는 것에 발끈하는 것은 화죠. 그런데 《분노하라》 작가가 '분노하라' 한 것은 시대의 악에 대해 저항하라는 것이잖아요. 진리를 추구하는 사람은 그런 마음을 가져야 하는 것이에요.

　　"수행자 가슴속에도 분노는 일어나는 것이지만 분노의 불길을 남겨두고 수행자라 할 수는 없는 일일 겁니다"라는 말씀을 하셨는데, 사회모순과 정면대결하려 할 때 화내지 않고 싸운다는 게 어려운 일 같습니다.

　　• 　오랫동안 이로 인해 괴로워하다 어느 날 홀연히 분노에 집착한 내 허물을 보았죠. 그래서 감정적인 것을 배제하고 한 생각을 돌리고 나니 마음속의 갈등과 갈등의 원인이 일시에 해소된 것을 느낄 수 있었어요. 일체유심조란 게 바로 그런 거겠죠. 한 생각 바꾸면 그리되는 거예요. 감정을 조절하지 못하면 늘 그런 것에 끄달려서 살게 돼요. 감정에서 벗어나 자유자재로 살려면 평소에 마음을 연마해야 하는 거예요. 이게 수행이죠. 마음으로 하는 거죠. 생각으로 안 될 경우는 절을 하면서 집착에서 벗어날 수도 있어요. 나 같은 경우는 인과를 생각해요. 그러한 나를 지배하고 있는 분노에 집착했을 때 어떤 결과를 가져올 것인가, 이성적으로 판단해보고, 한 생각을 돌리는 것이죠. 분노하되, 분노의 불길을 남겨두면 안 되겠죠.

　　그렇게 한 생각 돌리셨는데, 정치상황에 대한 절망감은 어쩔 수 없나 봅니다.

• 나 혼자 힘으로 어찌 대항할 수가 없는 거예요. 나 혼자 생각 하나 돌림으로 내가 편안해지고, 벗어날 수 있는 게 아닌 거예요. 그러니 절망이 되는 거죠.

한 생각 돌리는 것이 나이가 든다고 저절로 되는 것은 아닌 듯합니다.

• 나이가 들면 성격이 급해지고, 인내력도 한계가 얕아지고, 그래서 나이 들어도 수행이 필요한 거예요. 젊어서부터 꾸준히 수행을 해왔다면 아무래도 좀 다르겠죠.

7.
나이 듦에 대하여

단좌(端坐)

흰머리 나고
벌써 오십이라!
좋은 것 다 털어먹고
빈 주머니만 남은 인생
갈수록 나이 하나는 부자구나.

오십 년 밥 먹었으니
오십 년의 밥그릇 씻자
삼독심 가므얗게 얼룩진 사기 밥그릇
되살아나는 그 새하얀 빛에
내 죽음도 와서 반짝이게.

날아온 새 날아가고
흘러온 물 흘러가고
저녁 바람 스산한 외딴 골짜기 머리 숙인 갈대꽃에 내리는 황혼
내 또 무엇을 그려 발돋움하랴.

열려진 몸은 굳게 닫고
닫혀진 마음은 활짝 열고
벽 앞에 놓은 깊은 방석
그 위에 고요히 발 개고 앉는다
뾰족이 날이 선 쇠못 하나 들고.

칠순이 넘은 지금, 돌이켜 보면 오십은 청춘 아닌가요?

　　오십은 청춘이에요. 근데 오십이라고 하는 것은 숫자 개념이고, 솔직히 오십대의 젊음을 향유하기 위해서 오십대로 돌아가고 싶은 생각은 없어요. 왜냐하면 그때의 나보다 지금의 내가 정신적으로 월등히 성숙해졌기에 오십으로 절대로 돌아가고 싶지 않아요.

오십에도 "되살아나는 그 새하얀 빛에 내 죽음도 와서 반짝이지"라며 죽음을 떠올렸는데, 지금 칠십대에 바라보는 죽음은 어떤 의미일지 궁금합니다.

• 우리가 죽음에 대해서 자유로워야 해요. 살아있는 기쁨과 똑같이 죽음도 대해야, 그래야 생사도 일여한 것이에요. 죽음이란 다음 생으로 건너는 하나의 징검다리일 뿐이에요.

지은 죄가 많아 다음 생에 축생으로 태어날까 겁나는데요.

• 축생으로 태어나면, 그 맛도 느껴보는 거예요. 두려워할 게 없어요. 이렇게도 살아보고 저렇게도 살아보는 거예요.

세 시간 넘게 인터뷰를 하는 동안 청화 스님은 방석 위에서 반가부좌 자세를 취했다. 수행자로 살아온 오십여 년 동안 앉으나 서나 흐트러짐 없는 자세로 지내온 스님의 시 중에 '방석'이 떠올랐다. 아마도 생사를 다하는 날까지 저 사각의 방석이 동반자가 되지 않을까 싶다.

내 방에는 늘
방석 하나 놓여 있다.
깊고 깊은
사각의 심연
그 위에 발개고 앉으면

육각의 마음이 낳은
백팔각의 마음
가라앉고 가라앉아
마침내는 둥근
한마음이 된다.

그 마음 데하여
시정(市井)에 나온 나
견고한 무쇠 상자들의
그 좁은 틈바귀에서
대질으고 대질러 찌그러지지만
그 마음 돌아가는 곳
내 방에는 늘
방석 하나 기다리고 있다.

청평사 소나무에게 배운 불법,
동체동근

　'동체동근'.

　2005년 6월 초, 청화 스님이 주지로 있던 강원도 청평사에서 며칠
간 머무르는 동안 내 머릿속에 각인된 말이다. 그 당시 청평사를 방문
했던 것은 불교와는 무관하게 잠시 쉴 장소가 필요했기 때문이다. 헌데
청평사에 머무는 동안 나로서는 특별한 내적 변화를 겪게 됐다. 살아오
면서 법당에 한 번 들어가 본 적 없었고, 4박 5일간 지내는 동안에도 예
불 한 번 올리지 않았는데, 불교에서 전하는 몇 가지 진리를 순식간에
받아들인 것이다.

　그때 나는 오가는 경춘선 기차 안에서 소일거리로 읽기 위해 《불교
와의 만남》(강건기 지음)이란 책을 가방에 넣고 갔다. 춘천으로 내려갈 때
는 이 책이 교양서적으로 읽혔는데, 청량리로 올라오는 기차 안에서는
숨 막히는 희열 속에 한 줄 한 줄 음미하며 읽었던 기억이 난다.

　이런 변화를 맛보게 된 결정적인 계기는 청평사 뒤의 오봉산(경운산)
을 새벽마다 오르면서 느낀 미묘한 감정 때문이었다. 매일같이 아침이
면 세 시간 정도 등산을 했는데, 오봉산 꼭대기 부근의 바위틈에서 자

라난 소나무를 보면서 어디선 본 듯한 느낌, 나와 연관이 있다는 생각을 떨쳐버릴 수 없었다. 그러다 문득 바로 이 느낌이 불교에서 가르치는 불이(不二)이고, 만물이 동체동근(同體同根)이라는 말과 같다는 생각이 들었다. 그러면서 저 소나무뿐만 아니라 길가의 다른 나무나 바위, 그 모든 만물이 결국은 나와 한 몸이고, 전생에 내가 저 소나무였을지도 모른다는 상상을 하기도 했다.

그런 생각으로 《불교와의 만남》을 춘천 – 청량리 행 기차에서 읽었더니, 단순히 활자가 아니라 살아있는 말씀으로 읽힌 것이다. 책자를 통해 접하기는 했으나, 개념 파악이 어려웠던 불교의 주요 교리인 연기법, 삼법인(제행무상, 제법무아, 일체개고), 윤회사상이 머리에 쏙쏙 들어왔다. 그 뒤로 불교의 여러 경전을 찾아 읽고, 강좌를 찾아다녔다. 우연하게 강화도 전등사에서 교리 강좌를 듣다가 법명을 받기도 했다. 그런데 오계를 받고도 지키지 않아서 그런가, 초발심에서 단 한 걸음도 앞으로 내딛지 못하고 있다. 탐진치 삼독을 씻어내는 것은 고사하고, 한 두 살 나이가 더 들수록 집착만 늘고, 근기만 약해지는 느낌이다.

똑같은 인간의 몸을 타고 나서, 한평생 일체의 욕망을 끊고, 계율을 지키며 살아가야 하는 수행자에게는 남모를 고민과 함께 자긍심이 있을 것이다. 열여덟에 출가한 청화 스님은 "출가는 출가는/ 저기 저기 저 설산 너머의 눈부신 물 만나러 가는 길"(시 '출가' 중)이라고 썼다. 법랍 오십 년이 넘은 지금 '눈부신 물'을 만났을까? 조계종 교육원장 자리에서 2009년 5월 퇴임한 뒤 정릉 국민대 앞 청암사에 머무르는 청화 스님을 7~8년 만에 찾아뵀다. 사각의 방석 위에 반가부좌 자세로 기품 있게 앉아있는 모습이 전과 다름없이 반듯하면서 고고한 인상이었다.

정릉 국민대 앞 청암사 주지로 계신 청화 스님.

"부처님 오신 날
양심수도 방생하길"

아무리 심지가 굳다 하더라도 인간이기에
지닐 수밖에 없는 어려움이 있을 것 같습니다.
운동하는 수행자로서 느끼는
가장 큰 어려움은 무엇일까요?

"감정을 자제하는 것이 어렵더군요.
정치적 불의에 대한 공분에 잠을 못 자고 번뇌한 적이 많아요.
광주학살, 부천서 성고문사건 같은 일들은 인간이 할 수 있는
일이 아니잖아요. 수행자 가슴속에도 분노는 일어나는 것이지만
분노의 불길을 남겨 두고 수행자라 할 수는 없는 일일 겁니다.
오랫동안 이로 인해 괴로워하다 어느 날 홀연히, 정말 홀연히
분노에 집착한 내 허물을 보았고, 그래서 감정적인 것을 배제하고,
한 생각을 돌리고 나니 마음속의 갈등과 갈등의 원인이 일시에
해소된 것을 느낄 수 있었죠."

"낚시꾼이 다녀간 뒤/ 내가 출 렁이는 물에는/ 진관 스님이 안 보인 다/ 눈길이 자주 가는 그의 빈자리/ 속절없이 우거져 너울대는/ 나는 주 먹으로 물을 친다/ 지금 어느 마른 모래밭에 파닥거리고 있을/ 금빛 비 늘의 금붕어를 생각하며// 여름 하늘 에는 뭉게구름이 있고/ 분단조국에 는/ 분단조국에는/ 죽음도 감기지 못하는/ 금붕어의 동그란 눈이 있고 / 그 눈을 응시하면/ 보인다/ 보인다 / 국가보안법의 굵은 밧줄에 묶여/ 감옥에 갇혀있는 수많은 진관 스님"

1998년 3월 25일, 진관 스님의 석 방 환영 법회가 열린 조계사 문화관 에서는 한 스님이 청아한 목소리로 시를 한 편 낭송했다. 실천불교전국 승가회 의장을 맡은 이청화 스님(청평 사 주지)이 감옥에 있는 진관 스님을 떠올리며 지은 '금붕어'라는 시를 발 표한 것이다. 양심수 석방을 기원하

는 법회라는 현장감 때문이기도 하겠 지만, 얼핏 들어도 예사롭지 않은 시 라는 것을 느낄 수 있었다. 78년《한 국일보》신춘문예 시조부문에 '채석 장 풍경'을 통해 등단한 시인이기도 한 청화 스님(56)을 불교인권위원회 사무실에서 만나보았다.

좋은 글 쓰기 위해 열여덟 살에 입산

전북 남원에서 태어난 청화 스 님은 열여덟 살 되던 해 구파발 진관 사로 입산했다. 내면에서 꿈틀거리는 문학의 충동을 떨쳐버릴 수 없던 그 는 산사에 가면 좋은 글을 쓸 수 있다 는 생각에 출가를 결심한 것이다.

"막상 입산해 보니까 산사 생활 이란 게 밖에서 보던 것과는 전혀 딴 판이었어요. 당시만 해도 경전 외에 는 일체 다른 책을 못 보게 했고요.

산신각 같은 데서 몰래 소설책을 일 곤 했죠. 마치 불온서적 탐독하듯이 말예요."

고독하게 문학에 매달리던 청화 스님은 문학적 욕구를 실현할 수 없다는 좌절감에 빠지고는 걷잡을 수 없는 방황을 하게 된다.

"방황의 끝은 자살이었어요. 이틀 동안 서울역 근방에서 수면제 58알을 구해서는 여관에서 음독했죠."

그런데 이날 따라 임검 나온 경찰에게 발견돼 병원으로 급히 옮겨져 목숨을 구하게 됐다고 한다. 청화 스님은 아버지의 손에 이끌려 고향으로 잠시 내려갔다가 다시 양평의 용문사로 입산했다.

"용맹정진하듯 최선을 다해 보지도 않고 절망했다는 자각을 했죠. 주변 스님들의 비난을 받으면서도 문

학 서적을 탐독하고 습작을 했어요. 당시 목표는 소설을 쓰는 것이었죠."

그러나 생각처럼 문학수업에 진척이 없었다. 오히려 불면증, 황달, 신경쇠약 등의 지병으로 나날이 여위어 갔다.

"문학 한다는 핑계로 수행자의 본분을 저버릴 수도 있다는 생각이 들어 그동안 습작한 작품들을 다 불태워 버렸습니다. 그런데 내가 문학을 하게 된 것도 다 업의 소산인지 아무리 해도 이놈의 문학을 떨쳐 버릴 수가 없더군요. 76년경에 아는 스님 한 분의 시가 《동아일보》 신춘문예에 당선된 것을 보고는 다시금 문학에 대한 충동이 생겼죠."

청화 스님은 이번에는 소설 대신 시를 썼고, 78년 《한국일보》 신춘문예에 당선되었다. 문학에 대한 열정, 이것도 수행자가 경계해야 할 집

착의 하나가 아닐까?

"욕심이라면 욕심이겠죠, 그런데 욕망 자체가 모두 부정적인 것은 아닙니다. 이 욕망을 부정적으로 사용할 때는 타락하게 되지만 긍정적으로 사용할 때는 삶의 원동력일 수도 있죠."

청화 스님은 문학에 대한 '욕망' 때문에 지금까지 큰 흔들림 없이 수행자의 길을 걸을 수 있었다고 말한다.

"약관의 나이에 입산한 사람들에게는 이성에 대한 갈망이 본능적으로 있는 법인데, 정신적으로 몰두할 대상이 없으면 이 본능적 욕구에 휘말리기 쉬워요. 나 역시 목석이 아니기에 욕망이 있었고 유혹도 많았죠. 인간적 번뇌가 일어날 때마다 시작으로 승화시켰고, 문학에 탐닉함으로 청춘의 방황을 쉽게 극복할 수 있었

죠. 내게 문학은 애인과도 같은 존재였습니다."

부처님이야말로 역사상 가장 탁월한 혁명가

등단할 때까지만 해도 사회 문제에는 눈길을 두지 않았던 청화 스님. 그가 사회모순에 관심을 두게 된 것은 80년 군사정권에 의한 10·27 법난을 겪은 뒤의 일이다.

"종단에서 영향력을 행사하던 스님들은 유랑잡승으로 매도하고 고문까지 했어요. 명분 없는 쿠데타 세력이 사회정화 차원에서 불교계를 희생양으로 삼은 것이죠. 포악한 권력에 대해 한없이 분노했습니다. 나를 참말로 깨우치게 한 것은 선방의 죽비가 아니라 바로 전두환 군사정권의 총칼이 아닌가 싶어요."

10·27 법난 이후 청화 스님은 개인의 내면에 집착하는 삶을 버리고 민중, 사회, 역사와 함께하는 삶을 살게 된다. 86년에 정토구현전국승가회 의장직을 맡은 뒤로 계속 해서 불교 운동의 최전선에 서 온 청화스님은 수행자가 걸어야 할 기본 정신으로 '상구보리 하화중생' 을 제시한다.

"위로는 깨달음을 구하고 아래로는 중생을 제도하는 것이 수행자의 기본자세라 할 수 있을 겁니다. 중생은 불의한 제도 아래 신음하고 있는데 개인 구원에만 치중한다면 절름발이 수행자라 할 수 있어요."

청화 스님은 부처님이야말로 역사상 가장 탁월한 혁명가이며, 그 때문에 부처를 따르는 수행자들은 의당 혁명가의 길을 가야 한다고 역설한다.

"부처님은 수천 년 전에 지금까지도 허물어지지 않고 있는 인도의 계급제도를 부정하고 평등사상을 널리 펼쳤습니다. 사람은 태어난 신분이 아니라 그가 하는 일에 따라 귀천이 정해지는 법이라는 부처의 말은 당시로서는 상상도 할 수 없는 혁명적인 발언이지요."

청화 스님이 말하는 혁명가는 물론 세속의 혁명가와 같은 의미는 아니다. 무엇보다는 부처님은 비폭력적인 방법으로 혁명을 추구했고, 자신의 정신혁명을 먼저 이루고자 했다.

"내가 먼저 혁명이 돼야 세상을 변화시킬 수 있죠. 모든 것을 포섭하고, 포용하는 마음이 혁명 되지 않고는 모두가 헛된 일이에요. 그렇지 않은 경우 권력을 잡으면 독재자가 되고, 혁명의 대상으로 전락하기 십상입니다."

그는 세속의 혁명가들이 눈앞의 목표에 너무 연연해 하지 말았으면

하는 바람을 표했다. 운동에는 당연히 목표가 있어야 하지만 그 목표가 눈에 보이지 않는 경우도 많기 때문이다.

"80년대 이후 수많은 운동가가 철새처럼 민중의 곁을 떠나갔는데 그 가장 큰 이유는 정식화된 목표, 정식화된 이념에다 운동을 맞췄기 때문이에요. 정식화된 이념에 주목하기보다 현실이 안고 있는 모순점, 민중을 억압하는 부조리, 인간성을 파괴하는 제도 같은 것에 주목해야 합니다. 그러면 운동은 평생 하는 것이고 운동에는 졸업이 없다는 것을 깨닫게 되죠. 인간이 있고 역사가 있는 한 운동은 필연적으로 일어나는 것이고 운동가는 반드시 필요한 것입니다."

겉보기는 온화해 보이는 청화 스님이지만 운동관만큼은 단호하다. 수행자가 너무 운동에 빠지다 보면 수행에 지장이 따르지는 않을까.

"운동하는 것 자체가 어려운 수행입니다. 수행 따로 있고 운동 따로 있는 것은 아니죠. 오히려 산사에서 호젓이 수행하기가 더 쉽다고 할 수 있습니다. 산에 있는 것보다 운동하는 것이 더 고독한 일이고요. 나 역시 지금 당장에라도 운동에서 벗어나 산사에 묻혀 지내고 싶은 심정이 크죠. 산속에 있으면 마음의 평정을 잃지 않고 지내기가 수월합니다. 그러나 하화중생 해야 하는 수행자이기에 힘들더라도 운동을 떠날 수 없는 겁니다."

수행자는 민중의 고통을 함께 나누어야 한다는 믿음을 갖고 있는 청화 스님은 불교의 여러 보살 중에 지장보살을 제일 좋아한다.

"지장보살은 성불할 수 있는 조건을 다 갖췄는데도 지옥에 있는 중생까지 다 구제하려고 부처 없는 세계에 머물러 계신 분입니다. 운동가들도 사회구원, 민중 구원에 대해 이 정도의 의지, 원력을 지녀야 할 것입니다."

아무리 심지가 굳다 하더라도 인간이기에 지닐 수밖에 없는 어려움이 있을 것이다. 운동하는 수행자로서 느끼는 가장 큰 어려움은 무엇일까?

"감정을 자제하는 것이 어렵더군요. 정치적 불의에 대한 공분에 잠을 못 자고 번뇌한 적이 많아요. 광주학살, 부천서 성고문사건 같은 일들은 인간이 할 수 있는 일이 아니잖아요. 수행자 가슴속에도 분노는 일어나는 것이지만 분노의 불길을 남겨두고 수행자라 할 수는 없는 일일 겁니다. 오랫동안 이로 인해 괴로워하다 어느 날 홀연히, 정말 홀연히, 분노에 집착한 내 허물을 보았고, 그래서 감정적인 것을 배제하고, 한 생각을 돌리고 나니 마음속의 갈등과 갈등의 원인이 일시에 해소된 것을 느낄 수 있었죠."

어느 날 홀연히 분노에 집착한 내 허물을 보았고

90년대 들어 청화 스님은 사회운동보다는 불교운동에 더 많은 관심을 기울였다. 그 결과물이 94년의 종단 개혁운동이다. 청화 스님은 94년 3·29 법난 때 "종단을 위하고 불교를 위하는 일, 더 나아가 불교 역사를 바로 세우는 일에 어찌 이 한 몸을 아끼랴! 단식하다가 차라리 죽을지언정 개혁불사를 포기하지는 않으리라"면서 20여 일간 단식을 감행하기도 했다. 개혁종단이 출범한 지 4년이 지났다. 그동안 불교계의 개혁은 어느 정도 진척이 있었는지 궁금하다.

"지난 4년은 마치도 개혁에 실패한 김영삼 정부와 같은 모양이었다고 할 수 있습니다. 개혁성향 인사들이 중용되지 않았죠. 그러다 보니 종단의 기득권 세력이 개혁정신을 퇴색시키게 되고. 개혁의 성과물인 종헌과 종법을 수호하는 것이야말로 절체절명의 과제이며, 이번 총무원장 선거에서는 이런 개혁정신을 실천할 수 있는 분이 당선돼야 할 것입니다."

불교계에서는 신임 총무원장 선거를 둘러싸고 여러 후보가 물망에 오르내리고 있다. 혹시 실천불교전국승가회 의장직을 맡고 있는 청화 스님은 스스로 개혁의 선봉에 설 의사가 없을까?

"총무원장 자리는 어쨌든 정치를 하는 자리인데 이는 시인 체질에는 안 맞는 일이죠."

청화 스님은 자신을 주저함 없이 시인이라 부르고 최고의 시인이 되기를 추구한다. 청화 스님은 《불교신문》(98년 9월 9일)과의 인터뷰에서 "시 창작은 고독한 길을 혼자 걸어가야 하는 수행자의 좋은 반려자"이며 "시작은 자신의 내면 깊숙한 곳을 바라보고 각성하는 나 자신의 실존에 대해 구체적으로 감지할 수 있는 또 하나의 화두인 셈"이라고 말했다. 청화 스님은 30대 이후 지금까지 '몇 생에 걸쳐서라도 반드시 풀고야 말겠다'는 굳은 의지로 '판치생모(판자에서 털이 난다)'라는 화두를 관하고 있는데, 시작을 또 하나의 화두로 여기고 있는 셈이다.

상처 어루만져 주는 시 한 편, 〈초파일 무렵〉

지난 4월 8일 기자는 조계사에서 열린 3·29 법난 기념좌담회에 참석한 청화 스님을 산중다원이라는 찻집에서 다시 한 번 만날 기회를 가졌다. 이 자리에서 근래의 생각을 엿볼 수 있는 시를 보여 달라는 요청을 하자. 청화 스님은 "마침 오늘 새벽녘에 쓴 시 한 편이 머릿속에 있다"며 즉석에서 읊어 주었다. 하루 전 설악

산 신흥사에서 발간하는 월간지에서 봉축시를 써달라고 해서 밤새 시상을 정리해서 쓴 '초파일 무렵'이라는 시였다. 실업, 경제적 빈곤 등으로 위기감을 느끼며 사는 사람들에게 희망을 건네주려고 썼다는 이 시를 독자들과 함께 읽어본다. 읽어본다기보다는 청화 스님의 '상처 어루만져 주는 목소리'를 들어본다.

"자비한 누군가를 닮은 봄바람이/ 벼랑 끝 아스랑 진달래 등걸에 와서/ 위기는 죽음이 아니라고/ 갓 핀 진달래 꽃가지를 흔들고/ 지혜로운 누군가를 닮은 봄비는 또/ 상수리나무 밑 마른 땅에 내려// 가난은 죽음이 아니라고 고개 든 상수리 알의 노오란 싹을 보여주고/ 흔들고 보여주고 흔들고 보여주고/ 드디어 온 산천 푸르른 이 봄날// 오랜 동안 절필한 나는/ 마음속 벙그는 연꽃을 그린다// 죽는다 죽는다 쌓는 누군가에게 가서/ IMF의 구멍에 뚫린 살// 그 상처 어루만져 어루만져/ 새살이 돋게 하는 약속이 되라고"

청화 스님은 금붕어의 동그란 눈을 바라보며 감옥에 갇힌 '진관 스님들'을 연상했다. 인터뷰를 마치며 바라본 그의 눈 또한 '금붕어의 동그란 눈'으로 보였다. 동그란 눈의 청화 스님은 부처님 오신 날에 감옥에 갇힌 진관 스님들, 모든 양심수들, 모든 금붕어들이 방생되기를 합장하며 기원했다.

"철장 안에 갇혀있는 양심수들은 분단체제, 독재정권의 희생양일 뿐이죠. 김대중 대통령이 한 생각 크게 돌리고 양심수들을 전원 석방해야 합니다."

최진섭 기자 (월간 《말》 1998년 5월호)

8·15 이후에도 최후 일본까지 지배하는

9 들이란 현실은 일제나 우리와 훈련이

없이 투쟁이 없었다. 그리하여 나에게 있

고 숨김없이 또 진심은 얼굴이 없었

도 풀이키도 방황하였다가 한 조각 우리의

제 정신(正面)이가. 아무 어제 이간함을

지치할수 없는 표현 어떻게 인간의 타지

작 정표기함 해에 왔으로 다 차 풀어지

고 말자 잡아서 놨다.

남정현

〈분지〉에서
〈미 제국주의 전상서〉
까지

—

소설가 **남정현**

충남 서산
중앙고 교정
에 세워진
남정현 문학
비 앞에서.

1933년 충남 당진 출생 / 1945년 충남 서산초등학교 5학년 때 해방을 맞이함 / 1958년 단편
〈경고구역〉, 〈굴뚝 밑의 유산〉으로 《자유문학》 추천완료 / 1961년 단편 〈너는 뭐냐〉(제6회 동인
문학상 수상) / 1965년 단편 〈분지〉를 《현대문학》에 발표(반공법 위반 혐의로 구속 기소) / 1973
년 단편 〈허허 선생〉 / 1974년 대통령 긴급조치 1호 위반혐의로 구속(소위 민청학련 사건) /
1993년 연작소설집 《허허선생 옷 벗을라》 출간 / 2011년 단편 〈편지 한 통—미 제국주의 전상서〉
를 계간 《실천문학》에 발표

그때나 지금이나 마찬가지야.
사실 〈분지〉의 주제였던 외세 문제와
〈분지〉를 유죄로 몰고 간 국보법(반공법)이
그때나 이때나 괴력을 발휘하기는 똑같아.
한마디로 분지는 아직도 똥의 나라,
분지라 할 수 있지.
국보법을 여러 법률 중의
하나로 생각하는데, 실제로는 헌법 제1조와
같은 위력을 발휘하고 있어.
대한민국은 아직도 국보법공화국이야.
미국 측에서 보면
일종의 보검이기도 할 테지.

이곳 대학로 카페 엘빈에 자주 오시나요?

· 전에는 자주 왔는데, 근래는 기력이 딸려서 자주 못 와요. 황금 찬 시인이 엘빈 단골이야. 지금 95세인데, 주 3회는 올 걸. 그 분이 우리 집사람 세상 떠났을 때, 석 달 동안 약밥 갖다 주곤 했어. 함께 사는 며 느리에게 부탁해서 직접 엘빈으로 갖고 와서 내게 전달했어. 내가 그러 지 말라고 극구 만류해도 기운 내야 한다면서 몇 달을 그러셨지. 심성 이 참 고운 분이야.

사모님께서는 언제 작고하셨죠?

· 폐암으로 1996년에 세상을 떠났어. 그때 〈분지〉를 번역한 와 세다 대학의 오무라 마스오 교수가 서울대병원의 진료 차트 복사해서 동경대에 보여주고 신약을 구해오기도 했지. 1년 가까이 병 고쳐주겠 다고 한국을 여러 차례 오가며 동분서주했어. 나랑 동갑내기인데, 중국 에서 윤동주 묘비 발견한 한국문학전공자로도 유명해.

주변에 심성이 고운 분들이 많네요. 요즘 건강은 어떠세요?

· 한 달에 세 번씩 서울대병원으로 약 타러 다녀. 요즘 부쩍 기력

이 없네. 아침에 자고 일어나면 눈을 못 뜰 수도 있다는 생각도 들어. 작품을 하나는 더 쓰고 싶은데 말이야.

70년대에 고문 받은 후유증으로 수전증이 생겼다고 들었습니다. 소설 쓸 때 컴퓨터로 작업하나요, 아니면 원고지에 펜으로 쓰나요?

• 원고 직접 못 쓰고, 고등학교 다니던 손자를 옆에 앉혀놓고 내가 불러줬어. 얼마 전 발표한 〈편지 한 통〉이 2백자 원고지 2백여 매가 훨씬 넘는 분량인데 손자가 타이핑 해준 거지.

1995년 계간 《창작과 비평》에 단편 〈세상의 그 끝에서〉를 발표한 뒤 14년 만에 〈편지 한통〉을 《실천문학》(2011년 봄호)에 발표하셨습니다. 이번 소설 〈편지 한 통〉에 대한 반응은 어땠습니까?

• 소설이 나오기 전에는 인터뷰를 여러 곳에서 했는데, 나온 뒤에는 거의 없었어. 그리고 기자에게 꼭 써 달라고 했는데, 빼먹은 게 있어. 이번에 인터뷰하면 그 말을 꼭 넣어야 해.

어떤 말을 뺐죠?

• 미국이 한반도 문제를 서로가 상생하는 평화협정으로 풀지 않고, 끝내 전쟁으로 몰고 간다면, 그러다가 만에 하나 미국이 패하기라도 하는 날이면 그 참상은 이루 말할 수도 없겠지만, 그렇게 되면 혹여 지금까지 우리 인류가 사용하던 '서기'라는 연호가 '주체'라는 연호로 전환되는 그런 천지이변과 같은 대변화를 우리 시대가 경험하게 될지

도 모른다는 그런 얘기였지.

네, 주체연호요?

· 왜 북에서는 김 주석이 태어난 1912년을 기점으로 해서 주체라는 연호를 쓴다고 하지 않던가. 그 연호 말이야.

그러니까 그 기자가 아마 그때 선생님 말씀을 소설 속에 나오는 상상이나 과장법으로 받아들였을 것 같습니다. 하여튼 선생님이 얘기하니까 기발하게 들립니다. 하지만 설마 미국같이 큰 나라가 북한테 패할 리야 있겠습니까?

· 글쎄 그런 걸 확실히 알 사람은 없겠지. 하지만 설마가 사람 잡는다는 말도 있잖아. 크다고 무조건 작은 것을 이기기만 하는 것은 아니잖아. 물론 미국과 북을 무슨 물리적인 수치만을 가지고 따지면 하늘과 땅 차이라 비교가 안 되지만, 요즘 추세로 봐서 미국은 하향세고 북은 상향세거든. 그래서 전 세계가 지금 긴장감을 가지고 북미관계를 주시하고 있어.

미국은 하향세고 북은 상향라고요?

· 사실 미국은 옛날과 달리 그 위세가 2차 대전 이후 많이 꺾였거든. 우선 이차대전 이후 미국과 직접 관련된 전쟁이 많았는데도 미국의 입장에서 미국이 명쾌하게 이겼다고 선언할 만한 전쟁이 거의 없잖아. 베트남이니 6·25니 하는 것은 다 차치하고라도 이라크니 아프가니스

탄이니 리비아니 시리아니 또 이집트라는 나라들과의 싸움에서도 다 미국이 소기의 성과를 거두지 못했거든. 그렇다면 미국이 패한 전쟁이나 다름없어. 북도 그래. 미국의 그 철저한 봉쇄와 제재 속에서도 북은 핵을 개발하고 미사일을 개발하고 어쨌든 지금 와선 미 본토까지 위협하는 단계에 이르렀어. 그래서 지금 세계는 걱정이 태산이거든. 혹시 한반도에서 핵전쟁의 불이 붙는 게 아닌가 해서 말이야. 그렇게 되면 3차 대전은 불가피할 거고, 그러면 또 세계의 그 어느 곳이든 안전할 데가 없을 테니 걱정이 태산일 것은 뻔하지 않겠어.

그래서 우리 한반도에는 지금 전 세계인의 이목이 집중되어 있으며, 북미관계 하나하나에 신경을 곤두세우고 있거든. 말하자면 지금 우리 한반도는 바야흐로 세계의 중심과제로 부상하고 있다 이 말이야. 그러니 한반도의 주인인 우리들의 책임과 그 사명이 얼마나 크겠어. 정말 정신을 차리고 온 힘을 다하여 우리는 한반도의 평화를 지켜내고, 평화통일을 이루어야 해. 그러면 명실공히 우리 한반도가 세계의 중심축이 된다는 것이 내 믿음이야. 하하하.

우리가 세계의 중심축이 된다고요? 지금 말씀은 정세 분석이라기보다는 작가적 상상력이 느껴집니다.

그렇겠지. 복잡한 현실을 꿰뚫어 보는 데는 오히려 작가적 상상력이 도움될 때가 있거든. 그래서 그런지 요즘 나의 귀에는 뭔가 거대한 것이 무너져 내리는 그런 굉음 같은 것이 자꾸 들린단 말이야.

굉음요? 무슨 큰 소리가 들린단 말씀이죠?

그렇다니까. 큰 소리면 이게 어디 보통 큰 소린가. 귀청이 아주 떨어질 것 같은 큰 소리거든. 하하하. 21세기가 내지르는 특이한 굉음이랄까, 말하자면 지금까지 우리 인류의 문명을 이끌어가던 그런 문명의 축이 뒤바뀌는 그런 엄청난 소리가 들린다 이 말이야. 집안에서 문짝 하나를 바꿔다는 데도 큰 소리가 나는데, 아, 세계의 문명의 축이 뒤바뀌는 소리니 그 소리가 얼마나 요란하겠어.

문명의 축이 뒤바뀐다니, 좀 더 구체적으로 말씀해 주시겠습니까?

구체적으로 말할 것도 없지. 아주 단순한 얘기니까. 그동안 세계의 중심축이 되어 문명을 이끌어가던 미국의 소위 그 약육강식에 기초한 시장원리가 허물어지고, 대신 바로 그 자리에서 우리 한민족 고유의 사상인 인내천 즉, 약강이 평화스럽게 공존하며 행복을 쌓아가는 그런 인간의 원리가 작동하게 된다, 이 말이지. 정말이야.

하지만 거기에는 단서가 딱 하나 있지. 그 단서란 아까도 말했지만 우리 한반도 내외에서 평화와 통일을 방해하는 주변의 온갖 잡귀들을 우리 힘으로 제압하고 남과 북이 이미 전 세계에 천명한 대로 6·15정신에 따라 평화와 통일을 이룬다면 그때 우리 한반도 내에서 솟구쳐 오르는 그 무서운 힘이 그저 단숨에 세계문명의 틀을 시장원리에서 인간의 원리로 바꿔놓는다 이 말이거든.

　그런데 나는 이미 그 소리를 듣고 있다는 거지. 문명의 틀이, 그 견고한 축이 뒤바뀌는 그 굉음을 말야. 사실은 그 누구보다도 진정한 우리 시대의 예술인이라면 제일 먼저 그 굉음을 들을 줄 알아야 하는 거거든. 그래야만 우리 시대 백성들의 심금을 울리는 그런 좋은 작품을 창작할 수 있다 이 말이지.

선생님 말씀을 듣고 보니 지금 제 귀에도 무슨 이상한 소리가 자꾸 들리는 것 같습니다. 얼마 전 어느 지면에서 과거 민중문학계에서 이름을 날리던 분이 대담한 것을 봤는데 "현재의 북한체제는 궁극적으로 해체되어야 한다고 생각한다", "1930~40년대 일본 천황제하의 군국주의체제도 이렇게 지독하지는 않았다. 조선이나 중국의 왕조체제도 북한의 유일 존엄체제처럼 엄청나지는 않았다"는 말을 했습니다. 그에 대해 대담자도 "북한체제는 우리에게도 엄청난 재앙의 씨앗"이라 맞장구쳤고요. 이런 인식이 지식인, 문학하는 이들에게도 상당히 널리 퍼져 있는 것 같습니다. 왜 그렇다고 보시나요?

　왜 그렇긴, 대한민국이니까 그렇지. 도대체 대한민국이 어떤 나라요. 세계의 선두에서 반공과 멸공을 위해 헌신하는 나라가 아닌가. 말하자면 반공과 멸공을 위해선 그 무엇도 아끼지 않는 나라라 이 말이거든. 그래선가, 각 학교의 모든 교과과정은 물론 모든 전파매체와 활자매체를 다 동원하여 시시각각으로 북을 헐뜯고 공격하느라 여념이 없잖아. 그러니 이런 환경에서 우리 백성들이 제일 먼저 뭘 배우겠어. 반공과 멸공정신이 아닌가요. 북은 나라 전체가 다 생지옥이요 감옥이라 사람 못 살 나라, 사람을 다 때려죽이고 굶겨죽이는 천벌을 받을 나라, 애초에 인권이니 민주주의니 하는 것과는 영 인연이 없는 나라. 아, 이런 생각들이 머릿속에 꽉 차 있으니, 거기에서 어떻게 6·15정신이 숨을 쉴 수 있겠어. 그러니까 주어진 조건하에서 안주하고 있는 사람 중엔 웬만한 지식인들도 북에 대한 시각만은 좀처럼 변하기가 어려운 것 같습디다.

내가 멀리 지나간 얘기 하나 해주지. 이건 내가 직접 본 얘기야. 예전에 내가 어떤 문학단체의 사무실에 들른 적이 있거든. 그때 여러 문인들이 와 있더군. 그런데 당시 문단에서 꽤 알아주던 시인 한 분이 갑자기 자리에서 벌떡 일어나더니 책상 위에 있던 책 한 권을 휙 하고 집어던지는 거야. 그런데 그 책은 당시 소설가 황석영 씨가 북에 다녀와서 쓴 《사람이 살고 있었네》라는 책이었거든. 그는 그 책을 집어 던지면서 벌컥 화를 내더군. 뭐 북에도 사람이 살고 있다고, 미친놈, 나는 신반공주의자다, 그러면서 말이야. 나는 놀랐지. 그러니 그런 사람하고 북의 실체에 대해서 무슨 대화를 나눌 수 있겠어.

뉴라이트 우파 진영에서도 젊은이들이 북을 너무 모른다 우려를 하고, 민족주의 진영에서도 젊은이들이 북을 너무 모른다 하고, 북에 대한 시각은 매우 다양한 것 같습니다. 2005년에 작가들과 함께 북에 다녀오셨죠?

갔었지. 그러니까 그게 2005년이던가. 작가들과 함께 5박 6일간 북에서 열린 민족작가대회(7.20~25)에 갔다 온 적이 있는데, 그때 의제가 6·15 민족문학인협회 결성하자, 공동으로 통일문학 잡지를 발간하자, 통일문학상을 제정하자는 거였어. 하지만 나는 그때 회담보다는 어렵사리 북에 간 김에 북의 존재 그 자체에 대한 의문을 풀고 싶었지. 그래서 기행문 하나 써달라기에 방북기행문을 《실천문학》에 실었는데, 그때도 이런 의문을 제기했지.

세계 최강의 미국이 북의 존재를 지구상에서 완전히 지워버리기 위해 정치·경제·문화·군사 등 온갖 수단을 다 동원하여 그렇게 오랜 세월 목을 짓누르고 있는데도 도대체 북은 무슨 재주로 지금도 고개를 꼿꼿이 쳐들고 미국과 당당히 맞서 있는가? 우리 대한민국이 만약 그런 상황에 처해 있다면 얼마나 버틸까? 솔직히 말해 2백여 유엔 회원국 중에서 미국에 의해 지금 북이 당하고 있는 수준의 그 끔찍한 봉쇄와 제재를 당할 경우 단 일 년을, 아니 단 일 개월을 제대로 버틸 수 있는 나라가 지구상에 과연 몇이나 될까, 하는 그런 투의 얘기를 썼었지.

그런데 선생님과 달리 상당수의 젊은 작가들은 방북을 통해 오히려 북 체제에 대해 실망하고 부정적 시각을 갖게 되었다고도 합니다. 그건 어떻게 봐야 할까요?

· 아, 그래서 이 나라가 좋다는 것 아닌가요. 그런 사람도 있고 저런 사람도 있고, 매국노도 많고 애국자도 많고, 흥하는 자도 많고 망하는 자도 많고 해서 말이야. 그런데 북에 대한 말씀인데, 북을 제대로 보기가 참 쉽지 않거든. 북 하나만을 떼놓고 보면 북이 제대로 보이지 않는다 이 말이거든. 북의 허상만 보이고 북의 실상은 보이지 않는다 이 말이야. 왜냐하면 북을 제대로 보자면 악연으로 연결되어 있는 북에 대한 미국의 제국주의 정책은 물론 남북 간의 적대감 그리고 한미 간의 밀착관계 등 이러한 주변의 여러 정황 등을 깊이 있게 이해할 수 있는 능력이 있어야만 가능해. 그러니까 이러한 이해가 없이 북을 다녀오면

제각기 자신의 눈높이에서 왈가왈부할 수밖에 없잖습니까. 서로 다 이해해야죠.

그런데 참 선생님, 선생님이 속해있는 민족문학 작가회의라는 명칭이 한국작가회의로 변하지 않았습니까. 그때 선생님은 '민족문학'을 고수하자는 입장이셨나요?

· 그랬었지. 그게 벌써 2007년이던가? 어느 날 이종찬(필명 이소리) 시인이 《오마이뉴스》에 기사를 쓴다며, 전화로 물어보기에 반대의견을 밝혔어. 전화 인터뷰에서, 지금은 남북이 화해하고 협력하여 외세의 간섭을 물리치고 우리 민족끼리 힘을 하나로 합쳐야 하는 때인데, 한 시대의 양심을 대변하는 문인이란 사람들이 '민족'이란 낱말을 내팽개치는 것은 우리 시대의 정신을 내팽개치는 것과 같다, 민족을 빼면 6·15정신도 함께 무너진다, 민족이란 이름을 쓰지 않는 단체도 지금 민족이란 이름을 내세워야 할 때인데, 왜 그 좋은 이름을 없애려 하느냐, 이해할 수가 없다, 아마 그런 취지의 말을 했던 것 같아.

결국에는 '민족'을 떼고, 한국작가회의로 바뀌었죠. 당시 언론 자료를 찾아보니, 명칭변경소위원회(위원장 도종환)가 회원들에게 명칭 변경과 관련해 찬반 투표를 실시한 결과, 투표자 559명 중 74.8%가 명칭변경에 찬성했네요.

· 다수결 원칙에 의한 민주적인 방법으로 그렇게 정했다니 할 수 없지. 하여튼 민족이라는 이름을 빼건 안 빼건 간에 박정희의 유신독재 이후 그 여러 문인단체 중에서 그래도 작가회의만이 주어진 조건하에

서는 최선을 다했다고 볼 수밖에 없거든. 앞으로도 좋은 일을 많이 하게 주변에서들 많이 좀 도와줘야 하겠지.

요즘도 작품 활동하는데 국가보안법이 문제가 되는 경우가 많나요?

내 경험을 놓고 본다면 절대적이라고 할 수 있지. 국가보안법은 작가의 상상력을 제약하는 것은 물론 한 인간을 비겁자로 전락시키기도 해. 1964년 〈분지〉로 중앙정보부에 끌려가 조사를 받을 때, 나는 나 자신이 희생자라는 신분을 망각하고 국가보안법의 위력에 경탄을 금할 수 없었지. 수사관들이 〈분지〉의 어떤 대목이 반공법(국가보안법)에 저촉되는지 알려주는데, 소설의 그 어느 구절 하나 걸리지 않는 게 없더군.

올가미에 걸려들지 않게 발버둥쳤지만, 난 결국 국보법의 함정에 쏙 빠지고 말았어. 옴짝달싹도 할 수 없었지. 미국에 대한 비판적인 언동은 말할 것도 없거니와 사회에 대한 사소한 불평불만도 하나같이 다 처벌의 대상이었어. 그때 깨달았지. 미국을 잘못 건드리면 죽는 거구나 하고 말이야. 그런 피해의식이 지금도 여전히 나의 의식 어딘가에 잠복해 있는 것 같거든. 국보법이란 그만큼 지독한 거라고. 국보법, 당장 없어져야지. 그래야 우리 민족이 살아.

그래도 민주화도 되고, 40년의 세월이 흘렀는데…….

그때나 지금이나 마찬가지야. 사실 〈분지〉의 주제였던 외세 문제와 〈분지〉를 유죄로 몰고 간 국보법(반공법)이 그때나 이때나 괴력을 발휘하기는 똑같아. 한마디로 분지는 아직도 똥의 나라, 분지라 할수 있지. 국보법을 여러 법률 중의 하나로 생각하는데 실제로는 헌법제1조와 같은 위력을 발휘하고 있어. 대한민국은 아직도 국보법 공화국이야. 미국 측에서 보면 일종의 보검이기도 할 테지.

분지는 아직도
분지, 똥의 나라, 국보법 공화국이야

〈분지〉 필화사건 당시의 공소장을 찾아봤더니 "미국의 예속식민지·군사기지로서 약탈과 착취, 부정과 불의에 항거하는 자들은 미국의 가공할 강압과 보복을 받으면서도 굴복과 사멸함이 없이 최후의 승리를 쟁취한다는 양 남한의 현실을 왜곡·허위 선전하며 빈민대중에게 계급 및 반정부의식을 부식·조장하고, 북괴의 6·25남침을 은폐하고, 군 복무를 모독하여 방공의식을 해이하는 동시 반미감정을 조성, 격화시켜 반미사상을 고취하여 한미유대를 이간함을 표현하는 등을 주요 내용으로 하는 단편소설 〈분지〉…"라는 문구가 나오던데, 〈분지〉가 반미소설인 건 맞나요?

· 공소장의 세세한 부분을 일일이 지적할 수는 없을 테고, 어찌됐든 〈분지〉의 주제가 반외세적인 것은 맞지. 4·19를 짓밟은 5·16의실체를 난 미제 탱크에서 보았어. 미제 탱크가 국군을 태우고 그 거대한 포신을 치켜세운 채, 흡사 괴물처럼 굉음을 내며 흉흉한 모습으로서울 한복판에 다가왔을 때, 나는 무슨 맹수를 피하듯 본능적으로 몸을피했어. 나는 그때 길거리에 털썩 주저 않으면서, 그때 뭔가 입안에 오

래 물고 있던 것을 내뱉듯 '아, 외세다' 하고 외마디 소릴 외쳤지.

　동학군의 목을 무자비하게 자른 외세, 삼일운동을 박살 낸 그 천인 공노할 외세, 나라를 남북으로 갈라놓은 그 저주스런 외세가 지금 거대한 미제탱크로 변하여 또다시 4·19의 가슴에 총탄을 퍼붓는다고 생각하니 나는 온 몸이 떨리더군. 눈앞이 캄캄했지. 외세란 이름의 육중한 암반 밑에 깔려있는 것 같은 나의 의식은 늘 절박한 심정이었어. 어서 이 암반을 힘껏 들어 올리지 않고는 숨을 제대로 쉴 수가 없다는 그 단 한 가지 일념으로 〈분지〉를 썼다고나 할까.

반미, 반외세가 선생님의 인생과 문학에서 일종의 화두와 같은 것이었네요.

　·　그런지도 모르지. 화두를 제대로 붙들면, 앉으나 서나, 자나 깨나 오직 일념으로 화두 생각만 한다더니 내가 화두를 미국의 제국주의 정책으로 잡았는지도 몰라. 역사상 외세의 손아귀에서 단 한 번도 명쾌하게 벗어나와 제 발로 떳떳하게 서 본 일 없이 언제나 외세의 이익에 기초하여 그들의 의지에 따라 꼭두각시처럼 욕되게 놀아나기만 한 것 같은 민족의 크나큰 한은 한 작가로서 글을 쓸 때마다 밤낮없이 나의 의식을 팽팽한 긴장감 속으로 몰아갔지.

　미국이 히로시마나 나가사키뿐만이 아닌 우리 민족에게도 원자탄을 던졌다는 의심을 하기도 했어. 우리 민족 개개인의 정신세계에 쥐도 새도 모르게 원자탄을 투하했다고 본 거지. 그렇지 않고서야 그렇게도 빠른 속도로 우리의 정신문화가 허황하게 절단 나고, 고유한 미풍양속이 순식간에 풍비박산 날 수 있을까 하는 느낌이 들어서였지. 바로 그 때, 소설 〈분지〉를 구상한 거야.

《조선일보》사설, 대한민국에서 반미감정을
어째서 불법으로 속단할 수 있는가?

> 1967년 5월 24일 〈분지〉 사건의 결심공판의 논고와 변론이 있은 후 《조선일보》는 그 사설에서 "대한민국에서 계급의식이 법적으로 배척될 근거는 전혀 없으며 반미감정을 어째서 불법으로 속단할 수 있는가", "북괴가 반미 한다고 해서 대한민국 국민이 반미감정을 가져서는 안 된다는 논법이 선다면 지금 한창 반미노선을 걷고 있는 프랑스의 드골 대통령을 추켜올려도 북괴 동조라는 삼단논법이 성립되지 않는가. (……) 우리의 민주주의를 스스로 창살 없는 감옥으로 만드는 우만은 절대로 범해서는 안 되겠기에 감히 일언하는 바"라며 검찰의 주장을 반박했습니다. 사실 이게 자유주의 언론의 상식인데, 워낙 냉전논리에 익숙하다 보니 의외라는 생각이 듭니다.

  그때만 해도 《조선일보》나 《동아일보》에 좋은 언론인들이 많았어. 4·19혁명 때만 해도 조선, 동아 역할이 컸어. 언론자유, 결사의 자유에 대해서는 철저하게 옹호했어. 언론이 그때와 같은 기개와 역사관이라도 지녔다면, 어떻게 지금과 같은 원칙 없는 정권이 들어설 수 있었겠어.

  《동아일보》에 나절로라는 필명으로 '횡설수설'을 썼던 우승규라는 언론인이 있었어. 정부 비판했다 물러나기도 했는데, 스스로 '내가 언론말살정책 제물 제1호'라고 말했던 분이야. 이분 하는 말이 해방 직후에 시청 광장을 지나가다가 3·1절 기념식 때 선언문 낭독하는 사람을 우연히 보게 됐는데, 글쎄 자기 군에서 경찰서장 하던 친일파라는 거야. 기가 막힐 노릇이라는 거지. 기자라면 친일파, 사대주의자, 매국노에게는 각을 세워야 하는데, 요즘 언론인들 하는 짓을 좀 보라고. 친일, 친미 언론인을 보수언론이라 하잖아. 틀린 말이야. 그건 매국언론이지.

《사상계》 내던 장준하 선생님하고도 인연이 많으셨다고요.

《사상계》(1964년 6월호)에 실린 〈부주전상서〉를 재밌게 봤다면서, 저녁 사주신 적도 있어.

〈분지〉 재판 당시 도움을 줬던 분들이 많죠?

· 계시고말고. 우선 문학에 있어서의 그 표현의 자유를 옹호하기 위해 당시 솔선하여 무료변론에 나서주신 한승헌, 이항녕, 김두현 선생의 그 헌신적인 도움을 잊을 수가 없지. 한승헌 선생은 그 후 국민의 정부에서 감사원장을 지내셨고, 이항녕 선생은 홍익대 총장과 고려대 교수직에 오래 계셨었지. 그리고 김두현 선생은 원래 판사 출신 변호사인데 그 후 대한변호사협회 협회장을 오래하셨거든.

그리고 특히 또 잊을 수 없는 분은 평론가 백낙청 선생이야. 그때 백 선생은 미국의 하버드대에서 영문학 박사학위를 하고 서울대학에 갓 취임한 젊은 교수였지. 그런데 그분이 〈분지〉가 사건화되자 곧바로 《조선일보》 지면에 그 부당성을 하나하나 지적해 줬거든. 지금 생각해도 그 글이 너무 신선하고 감동적이야. 누구 한 사람 입을 벌리지 못하던 그 으스스한 시기에 그게 어디 쉬운 일이었겠어. 나로서는 그저 고마울 뿐이었어.

〈분지〉 사건 때 법정에서 앞장서서 증언을 해준 이어령 선생이 적극 권유해서 〈분지〉 이후 다시금 소설을 쓰게 되셨죠?

　•　내가 그때 분지사건 이후 오랫동안 글을 못 쓰다가 〈허허선생〉이란 연작소설을 쓰게 된 것은 순전히 이어령 씨의 권유 때문이야. 언제던가. 내가 종로에서 이어령 씨를 만났는데 그때 이어령 씨가 그러더군. 자기가 지금 《문학사상》이란 문예지를 내고 있는데, 거기다 새 기분으로 소설 한 편 써보라고 말이야. 긴 소설이건 짧은 소설이건 아무 걱정 말고 쓰고 싶은 대로 써 달라는 거였지. 그래서 쓴 것이 〈허허선생〉이야.

허허선생은 어떤 인물인가요?

　•　〈허허선생〉은 아직도 일제 식민지 체제가 그대로 유지되고 있는 것 같은 우리 현실을 해학적으로 쓴 작품인데, 허허선생이란 인물은 일제 강점기 각광받던 당시 박정희와 같은 사람을 염두에 두고 쓴 거야. 〈허허선생〉도 외세 얘기지만 같은 외세라도 미국보다는 일본을 얘기하는 것이 그래도 벌이 좀 가볍지 않을까 해서 써 본 거지.

　당시 나는 정신적으로 참 어려운 시기였어. 〈분지〉 사건 이후엔 원고지를 보는 것만도 무서웠거든. 〈분지〉 사건 때 '너 다시 또 글을 쓰면 손목을 딱 분질러놓겠다' 고 수사관들이 어찌나 협박하던지, 그 목소리가 지금도 생생해. 그래서 1974년 긴급조치로 내가 또 정보부에 잡혀갈 땐 이번엔 이 자들이 정말 손목을 분질러놓는 것이 아닌가, 해서 좀 떨리더라니깐. 정말 무서운 세월이었어.

자칭 '신반공주의자'가 통일문학가로 행세하고 있는 세상인데, 뜻 맞는 후배 작가들하고 통일문학회 같은 걸 만들어 보시면 어떨까요?

내게 어디 그럴 능력이 있겠어. 그건 다 내 능력 밖의 일이고 앞으로 혹시 그런 능력 있는 분이 나와서 그런 일을 할지도 모르지. 2008년이던가, 작가들이 평양 가서 북과 《통일문학》 발간하자고 합의했었는데 그것도 창간호 한 권 내놓고 그만이거든. 이게 다 현실이 녹록지 않은 탓이겠지. 당시 《통일문학》 창간호 작업에 관여한 정도상 6·15민족문학인협회 남측위원장이 언론 인터뷰에서 밝힌 내용을 보면 "예를 들어 북에서 골라 온 남쪽의 작품들 중에는 남정현의 〈분지〉, 황석영의 〈객지〉가 있었다. 〈분지〉는 반미소설이고 〈객지〉는 노동운동 관련 소설이다. 그러나 우리는 두 작품이 너무 오래됐고, 남쪽 국민들의 일상을 보여줄 수 있는 작품으로 고르고 싶다는 생각에 우리가 부결권을 행사했다"고 해.

세상의 흐름, 시대정신이 변해서 작가들의 생각이 바뀐 거 아닐까요? 정치인이나 지식인들도 통일에 대한 생각은 예전 같지 않은 것 같고요.

분단이 사라졌나? 분단을 야기한 외세 문제가 해결됐나? 다 자기들 잇속을 챙기려는 핑계겠지 뭐. 그런데 분단된 나라에서 대통령을 꿈꾸는 정치인이라면 통일 대통령을 준비해야 해. 그러려면 북의 체제와 사상에 대해서도 잘 꿰뚫고 있어야 할 것 아니겠어.

예전에 대통령을 꿈꾸고 있다고 알려진 어느 야당정치인에게 충언 한마디 한 적이 있어. 앞으로 대통령이 되어 혹시 정상회담이라도 하려면, 북을 지배하는 사상을 알아야 한다, 그걸 모르면 제대로 대화 못한다, 북을 설득하고 협상하려면 주체철학이 뭔지 알아야 한다, 거기에 어떤 결함이 있고 어떤 장점이 있는지도 연구해 보라고 했지. 그런데 그 자리에서는 예, 예, 하더니 나중에 들리는 말이, 주변 사람들에게 이상한 사상 가진 사람 같으니 조심하라고 하더래. 내 그때 그 사람 통일시대 대통령 되긴 다 글렀다 생각했어. 그래서 그저 국회의원 노릇이나 잘해 줬으면 했지.

색깔 논쟁에 휘말리면 정치생명이 끝장난다고 생각하기 때문에 그런 거 아닐까요?

· 그랬을는지도 모르지. 모두들 자기 잇속만 차리는 세상이니까. 하지만 국회의원쯤 되면 그래도 국회의원답게 뭔가 시대정신을 대변하는 말 한마디쯤은 하고 나와야 될 것이 아니겠어. 국회의원에겐 면책특권도 있으니까 말이야.

선생님은 색깔론의 피해자네요. 어찌 생각하면 소설가에게도 원고지 위에서는 면책특권이 있어야 하는데…….

· 〈분지〉가 1965년 《현대문학》에 발표됐을 때는 문제 삼지 않았는데, 조선로동당 기관지 《조국통일》(5월 8일자)에 실리고 난 뒤, 중앙정보

부에서 날 잡아 갔어. 그런 게 작용해서 그런가 북쪽 작가들이 꽤 내 이름을 아는 것 같더군. 2005년 평양 갔을 때 같은 방 썼던 김영현 소설가의 산문집《나쓰메 소세키를 읽는 밤》에 그 이야기가 나와. "북쪽 작가들이 기라성 같은 남쪽의 작가들을 제치고 남 선생에게만은 진정으로 존경의 예를 표하는 것을 나는 곁에서 여러 번 보았다"고 썼어.

〈분지〉 읽고 힘내서 생명을 유지했다며, 출소 후 찾아온 장기수도 있다면서요?

· 홍명기라는 비전향장기수인데, 2000년 9월에 다른 분들과 함께 북으로 송환됐어요. 1999년 초에 출소하자마자 제일 먼저 날 보고 싶다며 찾아왔더라고. 감옥 있을 때 〈분지〉를 보며, 살 구멍이 있다는 희망을 품었다는 거야. 〈분지〉의 주인공 홍만수처럼 절대 죽지 않겠다고 다짐했다고 해. 장기수들이 〈분지〉를 돌려가며 다 읽었다 하더라고. 홍명기 선생은 닳고 닳은 〈분지〉를 읽다가 간수에게 들켜서, 두 달간 징벌방에 갇혀서 지낸 적도 있다고 해.

〈분지〉의 홍만수가 향미산에서 살아나서
'편지 한 통' 쓴 것 아닌지

향미산(向美山)에서 미국 펜타곤에 맞서던 홍길동의 10대손 홍만수, 일만

여를 헤아리는 포와 미사일, 미제 엑스 사단의 공격을 단 십 초 앞두고 어머니에게 외칩니다.

"앞으로 단 십 초, 그렇군요. 이제 곧 저는 태극의 무늬로 아롱진 이 러닝셔츠를 찢어 한 폭의 찬란한 새 깃발을 만들 것입니다. 그리고 구름을 잡아타고 바다를 건너야지요. 그리하여 제가 맛본 그 위대한 대륙에 누워있는 우윳빛 피부의 그 윤이 자르르 흐르는 여인들의 배꼽 위에 제가 만든 이 한 폭의 황홀한 깃발을 성심껏 꽂아 놓을 결심인 것입니다. 믿어주십시오. 어머니, 거짓말이 아닙니다. 아, 그래도 당신은 저를 못 믿으시고 몸을 떠시는군요. 참 딱도 하십니다. 자, 보십시오. 저의 이 툭 솟아나온 눈깔을 말입니다. 글쎄 이 자식이 그렇게 용이하게 죽을 것 같습니까, 하하하."

1965년 향미산에서 미국 펜타곤에 혈혈단신으로 맞서던 〈분지〉의 홍만수는 죽지 않고 살아있는 건가요. 어찌 보면 향미산에서 홍만수가 살아나 다시 〈편지 한 통-미 제국주의 전상서〉를 썼다는 생각도 듭니다.

　• 　그럴는지도 모르지. 내가 〈분지〉를 쓰게 된 동기는 아주 단순하거든. 한마디로 말하면 우리 민족은 절대로 죽지 않는다는 그런 얘기를 쓰고 싶었던 거야. 다시 말하면, 우리 민족은 그 어떠한 궁지나 위기에 몰리더라도 절대로 죽지 않는다는 사실을 세계만방에 한번 선언하고 싶었다, 이 말이야. 〈편지 한 통〉도 결국 그런 얘기의 연속일수도 있겠지.

한반도에서의 평화협정 문제가 크게 이슈화된 요즘 정말 미국이 이번 기회를 놓치지 말고, 한반도의 편에 서서 평화의 길로, 평화협정의 길로 나아가 주리란 희망을 안고 쓴 소설이기도 하지. 하여튼 우리 한반도 내에선 그 누구도 전쟁의 '전' 자마저도 사용해선 안 된다는 것이 내 주장이니까. 북이든 남이든 미국이든 말이야.

그럴는지도 모르지.

내가 〈분지〉를 쓰게 된 동기는 아주 단순하거든.

한마디로 말하면 우리 민족은 절대로

죽지 않는다는 그런 얘기를 쓰고 싶었던 거야.

다시 말하면, 우리 민족은 그 어떠한

궁지나 위기에 몰리더라도 절대로 죽지 않는다는

사실을 세계만방에 한번 선언하고 싶었다.

이 말이야.

〈편지 한 통〉도 결국

그런 얘기의 연속일수도 있겠지.

소설가 남정현 〈편지 한 통-미제국주의 전상서〉

〈편지 한 통〉 쓰기 위해 도깨비 방망이를 얼마나 생각했는지 몰라.
풍자라는 게 사람들이 쉽게 알아먹을 수 있는 걸로 해야 하거든.
도깨비 방망이가 신묘한 위력을 발휘한다는 것을 아이들도 다 아는 거야.
미국 입장에서 생각을 많이 했어.

외세 문제가 〈분지〉를 쓰던 때나 지금이나 크게 다르지 않다고 보시나요?

· 〈분지〉를 쓰며 느꼈던 답답한 현실은 80년대, 90년대를 거쳐 민주정부가 들어서도 크게 달라지지 않았지. 미국 문제만큼은 이들도 결국은 전임자들의 뒤를 충실히 답습할 뿐이었어. 그러니 영어공용어를 쓰자는 천인공노할 주장을 하는 이들도 등장했지. 머지않아 아마 이 촌스런 태극기 대신에 수많은 별이 반짝이는 화려한 성조기로 바꾸는 게 경제성장에 훨씬 유리하지 않겠냐는 일군의 무리가 출현할지도 모를 일이야. 그래서 〈편지 한 통〉이란 소설을 쓰게 됐지.

그런데 〈편지 한 통〉은 〈분지〉 발표하셨을 때만큼 사회적으로 큰 반향은 없는 것 같습니다. 필화사건이 안 나서 그럴까요? (웃음) 혹시 〈편지 한 통〉 쓰면서는 〈분지〉 같은 사태를 예상하지 않았나요?

· 우선 요즘 젊은이들이 잡지를 잘 안 봐. 문예지 같은 것은 특히 더 그렇지. 요즘 사람들 너나없이 다 스마트폰에 하루 종일 매달려 있느라 정신이 없잖아. 하지만 혹시 누가 〈편지 한 통〉을 봤다 하더라도 '이제 이 늙은이 망령까지 들었구나' 하고 날 측은하게 생각했을지도 모르지. 하하하. 세상이 지금 그러니까. 내가 그걸 발표할 때는 좀 꺼림칙하긴 했지만 그래도 큰 문제는 없으리라 봤지.

〈편지 한 통〉의 첫 문장이 '미 제국주의 전상서'던데, 어찌 보면 제목으로 더 잘 어울린다는 생각이 듭니다.

· 맞아. 원래 제목은 '미 제국주의 전상서'인데, 출판사의 입장

을 고려했지. '미제' 라는 말을 요즘 출판계나 문단에서 거의 안 쓰잖아. 미 제국주의라고 부르는 작가가 없어, 이것 자체가 불온한 거야. 부제로 해도 돼. 결국은 미국이 평화협정으로 갈 거야. 너 죽고 나 살자가 지금까지 미국의 전쟁에 관한 입장이었지만, 지금 그런 형편이 안 돼. 그렇다고 너 살고 나 죽자 식의 전쟁은 더욱 못할 일 아니겠어? 그러니까 미국은 궁여지책으로 너도 살고 나도 사는 식의 전쟁을 택할 수밖에 없으리라 이거지. 그게 바로 평화협정이라는 거야. 그러니 멸공을 주장하는 국보법의 입장에서 평화협정을 반길 리가 있나. 국보법의 입장에서는 미국이 저만 살려고 자기를 배반하는 걸로 보일 텐데.

원래 제목은 〈미 제국주의 전상서〉인데,
출판사 입장을 고려해 〈편지 한 통〉으로

이번 인터뷰는 소설 〈편지 한 통－미 제국주의 전상서〉에 나오는 문장에 기초해서 진행하도록 하겠습니다. 선생님과의 문답만 읽어도 〈편지 한 통〉이 전달하려는 메시지를 독자들이 느낄 수 있는 효과가 생기면 좋겠네요.
"아, 미 제국주의자 당신, 당신이야말로 나에게 있어선 그 누가 뭐라던 나의 구세주이시며 동시에 나의 영원한 어버이십니다. 과장이 아닙니다. 당신은 그분들과 조금도 다름없는 분이라, 이 말씀입니다, 정말입니다."
(이후 별색 처리한 문장은 소설 〈편지 한 통〉에서 인용).
어떤 의미에서 국보법(치안유지법, 반공법)의 구세주가 미 제국주의자라는 건가요?

국보법의 전신인 일제의 치안유지법은 해방 후에는 죽은 목숨이 아니었겠어? 그런데 미제가 살려준 거지. 국보법 입장에서 그것은 정말 기적이었어. 예수의 부활에 버금가는 그런 불가사의한 기적이었지. 그런 뜻에서 미제는 틀림없는 국보법의 창조주인 거야. 태초에 하나님께서 한 줌의 진흙을 가지고 사람을 빚어 생명의 숨결을 불어넣었다고 하지만, 미제는 한 줌의 진흙보다 다루기가 훨씬 더 불리한 한 줌의 재를 가지고 여봐란 듯이 일제의 치안유지법을 일국의 국가보안법이란 이름의 생명체로 탄생시켰지. 이건 정말 언제나 지구의 중심에 서서 오대양 육대주를 자신의 식성에 맞게 떡 주무르듯 하려는 미 제국주의의 그 음험한 괴력이 아니고서는 도저히 이룰 수 없는 일종의 창세기적인 그런 어떤 꿈같은 위업이 아닐 수 없는 거라고.

국가보안법이 미국을 위해서 무슨 일을 한 거죠?

8·15해방, 4·19혁명, 5·16쿠데타, 5·18항쟁의 뒤에는 미국이 있고, 미국의 최종병기는 국가보안법이었어. 미국을 지칭하여 한반도의 남쪽을 강점한 흉악한 강도라고 하면서 흡사 철천지원수처럼 미국을 적대시하는 북한과 시도 때도 없이 자주다 민주다 통일이다 하면서 미국에게 주먹질을 하는 남쪽의 운동가들을 응징하기 위해 국보법은 불철주야 일했지. 사우스코리아를 누구도 범할 수 없는 미국의 영원한 불침항모가 되게 하기 위해 국보법은 거의 몸부림치듯 하는 심정으로 최선을 다했어. '죽일 놈은 가차 없이 죽이고, 살릴 놈도 가차 없이 살렸다' 이 말씀이야. 국보법의 위력은 대단하다고. 세상 사람들이 '남자를 여자로, 여자를 남자로 만드는 일 말고는 못 하는 일이 없다'고 다들

혀를 내둘렀잖아.

선생님 소설의 대표적인 기법인 풍자적 표현이 이 작품에서는 '도깨비 방망이'가 아닌가 싶습니다.

· 도깨비 방망이라고 하면 많은 사람들이 이해를 하잖아. 초등학생들도 좋아하고. 나는 미국의 입장에서 보면 주체, 선군이 도깨비 방망이로 보일 거라고 쓴 거야.

미국의 입장에서 생각했다고요?

· 미국이 별의별 방법을 다 동원하여 숨통을 틀어막고 제재를 가했는데 아무 일도 없었다는 듯이 벌떡벌떡 일어나는 북이 괴물로 보여서 그 정체를 오랫동안 연구했는데, 결론은 도깨비 방망이라는 것이지. 미국 입장에서는 주체사상 하나 믿고 덤비는 북한을 도깨비로 이해할 수도 있을 거야. 도깨비 방망이는 착한 사람에게 주는 건데, 왜 가장 못된 빨갱이에게 줬느냐, 문제 제기하는 사람도 있더라고.

풍자하는 것도 쉽지 않네요?

· 〈편지 한 통〉 쓰기 위해 도깨비 방망이를 얼마나 생각했는지 몰라. 풍자라는 게 사람들이 쉽게 알아먹을 수 있는 걸로 해야 하거든. 도깨비 방망이가 신묘한 위력을 발휘한다는 것을 아이들도 다 아는 거야. 미국 입장에서 생각을 많이 했어.

그런 무소불위의 괴력을 지닌 국가보안법이 왜 갑자기 허둥지둥거리죠?
"그런데 이게 뭐죠? 갑자기 이게 무슨 날벼락이냐 이 말씀입니다. 세상에
당신이 원 내게 이럴 수가 있으신가요. 그저 기회만 있으면 당신의 앞길을
가로막으려고 생발광을 떠는 북쪽의 빨갱이 집단을, 당신의 그 결정적인
역사의 장애물을 이제 완전히 제거했으니 기뻐해 달라는 그런 감동적인
소식은 전해주지 못할 망정, 아니 이게 무슨 망측한 소리죠?"
무슨 뜻밖의 일이 생긴 건가요?

    •   미국이 북한과 평화협정을 맺으려고 하거든. 국가보안법에게
평화협정은 사약과 같은 것이지. 그 소식을 듣고 국가보안법은 자기 귀
를 의심했어. 설마 해서가 아니라 이건 애당초 말이 안 되는 소리였기
때문이지. 미국의 정신 상태에 갑자기 무슨 이상이 생기지 않았다면 도
저히 꿈도 꿀 수 없는 망언이라 여겼지. 그래서 묻는다고. 도대체 당신
에게 지금 뭣이 부족해서 우리들의 철천지원수인 북쪽의 그 빨갱이 집
단과 어이없게도 평화협정을 맺는다는 거죠? 어찌 보면 미국이 북한과
대화하고, 협상한다는 것 자체가 이변이고 불가사의한 일이라고. 미국
은 약소국과 결코 협상 같은 거 안 하거든. 협박하거나, 말 안 들면 때
려잡는 게 그들의 외교잖아. 그런데 북과는 무슨 영문인지 십여 년간
밀고 당기는 협상을 하고 있단 말이야.

국가보안법은 창조주에게 의구심을 표하면서도, 나름의 신뢰를 했죠.

"그리하여 나는 당신이 북쪽의 그것들과 한자리에 앉았다는 것은 사실은 그것들과 뭘 상의해 보자는 의도가 아니라 흡사 고양이가 쥐라는 먹잇감을 앞에 놓고 그걸 그냥 한입에 먹어 치우기가 아까워서 잠시 이리저리 쥐란 놈을 희롱해보는 그저 그런 유의 만남일 거라는 생각이 들었던 것입니다. 말하자면 당신과 나의 철천지원수인 그 빨갱이 집단을, 그 집단의 무슨 대표라는 것들을 아주 눈 가까이에 앉혀놓고 그것들을 그저 소문 없이 일거에 꽝하고 해치울 수 있는 그런 결정적인 급소를, 그렇습니다, 놈들의 마지막 숨통을 조일 수 있는 그 결정적인 급소를 찾아내기 위한 일종의 계략이 아니겠나 하는 생각이 들어 나는 늘 여유만만하게 시간을 보낼 수 있었다 이 말씀이거든요."

그런데 흘러가는 상황이 그게 아닌 것 같아 국보법이 불안에 떨고 있는 건가요?

　 회담이 십여 년간 장기화하면서 결국 북이 항복하게 되리라 예상했는데, 오히려 전세가 역전된 거야. 북은 망하지도 않고, 아쉬운 소리 할 일도 없게 됐고, 오히려 미국이 급해진 거지. 세월이 갈수록 별의별 소문이 다 퍼졌는데, 미국이 공연히 자신의 힘만 믿고 북과 회담하다가 북이 파놓은 함정에 빠지고 말았다는 등 혹자는 또 동시대인들이 틀림없이 자기들 생전에 쥐란 놈이 고양이를 잡아먹는 그런 해괴한 광경을 구경하게 될 것이라는 등 그런 유의 말들이 떠돌아다니고 있다고. 처음엔 그게 유언비어이겠거니 했는데 날이 지남에 따라 사실일 가능성이 높아지자, 국가보안법이 하늘처럼 떠받들던 미국에게 감히 항의조의 편지를 써야겠다고 마음먹은 거야.

　 우리들의 철천지원수인 북쪽의 빨갱이 패들과 누구 맘대로 평화협정을 하겠다는 거냐고. 미국이 독립선언을 한 이후 단 한 번도 굴욕적인 패배의 기록이 없고, 단 한 번도 장애물 앞에서 망설이지 않았고, 네가 죽어야만 내가 산다는 그들 특유의 율법에 충실할 따름이었는데, 당신은 그런 조상들 앞에서 부끄럽지도 않냐며 다부지게 따져보고 싶은 거지. 경제력도 최고, 군사력도 최고인데, 도대체 당신이 뭣이 겁이 나서 그까짓 빨갱이 패들 하나 제압하지 못해서 갈팡질팡하느냐, 실수로 갈팡질팡할 수는 있더라도 그래도 끝내 자신의 체신도 모르고 인제 와서 그것들과 평화협정을 하겠다고 하면 되느냐, 이거 소가 웃을 노릇 아닌가, 믿는 도끼에 발등 찍힌다더니, 분해서 못살겠다면서 제발 정신 차리라고 충고까지 하면서.

도깨비 방망이, 미국 정보기관이 밝혀낸
북한 비밀병기의 정체

미국이 국가보안법에겐 그런 소리 들을 법하네요. 왜 갑자기 미국이 북한과 전쟁이 아닌 평화협정을 하는 쪽으로 돌아설 거라고 보세요?

• 미국이 가진 정보망을 총동원해서 알아본 결과에 따르면 북은 도저히 상대하기 어려운 괴물인 거야. 미국이 별의별 방법을 다 동원하여 놈들의 숨통을 틀어막고 또 막고 했는데도 아무 일도 없었다는 듯이 벌떡벌떡 일어나는 북이 괴물로 보이는 거겠지.

겉보기엔 북이 가진 것은 하나도 없는데 자존심만 세우는 걸로 보이잖아요. 그러니 국가보안법 입장에선 답답한 노릇이겠네요.

"넷, 괴물도 괴물다워야 괴물이잖아요. 무슨 괴력이 있어야 괴물이 아니겠느냐 이 말씀입니다. 그것들 가진 것이라곤 기껏 주체니 선군이니 하는 그런 빈 깃발밖에 없는데 그게 어떻게 괴물 축에 들 수가 있느냐구요."

• 얼핏 보면 그렇게 보이는 게 맞을 거야. 주체니 선군이니 하는 것을 백날 떠들어도 거기에서 밥이 나오고, 떡이 나올 것 같지도 않고, 그러니 알다가도 모를 노릇이지. 그래서 미국의 수중에서 눈을 부릅뜨고 있는 거대한 첩보기구인 CIA, DIA(국방부정보국), NRO(국가정찰국), NSA(국가안보국), FBI(연방수사국) 등등이 밤잠을 자지 않고 북을 감시하고, 갖가지 명함을 갖고 북에도 들랑거렸는데, 그 요원들이 갔다 와서 하는 말이 북에 가서 본 것은 주체니 선군이니 하는 뻘건 깃발뿐이고, 만약에 뭐가 있다면 그것은 다 땅 밑에 있을 거라 하는 거야.

그래서 1999년에 미국이 평안북도에 있는 금창리 땅굴을 관람료 내고 들여다 본 거였군요.

• 자그마치 3억 불이나 내고 들여다봤는데, 아무 것도 없었지. 그 많은 돈을 주고도 그냥 횡하게 뚫린 빈 공간 하나 보고 왔으니 미국의 꼴이 뭐가 됐겠어. 낯을 들 수 없을 정도로 세상의 웃음거리가 됐지. 그래서 북을 폭삭 망하게 할 수 있는 그런 방법을 연구하는 연구소를 만들었을 거야. 주체니 선군이니 하는 것의 그 형성 과정과 성장 과정을 면밀히 추적하면서 그것을 구성하고 있는 세포 하나하나의 성분과 작용을 규명해내기 위해 심혈을 기울였지. 그래서 결국 미국이 북한 비밀병기 정체를 밝혀냈는데, 내가 그걸 '도깨비 방망이' 라고 이름 붙인 거야. 그 방망이의 세포 하나하나가 아주 질기디 질긴 한으로 사무쳐

있는데, 수백 년 동안 주변 강대국들한테 예속되어 단 한 번도 제 뜻대로 살아본 적이 없는 그 원한이 뭉치고 뭉쳐서 이젠 아주 금강석보다 더 단단해졌다는 거야.

"도깨비 방망이는 하느님께서 제일 착한 자를 골라 천사나 선녀를 시켜 그에게 하사하기로 되어 있잖습니까. 그런데도 세상에서 가장 고약한 빨갱이 패들에게 그걸 주다니요. 이건 아주 비상사탭니다. 초비상사태라구요. 당신 지금 이러고 있을 때가 아닙니다. 남의 눈치를 보며 주저하고 있을 때가 아니라구요. 북쪽의 빨갱이 그것들 지금이라도 당장 해치워야 합니다. 방망이를 뚜드릴 겨를도 주지 말고 아주 순식간에 말입니다. 당신의 실력이면 가능합니다. 너 죽고 나 죽자 하는 비장한 각오로 임하기만 하면 그까짓 것들 당신에겐 단 한주먹감입니다. 어서 실천에 옮기십시오."
한마디로 선제타격하라는 말이네요.

• 그런 계획이 왜 없었겠어. 모의 작전계획 짜봤는데 승산이 없으니까 여태껏 실행에 못 옮긴걸. 미국은 너 죽고 나 죽을 전쟁은 안 한단 말이야, 너 죽고 나 살자를 하는 것이지. 그러니 이젠 너도 살고 나도 사는 식의 전쟁을 택할 수밖에 없게 된 것이지.

"뭐라구요? 너도 살고 나도 살고 하는 식의 전쟁이 그게 어디 전쟁입니까. 협상이지?"
결국 평화협정밖에 갈 길이 없는 거군요. 그나저나 정말로 실정이 그렇다면 미국의 고민이 이만저만이 아니겠어요.

• 내가 소설을 쓰면서도 미국 입장에서 밤낮으로 생각할 때가 있어. 어떻게 이 난국을 헤치고 살아나갈 수 있을까, 북이라는 장애물을 어떻게 제거할 수 있을까. 그러데 아무리 고민해도 어떻게 할 수 없어.

평화협정 해야 해. 〈편지 한 통〉에 쓴 그 방법밖에 없는 거야. 결말은 너도 죽고 나도 죽자는 못하거든. 너 죽고 나 살자였는데, 다른 나라에선 다 그렇게 했는데, 북하곤 그게 안 되니까, 너 살고 나 살자밖에 할 수 없어. 미국으로선 북이 2013년 봄에 미국 본토를 정밀타격하겠다며 실질적인 선전포고를 해도 찍 소리도 못하고 당하는 상황이야. 엄혹해.

협상은 생사를 건 줄다리기, 미국은 영 적응이 안되는 거야

언론 보도를 보면, 북한이 뭘 믿고 미국에게 그렇게 큰소리칠까 싶어요. 강대국들도 눈치 보며 사는데.

• 준비가 됐으니까 큰소리치는 거겠지. 담력만 가지곤 안 돼, 두고 보라고. 그래서 난 이따금 작가의 입장에서 작품의 주인공이 되어 내가 북한의 지도자였다면 그런 경우 어떻게 대처했을까 하고 생각해 보는 경우가 있거든. 이를테면 1994년 같은 해 말이야. 북이 얼마나 엄혹한 난관에 처해 있었나. 역사상 그런 상황에 처해본 지도자가 또 누가 있었을까 싶더라고. 동구권 사회주의 다 무너졌지, 경제 봉쇄 심화됐지, 미국이 전 방위에서 목을 조여 오지, 대홍수 여파로 식량난이 계속됐지, 단결의 구심점인 김 주석은 사망했지, 그때 바통을 이어 받은 김정일 위원장이 무슨 생각을 했을까.

근데 이 사람이 그런 난국에 처해서 눈 한번 깜짝 안 하는 거야. 이게 어디 담력만 가지고 될 일이겠어. 똥고집이나 허세로 될 일이 아냐. 그래서 내가 그때 생각해 봤지. 이미 북에서는 김 주석 죽기 전에 핵무기 만들었구나 하고 말이야. 핵무기로 완벽하게 국방을 자위할 수 있는 능력이 없었다면 어디서 그런 자신감이 생겼겠어. 나는 이미 오래전에 어느 문학잡지와의 인터뷰에서 이런 얘길 한 적이 있지.

평화협정을 하면 자신의 미래는 어찌 되느냐고 묻는 국가보안법에게 미국은 "아, 이놈아. 나의 미래도 모르는데 내가 어떻게 너의 미래까지 왈가왈부하겠어. 하여튼 요즘 세월이 하 수상하다니 너 몸조심하거라. 나는 지금 너하고 이러고 있을 때가 아니다. 바쁘다. 아주 바빠. 나도 이제 내 살길을 어서 찾아봐야 할 게 아니겠니. 나도 이대로는 영 불안해서 못 살겠다" 라는 마지막 인사말을 남기고 떠납니다. 아직은 그야말로 소설 같은 이야기로 들립니다. 올해 들어 국가보안법의 칼춤은 더 요란해지고 있고요.

협상이야말로 어려운 전쟁이라고. 미국에겐 미사일 쏘는 게 제일 쉬운 전쟁이잖아. 협상은 그야말로 생사를 건 줄다리기라고. 미국은 너 죽고 나 사는 전쟁만 해 와서, 영 적응이 안 되는 거야. 국가보안법이 세상이 어떻게 돌아가는 줄도 모르고 마지막 성질부리는 거야. 하루가 멀다고 통일운동 하는 사람들을 잡아가고 있지만, 그게 자기들 살아남기 위한 마지막 몸부림이라는 걸 알아야 해. 일제가 망하기 전에 그랬잖아.

근데 통일운동하던 사람들은 몇십 년을 국가보안법과 싸워도 꿈쩍 않으니까, 상당수가 자포자기 상태에 빠진 것도 같고요.

· 국가보안법의 수명도 얼마 안 남은 것 같아. 날마다 수많은 백성들이 국보법 물러가라고 아우성이잖아. 전국 도처에서 말이야. 민주정부라면 당연히 그런 절박한 백성들의 절규를 수용해야지. 그동안 국보법에 의지해 살던 자들도 이젠 국보법 없이도 행복할 수 있는 그런 세상을 얼른 만들어야 하지 않겠어. 도대체 우리가 언제까지 미국에 예속되어 미국의 눈치만 보며 살아야 하지? 6·15정신에 따라 남북이 힘만 합치면 도대체 우리 한민족이 못할 것이 뭐가 있어. 금방 세계를 향해 웅비할 수 있을 거야. 모두들 민족적인 입장에 서서 이 얽힌 현실을 힘차게 풀어나가자고.

문학이라는 형식을 빌려서 발언하기 때문에 어느 정도 자유롭게 얘기할 수는 있겠지만, 〈분지〉와 민청학련 사건 때 권력에 크게 당하신 경험이 있는데도, 팔순의 나이에 한반도의 골리앗을 향해 돌팔매질할 수 있는 힘이 어디서 나오는 건지 궁금합니다.

· 내가 열망하는 체제가 아직 오지 않았어. 해방 이후 미군정시대에 일제 협력자들이 요직에 올랐는데, 이건 해방도 아니야. 인정할 수 없지. 지금도 크게 다를 바가 없잖아. 내가 한 작가로서 열망하는 것은 언제나 자주적이고 민주적으로 통일된 조국이야.

협상이야말로 어려운 전쟁이라고
미국에겐 미사일 쏘는 게 제일 쉬운 전쟁이잖아.

협상은 그야말로 생사를 건 줄다리기라고.
미국은 너 죽고 나 사는 전쟁만 해 와서,
영 적응이 안 되는 거야.
국가보안법이 세상이 어떻게 돌아가는 줄도
모르고 마지막 성질부리는 거야.
하루가 멀다고 통일운동 하는 사람들을
잡아가고 있지만, 그게 자기들
살아남기 위한 마지막 몸부림이라는 걸 알아야 해.
일제가 망하기 전에 그랬잖아.

소설가 남정현 〈세상의 그 끝에서〉

서울 대학로에
있는 카페 엘빈
에서(2014. 1)

소설 쓰는 게 쉬운 일이 아냐. 풍자를 하려면 비틀고 비틀어서 써야 하고,
표현 하나하나 걸러야 하고. 게다가 건강 때문에 집중하기가 어려워.
하루에 서너 시간은 집중해야 하는데, 1971년 중앙정보부에 끌려갔다
고문받고 나온 뒤로 신경안정제 바리움을 매일 복용하니까.
늘 비몽사몽 상태야. 금방 죽을지도 모를 것 같은 현기증이
한 달에도 몇 번씩 찾아오는데, 공황장애랑 비슷한 증상이야.

〈편지 한 통─미 제국주의 전상서〉(실천문학)는 〈세상의 그 끝에서〉(창비) 발
표 후 14년만의 작품이라고 하던데, 14년 동안 왜 작품 발표를 안 하셨
죠? 창작 열기가 활화산처럼 부글부글 끓어오를 것 같은데요.

· 소설 쓰는 게 쉬운 일이 아냐. 풍자를 하려면 비틀고 비틀어서
써야 하고, 표현 하나하나 걸러야 하고. 게다가 건강 때문에 집중하기
가 어려워. 하루에 서너 시간은 집중해야 하는데, 1971년 중앙정보부에
끌려갔다 고문받고 나온 뒤로 신경안정제 바리움을 매일 복용하니까,
늘 비몽사몽 상태야. 금방 죽을지도 모를 것 같은 현기증이 한 달에도
몇 번씩 찾아오는데, 공황장애랑 비슷한 증상이야. 작품을 쓰려면 태양
의 빛을 확대경으로 모아 종이를 불사르는 것과 같은 고도의 집중력이
필요한데, 몸이 안 받쳐주네.

《남정현 대표소설선집》(실천문학사) 뒷부분에 실린 해설 〈가족관계의 상징성
과 그 의미〉에서 방민호 서울대 교수는 "소설 〈세상의 그 끝에서〉를 통해
서 작가 남정현의 깊은 내면을 훔쳐본 듯한 감동을 받았으니, 이러한 필자
의 감동이 이 선집을 접하는 이들 모두의 것이 되기를 바라마지 않는다"
라고 썼습니다. 저 역시 〈세상의 그 끝에서〉를 읽고 비슷한 느낌이 들었는
데, 방민호 교수를 아시나요? 주례사 평론은 아닌 것 같은데, 감동이라는
말을 다 했네요.

· 방민호 교수는 얼굴도 본 적 없는 평론가인데, 여러 자리에서

그런 얘기 했다고 해.

혹시 방민호 교수의 평론집 《행인의 독법》을 읽어 보셨나요? 이 책을 소개한 《오마이뉴스》 기사를 봤더니 방민호 교수는 "미국을 비판적으로 성찰한 단편 하나를 발표했다는 이유로 온갖 고초를 겪어야 했던 남정현 작가가 자신이 가진 문학적 능력보다 낮게 평가받고 있음을 안타까워한다"는 대목이 나옵니다. 방 교수는 선생님의 작품은 "1950년대 말에서 1960년대로 이어지는 시대를 특징짓는 강압과 구속, 구악과 신악의 공생, 광기에 가까운 반공 열풍, 대미 종속과 미국 지상주의, 서구 퇴폐문화의 범람, 시민정신의 위축 등의 현상에 대해 날카로운 비판의 메스를 가했던 것"이라고 평했고요. 선생님 작품에 관심이 많은 교수인 것 같습니다.

• 소설선집 해설을 읽어봤는데 단지 필화사건의 작가로서 나를 소개하지 않고, 깊이 있는 문학평을 했다는 생각이 들었어. 러시아 작가는 모두 고골리의 〈외투〉에서 나왔다는 말이 있는데, 내 작품 〈너는 뭐냐〉를 외투에 비교해 가면서 과분한 평을 해주셨더군. 우리나라에선 내 작품을 소재로 한 석사논문이 몇 편 있는 정도인데, 오히려 미국에는 박사 논문도 있다고 하네.

〈세상의 그 끝에서〉 첫 문장을 보면 주인공이 "세상의 글이란 글은 모다 이제 끝장이 나야 한다"는 생각에 만년필을 내동댕이치고, 또 망치로 사정없이 내리치는 장면이 나옵니다. 요즘은 만년필을 쓰는 사람이 거의 없어서 실감이 적을 수도 있겠다 싶습니다.

• 어떤 사람이 〈세상의 그 끝에서〉에서 주인공이 만년필을 부수는 장면을 보면서, 조선시대 유 씨 부인이 쓴 조침문(弔針文)이 떠오른다 하더라고. 부러진 바늘을 슬퍼하는 〈조침문〉 패러디한 것 같다고. 예

전에 국어교과서에 나왔는데, 지금도 나오려나. 전에는 작가들이 만년필로 글을 썼잖아. 만년필로 원고지에 쓸 때 경건한 마음도 들었어. 요즘 젊은 사람은 잘 못 느낄 거야. 이 작품 쓰는 데 어려웠어. 고민 많이 했어.

작품 속에서 작가가 글로 이루려 하는 것은 "외세에 의한, 권력에 의한, 재물에 의한 지배와 예속이, 착취와 억압이 흐물흐물 허물어지면서 그만 순식간에 자주의 세상이, 민주의 세상이, 평등의 세상이, 평화의 세상이, 아 그리고 그 통일의 세상이 아주 쉽게 거짓말처럼 눈앞에 환희가 펼쳐지는 것"이라 할 수 있겠죠. 그런데 '글발의 위대한 조화'가 현실 속에서는 쉽게 볼 수 없는 것이고, 원고지 위에서 신천지는 오지 않았죠.

　·　글로 신천지를 이루는 듯했지만, 실제로는 헛된 망상이었던 거야. "악의 뿌리와 줄기가 뻗을 대로 뻗어서 어떻게 손을 댈 수도 없이 썩어버린 헌 세상"이라, 해괴하고 끔찍한 일들이 왠지 "글을 쓰면 쓸수록 더욱 창궐한다는 느낌"이 들었던 거야.

　말과 글로 안 되니까, 세상을 완전히 뒤집어엎어 버리자 이거였어. 세상을 끝내기 위한 작업을 한 거지. 이게 바로 현존하는 세계를 부수는 혁명이야. 혹자는 예술가가 무슨 혁명을 꿈꾸냐고 할 테지. 하지만 난 혁명과 예술을 별개로 보지 않아.

그러면 까만 크레용으로 글을 지우는 행위는 또 다른 글쓰기인가요, 아니면 원고지가 아닌 원고지 밖에서의 실천인가요?

　·　난 소설을 하나의 국가·우주·사회로 보는 거야. 그 동안 써온 소설을 지운다는 건 나로선 사회를 부수는 거야.

소설의 주인공이 세상을 싹 지워버릴 강력한 무기인 굵고 까만 크레용을 한 아름 구해다가, 글발을 지워 버리는데요, 지우고 싶은 게 많으신 것 같습니다.

· 왜놈과 양놈을 섬겨 받드느라 제정신을 다 잃어버린 허깨비들, 철저하게 이기적인 이해관계로만 위태위태하게 지탱하여 가는 이 장사꾼 세상의 어이없는 인간관계란 것도 팍팍 다 지워버리고 싶은 거야.

인정사정없이 세상을 쭉쭉 지워가는 주인공이 하느님이 그랬듯이 누구 하나 예외로 남겨 두고 싶은데, 남겨 놓을 대상을 찾지 못합니다. 노아와 같은 지도자 역할을 하는 자들은 이미 어디론가 멀리멀리 숨어버린 탓일까요?

· 〈분지〉에서도 노아의 방주 얘기를 언급했어. 홍길동의 10대손이라는 주인공 만수가 "핵무기의 세례가 아닌 '노아'의 홍수가 다시 한 번 지상을 휩쓸더라도 그 노아의 방주엔 제가 제일 먼저 타야 할 사람이라고 자부한다고 말하는 대목이 나와. 홍만수가 볼 때 1960년대 한국 사회는 "민중을 위해서 투쟁한 별다른 경험이나 경륜이 없어도 '반공'과 '친미'만을 열심히 부르짖다 보면 쉽사리 애국자며 위정자가 될 수 있는 것 같은 세상"이었는데, 1990년대 한국사회도 마찬가지였어. 그래서 〈세상의 그 끝에서〉 주인공이 "지금 눈앞에서 잘났다고 우쭐대는 자들은, 거개가 다 인간, 민족, 시대의 양심을 저버린 배신자, 변절자요. 저 하나 잘된다면 그 무엇도 다 팔아먹을 수 있는 흉물들"이라 비판하면서, "그런 흉물들이 떼를 지어 설치고 있는 정치, 경제, 그리고 소위 그 문화란 것"도 다 지워버린 거잖아.

소설에서처럼 "썩은 세상은 노아의 홍수 속에, 아니 그의 까만 크레용이 짓뭉개고 간 그 칠흑 같은 어둠 속에 영원히 침몰하고" "빛나는 아침 햇살이" 밝아오는 날이 언제일까요?

• 멀지 않았어. 건강 잘 유지해서 썩은 세상이 침몰하는 것을 봐야 하는데. 그날의 빛나는 아침햇살은 남북이 하나 되는 통일 세상이겠지만, 더 중요한 것은 역사를 유지했던 문명의 축이 바뀐다는 거야. 약육강식의 문명이, 인간원리가 작동하는 문명으로 바뀌는 거야. 지금까지는 미국이라는 강국이 축이었지만 조만간 축이 바뀔 거라고. 어디로 바뀔지 상상을 해봐.

작가라면 한반도의
4대 근본모순 볼 줄 알아야

대다수 젊은 작가들에게 미국은 여전히 아름다운 나라, 미국(美國)이 아닌가 싶습니다.

• 미국이, 아니 미국의 그 제국주의 정책이 허물지는 굉음을 못 듣고, 휘황찬란한 제국의 불빛만 보기 때문에 그런 것은 아닐까. 젊은 작가들이 우리 현실이 지금 너무 추하고 복잡하니까, 아마 현실을 떠나 어딘가 있을 것 같은 영원한 사랑, 영원한 우정, 영원한 신 등에 집착하는 지도 모르지. 현실 문제를 올바르게 해결하는 그 순간이 영원한 것

인데 말이야. 윤봉길, 안중근 의사, 4·19 영령들은 현실 속에서 그 순간에 올바르게 행동했기에 영원히 살 수 있었다고 봐. 현실 속에서 올바른 시와 소설을 쓰는 게 바로 영원과 하나가 되는 길이야. 영원과 현실이 분리된 게 아니고, 영원이 현실이고 현실이 영원이야.

여전히 문학의 과제는 사회변혁에 기여하는 것이라고 보시는 것 같습니다.

· 난 한 사람의 작가로서 우리 현실을 돌아볼 때마다 우릴 불행하게 하는 모순 덩어리 네 개를 발견하고 눈앞이 아찔해지곤 해. 국보법철폐, 미군철수, 북미평화협정, 남북평화통일이 그것이지. 이런 문제가 해결 안 되면, 우리 한반도는 언제나 위기요, 혼란이요, 언어도단적 사건의 연속일 뿐이지. 이런 문제 해결 없이 민주주의를 말하는 것은 거짓이고.

우리 사회에서 가장 큰 거짓과 모순은 뒤에서는 국보법을 휘두르면서 앞에서는 평화통일을 주장하는 행위라고 봐. 작가들은 이런 거짓과 앞장서서 싸울 줄 알아야 해. 부당한 권력이 진실을 감추기 위해 담을 쌓아 놓았는데, 그걸 꿰뚫어 보는 게 작가들이 아니겠어. 그런 뜻에서 오늘날의 작가들처럼 사명이 무거웠던 시대도 별로 없었을걸.

지금은 미국문제, 분단문제 파고드는 작가가 눈에 들어오지 않습니다. 그 많던 민족, 민중 작가가 다 어디 갔을까요?

· 글쎄, 내가 그걸 어떻게 알겠어. 하여튼 소련을 포함해서 동구 사회주의권이 모두 힘없이 허물어지는 것을 보고 우리의 엄혹한 현실

에서 등을 돌린 문인들이 많았다고 하더군. 그럴 수도 있겠지. 하지만 자연과학과 마찬가지로 사회과학도 과학인데, 과학이란 부단한 실험을 통해서 조금씩 발전해 나가는 것이 아니겠어. 생각하면 사회주의도 그럴 것 아닌가. 사회주의란 우리 인류 중 아직까지 그 누구도 가보지 않은 길인데, 왜 우여곡절이 없겠어. 아, 어떻게 수많은 세월 살아온 약육강식의 시장원리가 금방 약강이 평화스럽게 공존하며 번영하는 그런 조화의 세계로 변할 수가 있겠나. 그건 망상이지.

하지만 동구 사회주의권이 무너졌다고 해서 그 사회주의가 지향하던 인류의 꿈이 무너진 것은 아니거든. 그래서 내 생각엔 앞으로도 지구의 곳곳에서 수많은 인재들이 애초에 사회주의가 지향하던 그 꿈을 실현시키기 위해 온갖 노력을 다할 것이라고 봐. 그것이 사회주의가 됐든 뭐가 됐든 하여튼 더 좋은 세상을 꼭 실현시키리라 보거든. 그런즉 우리 모두 뜬구름만 잡으려 하지 말고, 항시 우리의 이 착잡한 현실을 직시해야 한다는 거야.

나는 정녕 미국 시대가 아닌 우리 시대를 살고 싶은 소망

북쪽의 작가, 문학작품을 접하면서 실망을 하게 된 것도 그 이유 중의 하나라고 하던데요. 북한 작가들이 자기 예술세계가 없고, 선전일꾼처럼 쓴다고 비판하기도 합니다.

• 지금 우리 팔자가 무엇이 그리 좋다고 북쪽의 작가들까지 걱정하게 됐어. 어쨌든 문학이란 그 사회의 산물이며 그 반영이 아닌가. 그렇다면 북의 사회에서 한 번 살아보지도 않고, 어떻게 북한사회의 산물인 북의 문학작품에 대해서 그렇게 쉽게 왈가왈부할 수 있겠나.

말하자면 북의 작가들이 문학에 대한 순수성을 저버렸다는 얘기 같은데, 문학에 있어서의 순수성이라는 것도 그 정의가 너무나 다양해서 한마디로 재단하는 건 무리가 아니겠어? 특히 사회주의 체제에 있어서의 순수성에 대한 개념과 우리 사회에 있어서의 순수성에 대한 개념은 많이 다르겠지. 그런 뜻에서 그들의 입장에서는 남쪽의 문학이 문학으로서의 순수성을 많이 잃었다고 평가할지도 모르잖아.

현실과 동떨어진 문학이라고 평할까요?

• 때문에 우리는 사회주의 체제에 있어서의 문학이론을 깊이 헤아려보지 않고 북의 문학을 한마디로 재단하기는 어렵다고 생각해. 그래서 내 생각엔 북의 문학을 우리 식대로 재단하는 것보다 우선 우리 문학부터 잘하는 것이 급선무라고 믿거든. 그것이 또 북의 작가들에 대한 일종의 경종이 되기도 할 거고, 이를테면 오늘과 같이 이런 극한적인 반공사회에서 문학의 핵심인 표현의 자유를 넓혀가는 데 있어서 우리 문학작품이 얼마나 기여를 했는가, 또한 미국의 예속권에서 벗어나기 위한 우리 민중들의 투쟁과정을 우리 문학인들이 어떻게 수용을 했는지 하는 그런 문제부터 우선 우리 작가들이 심사숙고해 보는 것이 순서가 아닐까, 하는 그런 느낌이 들 때도 있어. 좌우간 문학이란 그만큼 어려운 거야. 어느 사회에서나.

요즘 젊은 작가들의 눈으로 보면 〈편지 한 통–미 제국주의 전상서〉(2011)는 문학작품치고는 너무 정치 성향이 짙게 보일 것 같습니다. 〈분지〉(1964) 이후 몇십 년 동안 문체, 풍자 기법, 이런 게 변치 않았다며 지적을 하는 경우도 있고요.

내가 실천문학사에서 나온 《남정현 대표소설선집》 서문에 쓴 게 있는데, 읽어 줄 테니까 들어봐.

"나는 정말 한스럽게도 일본 시대에 태어나서 철없는 소년기를 철없이 흘려보내다가 부득불 또 분단 시대, 아니 미국 시대를 살아오게 되었다. 그래도 어쩔 수 없는 한국인이라서 그랬던가, 나는 정녕 미국 시대가 아닌 우리 시대를 한 번 살아보고 싶은 소망에 항시 우리 시대에 대한 간절한 비원을 안고 무작정 소위 그 글을 쓰는 길에 들어서게 되었다. 감히 소설이란 것과 인연을 맺게 되었다는 얘기다. 이건 도무지 소설이라기보다는 한 생명체의 생존을 위한 일종의 아우성이며 몸부림으로 비칠 수밖에 없다."

"다시 말하면 뭐든 막무가내일 것 같은 미국 시대가 일방적으로 강요하는 그 굴욕적인 분단의 삶의 틀에서 훨훨 벗어나보려는 한 인간이 끙끙거리고 헉헉거리는 그런 유의 원초적인 비명 비슷한 소리를 띄엄띄엄 적어놓은 것 같은 이런 글이 정말 소설일 수 있을까. 부끄러웠다."

그러니까 내 소설을 단지 교과서적인 문학의 틀 안에서만 보려 해선 해석이 잘 안 될 수도 있어. 이건 아우성이라고. 진실을 밝히려 하는 우리 시대의 아우성.

그 아우성 소릴 듣고, 맥을 이으려는 후배 작가들이 없나요?

· 어디 있기야 있겠지 뭐. 내가 이젠 젊은 작가들을 만나볼 기회
도 많지 않아. 우리들이 처한 현실의 구조를 깊이 이해하게 되면 아마
그런 작가들도 많이 나타날 거야. 나는 사실 몸이 너무 약해. 힘도 없
고, 술도 못하고, 말주변도 없고, 별로 친구들과 어울리지도 못해. 그래
서 주로 집 앞의 북한산만 바라보며 지내지. 참, 그 북한산의 인수봉처
럼 힘차고 멋져 보이는 봉우리가 어디 또 있을까. 사람도 모두 그 인수
봉처럼 힘차고 멋져 보였으면 좋겠어. 신동엽 시인이 그럼 사람이었지.

**선생님다운 말씀이시네요. 선생님이 가까이 지내던 문인이 신동엽 시인이
었다고 들었습니다. 혹시 김수영 시인하고도 친교가 있었나요? 김수영 시
인의 시 "한번 정정당당하게/ 붙잡혀간 소설가를 위해서/ 언론의 자유를
요구하고 월남 파병에 반대하는/ 자유를 이행하지 못하고/ 이십 원을 받
으러 세 번씩 네 번씩/ 찾아오는 야경꾼들만 증오하고 있는가"('어느 날 고궁
을 나오면서' 중에서, 1965년 작)에 등장하는 '붙잡혀간 소설가'가 선생님을 가
리키는 것이라면서요?**

· 그렇다고 하더군. 어느 자리에선가 김수영 시인이 그런 소릴
했다고 해.

김수영은 창작 자유, 언론 자유에 철두철미한 작가였어. 김수영의

〈창작자유의 조건〉이라는 글을 보면, 모 여류시인한테 내가 "한국에 언론 자유가 있다고 봅니까?" 하고 물었더니, 그 여자가 웃으면서 "이만하면 있다고 볼 수 있지요" 하고 대답하는 것에 분개했다는 말이 나와. 다른 말은 다 잊어버려도 그 말만은 3, 4년이 지나서도 잊어버리지 않았다는 거지.

시를 쓰는 사람, 문학을 하는 사람의 처지로서는 '이만하면' 이란 말은 있을 수 없다는 문제의식이었어. 적어도 언론 자유에 있어서는 '이만하면' 이란 중간사는 도저히 있을 수 없다는 거야. 작가에게는 언론 자유가 있느냐 없느냐의 둘 중의 하나가 있을 뿐이지 '이만하면 언론 자유가 있다고' 본다는 것은, 쉽게 말하면 그 자신이 시인도, 문학자도 아니라는 말 밖에는 아니 된다는 거야. 김수영 시인한테는 이런 걸 배워야 해.

젊은 시절만이 아니라 평생토록 근본모순을 해결하는 데 집중하는 사람이, 왜 이리 소수일까요?

· 요즘 사람들이 대부분 다 쉽게 살려는 풍습에 젖어 있어서 그럴지도 모르지. 그래도 뭘 좀 안다는 지식인들이 그러면 못써. 일제 강점기 항일투쟁하던 사람이 중도에서 그만두게 되면 변절자니 매국노니 하며 지탄하던 자들이 이상하게도 통일운동하다 중도에서 주저앉는 자들에겐 끝없이 관대하더군. 그자가 변한 것이 아니라 시대가 변했으니 어쩌겠느냐고 말이지.

그런데 시대가 뭣이 변했다는 거야. 남북분단이 변했나, 국보법의 행패가 변했나, 미국과의 부조리한 관계가 변했나, 도대체 뭣이 변했다는 거지? 특히 우리 인류의 양심을 대변한다는 문학인들이 그런 시류에 휩쓸리면 안 되지. 내 늘 말하지만 작가나 시인들은 최일선의 초소를 지키는 초병들처럼 우리 인간의 정신의 영토를 지키는 초병 역할을 해야 한다니까. 그러니 최일선의 초병이 졸거나 딴전을 피우면 그 나라가 남아나겠어? 우리 문학인들도 늘 긴장된 마음으로 현실을 직시해야 하는 거거든.

고문후유증에 시달리는 몸으로 어떻게 여전히 미국에 맞설 수 있는 힘을 낼 수 있는지 궁금합니다. 고생만 하다가 남는 게 뭐야, 이렇게 생각할 수도 있지 않을까요? 미군은 끄떡없고, 통일은 여전히 저만치 멀리 있고.

층계 역할을 한다고 생각하면 돼. 높은 데로 올라가자면 층계 하나 가지고는 안 되잖아. 분단 장벽 넘어서고, 통일이라는 그 높은 고지에 올라가자면 얼마나 많은 층계가 필요하겠어. 많은 애국자들이 하나하나 다 남이 밟고 올라갈 층계 역할을 한 거야. 아무리 갈 길 멀어도 쉬지 않고 뚜벅뚜벅 걸어가면 언젠가는 꼭 도착하겠지. 8·15가 그렇게 빨리 올 줄 알았으면, 아, 이광수나 서정주 같은 천재 문인들이 그렇게 8·15 직전까지 '천황폐하 만세'를 불렀겠나.

주변 문인 중에 외골수다, 너무 하나에만 파고든다며 비판을 하는 경우도 많지 않나요? 시대가 변했는데 레퍼토리가 바뀌지 않는다고.

누군가 나를 쇠말뚝 같다고 해. 제자리에서 변하지 않는다고. 그런데 말이야, 생각해 봐. 아직 이승만이 넘겨 준 국군통수권 하나도 해결되지 않았어. 독립국가로서 가장 중요한 그 국군통수권마저도 말이야. 국군통수권 없는 독립국가가 세상에 어디 있겠어? 우리 선배들이 해방 직후부터 외친 게 민족자주고 조국통일 아닌가. 그 문제 때문에 많은 사람들이 죽고, 고문 받고, 감옥 가고 병신 되지 않았나. 그런데 해결된 게 뭐야? 더 심화되면 심화됐지. 변화니 뭐니 하는 것은 아마 계산 잘하는 사람들이 좋은 말로 현실을 외면하기 위한 방편일 거야. 그동안 우리 선배들이 고심하고 목숨 걸었던 과제는 그 선배들의 정신으로 살아야 언젠가는 해결될 거야.

나를 떠나 더 큰 나를 발견하는
작업이 예술이고 혁명

젊은 세대가 선생님 말씀을 귀담아 들으면 좋은데, 저 같은 기성세대가 아니라, 20대 발랄한 학보사 기자가 요즘 고민을 갖고 물어봤으면 좋겠다 싶어요. 본질 문제는 변하지 않았다고 해도 생활양식이 옛날과 같지 않잖아요. 이렇게 초지일관하며 한평생 살았는데, 젊은 후배에게 꼭 전달하고 싶은 메시지가 뭔가요?

　　돈다발이 어디 있나 찾아 헤매는 사람들에겐 내가 인생 선배가 아니야. 요즘은 선후배도 따로 없는 것 같아. 돈 좀 벌 줄 알면 그게 다 내 선배가 아닌가 싶어. 모두 어디 돈다발이 없나 하고, 돈만 찾으러 헤매는 시대에 혹시라도 나 같은 자를 선배로 생각하는 분이 있다면, 그분에게 몇 마디 해 주고 싶어. 현실을 중하게 생각하고, 우리 민족의 공동선을 방해하는 장애물이 있으면, 이것을 제거하는 데 역량을 집중하고, 촛불 하나라도 들고 광장에 나가야 한다는 말을 해주고 싶어. 3·1운동, 4·19, 6·15 모두 현실을 중시한 사람들이 창조한 우리 시대의 현란한 창조물 아닌가. 우리 민족의 심금을 울릴 그런 걸작이라 이 말이지.

외세와의 싸움터에서 일선을 지키는 초병으로 평생을 살아 왔는데, 작가 자신에게 남는 것은 무엇입니까? 여전히 갈 길은 멀어 보이고요.

나를 떠나는 작업이 예술이고 혁명이야. 나를 떠나 남과 함께 있는 더 큰 나를 발견하는 작업이 그게 바로 예술이고 혁명이라 이 말이지. 그래서 예술과 혁명은 분리되지 않아. 예술가에겐 혁명가적인 기질이 있어야 하고, 혁명가에겐 또 예술가적인 기질이 필요하다 이 말이지. 우리 같은 문학인들에겐 시나 소설이 작품이듯이, 혁명가에겐 아름다운 사회가 작품이야.

그래서인가 난 혁명가 체 게바라(1928~1967)의 모습이 아주 멋져 보이거든. 쿠바 혁명이 성공한 뒤 무슨 자리에 대한 아무런 미련도 없이 뚜벅뚜벅 카스트로 곁을 떠날 때의 그 아름다운 모습 말이야. 그곳이 어딘진 모르지만 아무리 위험한 곳이라도 자기를 기다리는 그곳을 향해 미소를 지으며 의젓이 걸어가는 그의 모습, 이거 정말 멋지잖아. 그에게 예술가적인 기질이 없었다면 어떻게 그런 아름다운 행동을 했겠어, 하하하.

〈분지〉를 읽고 느낀
전율과 전의

"무릇 글이란 약육강식에 기초한 시장원리가 아닌, 사람이 곧 하늘
이라는 인간원리에 충실해야 한다."

충남 서산 중앙고 교정에 세워진 남정현 작가의 문학비에 새겨진
글이다. 소설가 남정현은 사람이 곧 하늘이라는 인내천 사상을 그 무엇
보다도 귀히 여긴다.

"동학사상의 시조인 최제우, 최시형과 전봉준은 모두 참수당했어.
그것도 지배계급이 불러들인 왜놈들의 손에 당했지. 우리가 계속 동학
사상을 꽃피웠더라면, 서구 중심의 인문학이 아닌 우리 민족 고유의 주
체성 있는 인문학을 세계에 버젓이 내보일 수 있었을 거야. 잘은 모르지
만 아마 북에서 자주 거론하는 그 주체사상이란 것도 결국엔 동학과 유
사한 점이 있지 않은가, 하는 그런 생각이 들 때가 있거든. 만물 중에서
언제나 사람을 맨 앞에 내세우고 싶어 하는 것으로 봐서 말이야.
사실 동서양의 많은 종교와 철학의 핵심사상은 거의가 다 사람을

하늘 밑에 두고 있었거든. 말하자면 인간의 행불행을 좌우하는 그 원천 기술은 모두 하늘에 있기에 사람은 모름지기 하늘의 뜻에 따라야만 도에 이르고 행복에 이른다는 얘기였거든. 그런데 동학은 다르단 말이야. 왜 인내천이라고 하지 않았어. 그러니까 하늘과 사람을 완전히 동격에 놓은 거지. 나는 이 점이 퍽 맘에 들어. 하늘과 사람을 같은 지위에 올려놓은 것 말이야. 참 통쾌하잖아."

동학을 없애기 위해서 외세를 끌어들이고, 왜놈들 힘으로 동학사상을 탄압한 현실을 개탄하는 남정현 작가의 일관된 작품 주제는 반외세, 반일, 반미이다. 동학을 압살한 매국노들이 여전히 외세의 힘을 빌려 민족 주체성을 억압하고, 이간질하고 있는 현실에 대해 눈감지 않고 팔십의 나이에도 직격탄을 날린다. 그래서일까. 그의 문학비에는 "민족자주를 열망한 분지의 작가"라고 적혀 있다.

〈분지〉는 한국 문학사에 길이 남을 몇 안 되는 소설이다. 최초의 보안법 필화 소설이고, 반미소설이며, 그 문학성에 대해서도 국내외에서 알아주는 작품이다. 한국 문단에 이런 문제작이 몇 편 되지 않는다. 그런데 평단의 유명세에 비해 실제로 이 작품을 읽은 독자는 그리 많지 않다. 나 역시 〈분지〉를 처음 읽은 것은 이 소설이 발표된 지 이미 30여 년이 지난 1999년 봄의 어느 날이었다. 그리고 이때쯤 해서야 지금은 돌아가신 이기형 시인의 소개로 남정현 작가를 처음 만나볼 수 있었다.

당시 한국 언론의 미국관을 주제로 글을 쓰던 나는 1965년에 쓰인 〈분지〉를 읽고 전율과 전의를 느꼈다. 미군한테 겁탈당하고 미쳐버린 어머니, "이 죽일 놈들아! 날 죽여 다오!"라고 외마디 소리 지르며 영영 눈을 감아버린 〈분지〉의 주인공인 홍만수 어머니의 참상에 대한 전율이었으며, 어머니를 죽게 한 자들에 대한 전의였다. 그 뒤로 남정현 작가의 소설집과 평론집을 몇 권 구해 읽으면서, 원로 소설가의 작품과 인생에 푹 빠져들게 됐다. 《남정현문학전집 3권》(2002년, 국학자료원)에 실린 글 중 소설가 남정현을 이해하는 데 도움이 되는 몇 가지 구절을 소개해 본다.

이러한 작가정신과 개시작업은 60년대 중반기에서 70년대 초엽에 걸쳐 발표된 〈부주전상서〉, 〈방기소리〉, 〈코리아 기행〉, 〈허허선생〉 시리즈 등에서 한층 고조되며, 마치 어떤 절대적인 거대한 힘과 홀로 대결하는 자의 용기를 방불케 한다. 아마 한국 소설가 중에서 남정현만큼 끈질기게 상황악의 근원에 도전한 작가가 없을 것이다. 현실적 문제에 힘을 기울이는 작가들의 대부분도 주변 상황에 유착할 뿐 남정현처럼 근본 문제를 파고드는 일이 없다.

_ 〈상황악에 대한 끈질긴 도전〉 김병걸

바로 이런 내 입장에서 보자면, 남정현은 너무너무 한 원칙에만 골똘하고 철(徹)해 있었다. 바로 '반(反)미국' 이 그것이었다. '반제, 반미'. 하기야 그 점은 나로서도 십분 이해는 된다. 이 땅에 미국군이 주둔해 있는 사실이야말로 이 땅의 원천적인 비리로 인식, 남정현은 지난 30여 년간을 애오라지 일관하게 자신의 삶도 문학도 송두리째 그에 저항하는 데만 쏟아 부어오고 있는 것이다.

따라서 나는 나대로 남정현의 그 점을 십분 이해하고 존중은 하면서도 늘 안쓰럽게 여긴다. 백 년 뒤나 2백 년 뒤에, 오늘을 감당해낸 이 땅의 문학의 자취로서 저런 사람 한 사람 정도는 있어 마땅하지 않을까 하는 생각도 안 드는 것은 아니다.

그러나 나 자신은 저렇게 살기는 싫다. 저란 삶은 내 기질이나 내 성향, 내 분수에는 애당초에 맞지가 않는다.

_ 소설가 이호철

반미라는 근본문제를 붙들고 애오라지 한 길을 걷는 남정현 작가는 79세 되던 2011년에 〈편지 한 통―미 제국주의 전상서〉를 《실천문학》에 발표했다. 1965년에 "누구라도 한 마디 해야지, 견딜 수가 없어서, 어떻게 써야 될까 고민 고민 하다가 〈분지〉를 썼다"는 남정현 작가는 팔십을 바라보는 나이에도 여전히 누구라도 한마디 해야지 하는 심정으로 〈편지 한 통〉을 썼다.

작가란 "최일선의 초소에서 조국과 산하와 민족의 이익을 지키는 초병, 시대의 맨 앞자리에 서서 정신의 영토를 지키는 힘겨운 초병과 같은 역할을 해야 한다"고 생각하는 남정현 작가를 대학로의 카페 엘빈에서 세 차례 만나 〈분지〉, 〈편지 한 통―미 제국주의 전상서〉, 〈세상의 그 끝에서〉에 담긴 작가론, 인생론을 들어 보았다.

2013년 여름, 인터뷰를 위해 15년 만에 다시 만났을 때 남정현 작가는 2013년 6월 15일 발행된 바이링궐 에디션 한국 현대소설 시리즈《분지》(아시아 출판사)를 필자에게 선물했다. '우리 시대의 빛 최진섭에게' 라는 사인을 적는 동안 손이 심하게 떨렸다. 요즘은 사인할 때 '우리 시대의 빛 … 에게' 라고 적는데, 그 이유는 어둠이 가득한 시대에 젊은 후배들이 빛이 되기를 바라는 마음을 담고 싶어서라고 한다.

"각자 한 사람 한 사람이 우리 시대를 지키는 초소이고, 진지이니까, 자기 능력에 맞게 우리 시대의 빛이 되어 달라는 뜻이야. 하도 세상이 깜깜하니까. 조국이 반으로 갈라졌으니 깜깜할 수밖에 없어. 근데 견고한 초소가 많지 않아."

2008년 8월호《말》지에 정지영 기자가 '인물이야기 남정현—외세에 짓밟힌 오물의 땅, 분지' 란 제목으로 장문의 기사를 실었다.

큰 은혜 큰 죄

무덤에 계신
아버님
어머님
죄송해요

그리고
사랑하는 안해와
아들 딸
너무 미안해
18년 긴 감옥생활·····
  · · · · · ·

하늘같은
산 같은
은혜와 죄
어찌 할까
어찌 했까 !

기 내문

고문만 아니면 그래도
지조 지키기 쉬운데,
아고, 징글징글해

—

비전향 장기수 **기세문**

2013년 6월 29일 광주 김대중 컨벤션 센터에서.
우측부터 기세문 씨, 부인 이절자 씨, 학산 윤윤기 선생 자녀 윤종순 씨.

1934년 광주시 광산구 출생 / 1953년 광주사범학교 졸업. 교직생활 / 1956년 조국평화통일
동지회 조직, 평화통일선언문 발표 사건으로 구속, 2년형 선고 / 1968년 통일혁명당 호남지
역조직에서 활동하다 1971년 구속, 지법에서 사형선고, 대법에서 15년형 확정 / 1986년 비전
향으로 만기 출소 / 1988년 민족자주평화통일중앙회의(민자통 재건) 참가 / 1990년 빛고을
자연건강교실, 단식원 개설 / 1991년 조국통일범민족연합 남측본부 결성 준비위 참가 / 1995
년 통일 애국열사 장례식 · 범민련 관계로 구속, 엠네스티(국제사면위원회)에서 항의, 집행유
예 / 2003년 백운산 전적비 사건으로 긴급체포, 집행유예 / 2004년 범민련 남측본부 고문,
민족자주평화통일 광주전남회의 의장/ 광주 6·15남측위원회 고문 / 저서 《자연의 힘으로 병
이 낫는다》, 《꽃 안 핀 봄》(옥중시집), 《산골의 노래》(어린이 시집), 편역 《세계의 단식건강법》

감옥에 계실 때 부모님 두 분 모두 돌아가시고,
아들이 의문사 당하고, 통일운동하느라
가족을 돌보지 못하셨네요?

나야 민족을 위해 했지만
갓난애들 떼어 놓고
감옥에서 지낸 15년 동안,
가족들이 얼마나 힘들었겠어.
물어보니까 하는 말이야.
죄송하고 미안한 마음이 들어,
인간이니까.
조국통일이 위대한 일이니까
헌신한 것이지.
우리처럼 사는 사람이
많지는 않아.

《꽃 안 핀 봄》. 통일운동가 기세문 선생이 1956년에서 58년에 걸쳐 감옥생활을 했던 자신의 체험을 담아 엮은 시상집 제목이다. 기 선생은 조국평화통일동지회 활동을 하다 1956년에 체포됐고, 2년 동안 감옥살이를 했다. 그때 감옥에서 외운 시상들을 모아서 2000년에 《꽃 안 핀 봄》이란 시상집을 펴냈다.

기세문 선생은 시상집 《꽃 안 핀 봄》의 머리말에 통혁당 사건으로 1971년부터 15년형을 선고 받고, 두 번째 옥고를 치를 때의 옥중시를 같이 싣지 못한 것이 아쉽다고 썼다. 그 시상들을 모아서 수년 전에 출판사에 보냈으나, 출판계의 불황 때문에 아직 책으로 출간되지는 않았다. 미발간 시상집의 서문에 기세문 선생은 자신의 시상들을 '시대의 양심과 민족양심의 한 단면'이라 썼다.

"어설픈 글들이라 '시'라고 하기에는 너무 미숙하여 '미완성시'라고나 할까, 그래서 그냥 소박하게 시상집이라 하였다. 시든 시상이든, 양심인으로서 부끄럽지 않게 살겠다고 몸부림친 흔적이며, 작은 발자취라 할 것이다. 서투른 글이기는 하지만 민족의 수난기를 집안에만 들어앉아 안일하게 지내지

않고 스스로 격랑 속에 뛰어들어 고난의 길을 걸은 시대의 양
심과 민족양심의 한 단면이라 하겠다."

기세문 선생은 감옥 안에서 펜과 종이도 없이 시상을 다듬었다. 어
떤 날은 젓가락에 물을 묻혀 마루 방바닥에 시상을 적기도 했다.

옥중시상

펜과 종이가 없는
엄정 독거방의
옥중시상은
몰래 몰래
뼛속에 살속에
비장된다
깊이깊이 박힌다.
심장으로 쓰는 시
피로 쓰는 시

2013년 6월 29일, 광주의 김대중 컨벤션센터에서 부인과 함께 통합
진보당 당 정책 대회에 참가한 기세문 선생을 만났다. 중학교 시절 문
예반 활동을 하면서, 이태준, 이기영, 박태원, 정지용, 김기림 같은 문인
들을 좋아했다는 기세문 선생의 미발표 옥중 시상과 함께 지조 있는 통
일운동가의 삶을 들여다보았다.

1.

새벽의 결의 2

새벽 4시
잠을 깨어 일어나 다지는
자성의 결의
"화를 내지 말자
다투지 말자
욕하지 말자
지나친 비판을 삼간다.
관용, 이해, 설득, 포용"

시상집에 나오는 〈새벽의 결의 2〉는 옥중 생활수칙이 아닌가 싶습니다.

· 나 이거 지금도 하고 있어. 매일같이. 자기 수양을 위해 하고 있는 것이지.

언제부터 새벽의 결의를 하신 거죠?

· 1975년부터 시작해서 지금까지 하루도 빠짐없이 계속하고 있어. 여러 해 동안 비인간적인 전향 강요와 고문에 맞서면서 나는 신경

과민이 됐어. 건강이 극도로 파괴됐고, 무엇보다도 나 자신의 정신건강을 회복하는 것이 중요했지. 자신을 돌아보고 자중 자제하는 생활 자세를 갖추기 위해서 '새벽의 결의 1'에 이어 이 '새벽의 결의 2'를 더하기로 한 거야.

'새벽의 결의 1'은 어떤 내용인가요?

• 《꽃 안 핀 봄》에 보면 나와. 조국통일을 위해서 몸과 마음 다 바친다는 내용이야.

머리가 가장 맑은 시간인 새벽 4시에 일어나서 단조로운 감옥의 삶이지만 하루 생활을 설계하며 새벽의 결의를 다졌어. '조국통일을 위해 몸과 마음 다 바친다. 자신의 결함을 먼저 생각한다. 너그러운 도량, 굳센 의지를 다진다'는 결의였지. 밤 12시경 잠을 자고, 새벽 4시경 잠을 깨는 것이 내 평생 습관이지. 극심한 탄압에 맞서 자신을 지키고 수양하기 위해서 '새벽의 결의'로 하루 생활을 시작했어.

선생님의 시상집과 글을 읽어보니 자기반성을 강조하던데, 그것도 일종의 수양인가 봅니다.

• 요즘도 매일 새벽 자기반성으로 하루를 열어. 감옥에서 습관이 됐어. 단순한 생활인데도 반성할 게 있어. 죽을 때까지 공부해도 끝이 없다고 봐.

천재시인 마야콥스키가 1917년 러시아혁명 후 볼셰비키당원들이 회의를 너무 자주 하고 또 회의시간을 너무 길게 끄는 것을 풍자하여

'회의병환자'라고 비판한 시를 쓴 적이 있어. 이 시가 발표되자 마야콥스키를 비난하는 당원들의 항의가 빗발쳤지. 그러나 최고 영도자 레닌이 이 문제에 대해서 "시인 마야콥스키의 예리한 눈에 공산당원들의 회의하는 모습이 그렇게 비쳤기 때문에 그와 같은 비판시를 쓴 것이다. 비판은 백만 분의 일만 해당하여도 접수해야 한다"고 결론을 내렸어. 그 후부터 이 말은 사회운동가들의 비판사업에서 중요한 원칙이 되었지. 남의 비판을 잘 새겨들을 줄 알아야 해.

운동가의 기본 자질로 자기 반성, 자기 수양과 함께 인간성, 헌신성도 강조하시던데, 선비의 풍모가 느껴집니다.

내가 인성을 강조하는 편이지. 그것을 갖추고 있어야 실천을 잘해. 순수한 인간성과 양심은 참되고 값있는 삶을 추구하는 운동가들의 바탕이야. 그래서 우리 운동가는 거짓이나 위선이 아닌 진실하고 순수한 인성과 양심에 뿌리를 두고 활동을 해야 해.

조국과 민족, 민중 그리고 사회를 위해서 자신을 바치는 숭고한 헌신성은 명예나 직위에 대한 사욕이 없는, 그야말로 사심이 없는 순수한 희생정신이야. 헌신성은 모든 사람이 사람답게 살 수 있는 세상을 건설하려는 인류의 위대한 이상을 실현하기 위해서 사회변혁운동에 자기의 모든 것을 다 바치는 고귀한 운동정신이지.

운동가에게 또 어떤 덕목이 필요할까요?

이론과 실천, 언행의 일치가 중요하다고 봐. 우리 이론은 흔히 나약한 인텔리라고 하는 창백한 지식인의 이론, 즉 강단이나 서재 속에 갇혀 있는 관념적 이론이나 공리공론이 아닌 실천과 결합하여 현실적 힘이 되는 행동론으로서 물리적 힘을 발휘하는 이론이어야 해.

이론과 실천의 통일은 인텔리의 노동계급화, 노동계급의 인텔리화, 그리고 언행일치로 구현해야 한다고 봐. 그리고 요즘은 덜하지만, 예전에는 운동가에게 고문투쟁을 잘 견뎌내는 강직한 의지가 필요했지.

자유롭게 감옥 살면서 지조 지키라 하면 쉬울 텐데

고문투쟁이요?

· 1956년에 통일운동할 때는 잡히면 총살당할 각오하고 한 거야. 고문, 그것도 살인적 고문 아래 지조 지키기 어려워. 그냥 자유롭게 감옥 살면서 지조 지키라 하면 그래도 쉬울 텐데, 전향 안 하면 죽이려 했으니까. 실제로 숱하게 많은 정치수가 맞아 죽고, 자결해 죽었어. 사회와 역사의 발전은 하루 이틀이나 한두 해에 이루어지는 것이 아니라 긴 세월을 요구하고, 심지어는 대를 이어서 해야 할 사업이므로 인내심이 있어야 해. 고난은 여러 경우가 있지만, 나 개인적으로 가장 힘든 고통의 하나는 체포되어 살인적인 고문을 당할 때였어. 감옥에 갇혀 전향을 강요당하며, 비인도적인 탄압을 받았지. 운동가는 이러한 어려움을

다 이겨내는 강인성이 있어야 훌륭한 일꾼, 특히 지도적 간부의 자질이 있다고 할 수 있겠지.

《꽃 안 핀 봄》에 나오는 '생지옥 1'이라는 시를 보면 "죽음은 이미 맹세했지만/ 견딜 수 없는 잔인한 고문/ 차라리 팡 쏘아죽이면/ 얼마나 행복할까/……/몇 번이고/ 죽었다 살아나는/ 살인마들과의 대결은/ 처절한 사생결단이었다/ 그러나 나에게서는 아무것도 나올 것이 없었다"는 구절이 나옵니다. 1956년에 조국평화통일동지회 사건으로 체포됐을 때도 많이 당하셨나 봐요.

· 1956년 8월 15일에 내 고향 임곡에서 체포돼, 산속에 있던 특무대 지하실로 끌려갔어. 산천초목도 떤다는 인간도살장 특무대의 비밀 아지트에서 온갖 고문 받으며 버텨야 했지. 무덤에서 부활하듯 산속의 특무대 소굴에서 죽지 않고 살아 나와서 전남도경찰청 유치장으로 넘어갔어. 그곳에서도 취조실, 고문실에서 흘러나오는 비명 때문에 잠을 이룰 수 없고, 밥을 먹기가 힘들었지. 그래도 내 입으로 그네들이 바라는 말을 하지 않았어.

훌륭한 운동가로 살기가 참으로 어려운 일이네요.

· 이렇게 도덕률 같은 말을 많이 늘어놓으면, 어떻게 이것을 다 실행할 수 있느냐, 너무 까다롭다, 너무 살피고 따지면 사람이 따르지 않는다는 등 많은 이의가 있을 수도 있겠지. 사실 이것을 다 실행한다는 것은 이상에 불과할 거야. 이것을 다 완벽하게 실행하는 운동가는 아무도 없을 거라 생각해. 그러나 우리 운동가는 항상 "하늘을 우러러

한 점 부끄럼이 없는" 삶을 지향해야 하는 거야. 또 그러한 사람이 되기 위해서 항상 노력하는 운동가가 되어야 해.

운동가가 되기 쉽지 않네요?

• 예전에 통일운동권 내부의 분열분파 문제를 해결하는 데 도움이 될까 하여 진실과 객관적 입장에서 내 인격과 양심을 걸고 최선을 다한 적이 있어. 끝내는 뼈를 깎는 고민과 아픔만 겪고 성과는 거두지 못 했지. 여기에서도 운동가의 자질문제가 중요하다는 것을 다시 한 번 깨달았어.

이민위천(以民爲天), 즉 민중을 하늘처럼 존경하고 위하는 마음으로 운동해야 하는데, 간혹 자기 자신을 위해 패거리 지어가며 운동하는 이들이 있어서 문제야. 말이 쉽지, 실제로는 어려운 일이야. 죽을 때까지 계속 수양해야 해. 쉽지 않아.

감정적인 일로 갈라서는 경우가 많아. 아무리 사심 없이 화해를 도모해도 안 통하는 경우도 있어. 그런 운동가들이 간부로 있으면 참 답답해. 간부는 아량이 있어야 해.

다른 사람과 달리 수양을 위해 특별히 하는 게 있나요?

• 특별한 거는 없어. 매일같이 새벽에 깨면, 명상 같은 걸 해. 감옥 생활할 때부터 습관이 됐어. 말 상대도 없고, 책도 없으니까. 내 반성, 수양을 날마다 했어. 단순한 생활을 했지만, 꼭 반성할 게 있어. 밖에서도 마찬가지야. 밤늦게는 피곤해서 머리가 맑지 않으니까 간단하

게 하고, 새벽에 지난날에 대해 반성도 하고 계획도 하고, 그런 생활이 되풀이되는 거야. 주말에 다시 일주일 생활을 반성하고 그래. 그렇게 하고 있어. 워낙 부족해서 매일 반성해도 잘못이 있어.

감옥에서 비전향 장기수들, 지조 꺾지 않는 사람들하고 지내면서 배운 것도 많아. 그래도 여전히 부족함이 너무 많아. 수양과 학문은 죽을 때까지 해도 다 못한다는 것을 더욱 절실하게 느끼지.

2.

'사형선고를 받고' 중에서

푸시킨의 시 '삶'을 생각하며 내 가슴속에
이렇게 다시 새겼다.
"하나밖에 없는 고귀한 생명
한 번만 주어지는 소중한 삶
천만금보다 더 값있는 삶과 생명을
가장 값있는 인생으로 빛나게 하자
가장 값있고 빛나는 삶으로 마치자"

1971년, 사형선고를 받을 때의 심정이 어땠나요? '사형선고를 받고' 중에서 "검사의 사형! / 판사도 사형!/ 칼로 목을 치는 소리/ 1971년 9월 서울지방법원/ 서른여덟 장년의 나이에/ 사형의 비수가/ 내 뒤통수를 쳤다" **고 썼는데.**

가족들의 울음소리 뒤로 하고, 의연하게 손 흔들며 법정에서 나왔지만, 마음이 착잡했지. 우리 때는 전쟁 직후에 운동하다 잡히면 총살당한다 생각했어. 죽을 각오로 한 거지. 소년 시절부터 조국과 민족을 위해 내 모든 정열과 목숨까지 바친다는 신념과 결의로 살아왔기에 후회는 없고, 죽음은 두렵지 않았어. 하지만 해 놓은 일 없이 삶을 마친다는 것이 억울하고, 조국과 민족 앞에 죄스럽고, 나를 애지중지 키워주신 노부모님과 어린 처자식들에게 한 없이 죄스러운 마음에 교도소로 돌아와서는 잠을 못 이루고 밤을 새웠지.

다행히 2심에서 15년형으로 감형됐네요.

1심의 사형선고 후, 약 6개월간 수정을 차고 사형수 생활을 했어. 그 이듬해 고법과 대법에서 15년형으로 확정됐지. 1972년 5월 23일, 대법원에서 15년형이 확정 선고되던 날, 아버님께서는 일흔의 연세에 화와 병환으로 세상을 떠나셨어. 사형수로 있는 자식을 감옥에 두고 눈을 감으실 수 없던 아버님이, 아들의 사형 면제가 확정된 바로 그 날에야 마음을 놓으신 듯 눈을 감으신 것이지.

희비극이 교차하던 그 날을 잊지 못하시겠네요. 아버님이 운동하는 것을 이해하셨나요?

· 아버님은 몰락한 선비의 후예로 망국의 한을 품고 방황도 한 순박한 농민이었어. 어렸을 적 아버님에게서 선조의 이야기를 많이 들었지. 세조의 왕위 찬탈에 반대해 관직을 버리고 야인으로 지내 생육신으로 존경받기도 했다는 기건, 퇴계의 이기이원론에 반론을 폈다는 성리학자 기대승, 기묘사화 때 조광조와 같이 사약을 받았던 개혁파 기준, 조선 말 서양의 침략을 반대하는 '위정척사론'을 주장한 기정진, 호남 지역 의병 대장이었던 기삼연 대장, 그리고 2차 광주학생독립운동 시에 일본 경찰에 의해 살해된 친척들의 이야기를 자주 하셨어.

지조있는 집안이네요.

· 나는 어린 시절 아버님으로부터 이런 이야기를 듣고 자랐어. 그중에서도 수양대군 세조가 왕위를 찬탈하자 관직을 버리고 "나는 당달봉사(청맹과니)가 되어 쓸모가 없으니 찾지 말라"며 지조를 지켰다는 기건 할아버지를 가장 존경했어.

팔십 평생 살아오시면서, 목숨 걸 만한 가치가 있는 게 무엇이라고 보시나

요? '갇혀 사는 양심 2'의 시구 "양심은/ 한 톨의 거짓이 없고/ 한 치의 틀림도 없고/ 한 점도 부끄럼 없는/ 인간의 가장 순결한 본성/ 옳은 것은 옳다 하고/ 그른 것은 그르다 하며/ 흰 것을 검다 할 수 없고/ 검은 것을 희다 할 수 없으며/ 티끌만 한 거짓에도 가슴이 두근거리고/ 먼지만 묻어도 수줍어 붉어지는/ 인간의 가장 순수한 본능/ 20년 30년 긴 세월/ 독방에 갇혀 사는 양심은/ 사람을 진실로 사랑하고/ 부모형제, 처자를 가장 뜨겁게 사랑하는/ 조국과 민족을 가장 열렬하게 사랑하는/ 가장 뜨거운 사랑의 근본/ 갇혀 살아도/ 변함없는 양심은/ 삶의 거울/ 양심이 갇혀 있는 세상/ 양심의 빛이 꺼진 어두운 세상에서/ 갇혀 사는 양심/ 가장 숭고한 삶의 빛"을 보면 양심을 가장 중히 여기시는 것 같고요.

• 새삼스럽게 말할 거 뭐 있어. 아까 얘기 다했어. 난 올바른 인간성 가지고 진리와 양심의 길을 가는 게 제일 귀중하다고 봐. 평범한 얘기야. 개인적으로는 조국의 평화적 통일 위해서, 삶을 희생시키고 헌신하는 거에 목숨을 걸었지. 지금은 말만 그렇지, 실천은 아무것도 안 하는걸. 가끔 회의나 하고 오늘처럼 행사나 참여하고 그래. 이젠 이것도 힘에 부쳐. 광주니까 왔지, 서울에서 하면 힘들어서 잘 못 가.

특별히 존경하는 사람이 있나요?

• 초등학교 6학년 때 존경하는 인물 쓰라고 하면 이 준 열사를 썼어. 안중근 의사도 존경했고, 포은 정몽주도 좋아했고. 사육신 같은 분을 어려서부터 존경했어. 책상 앞에 정몽주 시조 "이 몸이 죽고 죽어 일백 번 고쳐 죽어 백골이 진토되어 넋이라도 있고 없고 임 향한 일편단심이야 가실 줄이 있으랴"를 써 붙여 놓았어. 이런 게 지조 아니겠어? 초등학교부터 이런 거 외우고 그랬어.

박춘근 선생

산에서
형무소에서
사람을 많이 살린 의사 선생님

총에 맞아
팔 하나를 잃고
다른 한쪽 팔은
달랑달랑 달려 있지만
팔 구실하지 못하는 불구인
두 팔을 쓰지 못하는 사람을
혼자 가둬두는 비정의 독거방
밥은 어떻게 먹고
밑은 어떻게 씻을까?

손도장 하나만 찍으면
가족들과 편히 살 것인데
온 생애, 정의와 양심만을 지키는
초인의 의지

헌신의 영웅
수백 명 비전향 양심수 중에서도
으뜸가는 희생정신으로 모범을 보이는
가장 존경받는 동지
박춘근 선생님

시상집에 비전향 장기수들의 실화가 소개되는데, 상상이 안 됩니다. 지조 있는 분들 좋아하셨고, 지조를 지키려 했는데, 지조 지키는 게 참 어렵죠?

고문만 아니면 그래도 지조 지키기 쉬운데, 무자비하게 고문하고, 죽이려 하니까 힘들어. 아고, 징글징글해. 누가 시킨다고 할 수 있는 일이 아니야, 수십 년 감옥 사는 일이.

시상집에서 유한욱 선생님에 대해 "일제하 반일투쟁으로 징역 3년/ 만주로 망명한 복싱 챔피언/ 통일운동으로 무기징역/ 전향공작의 폭행으로/ 혈압이 터진 반신불수/ 그래도 한편 팔다리는/ 젊은 청년보다 억세고 강하다/ 주먹 불끈 쥐고/ 팔뚝 힘을 자랑하는/ 노투사의 눈빛은/ 샛별 번쩍인다/ 패기 넘치는 이팔청춘의 노투사/ 감방 안에서 시찰구를 향해/ 눈 부릅뜨고 간수들을 호령하는 목소리가/ 쩌렁쩌렁 사방을 울린다 / 왕년의 복싱 챔피언 팔순 노투사/ 오늘도 팔팔한 팔뚝으로 주먹을 휘두른다"고 쓰셨어요. 병든 몸으로 이렇게까지 지켜야 하나, 반성문 쓰고 나와서 활동하면 되지 않나, 그런 생각이 들기도 합니다.

어쩌면 적당히 타협하고 밖에 나와서 활동을 잘할 수도 있었겠지. 그런 사람도 있을 테고. 그런데 나는 기질상 양심이 허락하지 않았다 이 말이지. 50년대만 해도 광주교도소에도 보안법 위반자가 많았는데, 대부분 전향하고 나왔어. 난 빨치산도 아니고, 북에서 넘어온 것도 아니고, 스무 살밖에 안됐지만, 거꾸로 매달리고 목에서 피가 나도 전향을 안했어. 남한에 가족도 있는데, 적당히 털고 나와서 활동하면 되지 않았나, 그렇게 생각할 수 있지만, 나는 양심과 지조를 중시했어. 이준 열사, 정몽주, 성삼문을 좋아하는 마음이 강했어. 나는 지조 높은 인물을 가장 존경하고 마음의 사표로 여겼던 것이야. 양심과 지조는 생명보다 더 중요하다는 신념으로 살아왔지.

전향공작 버티다가 사망한 분들도 많죠?

  · 유신 독재가 강화되면서 박정희의 특명이라는 비전향자 말살작전도 더욱 극악해졌어. 전향공작을 목적으로 특수훈련을 받고 온 전담반원과 가석방의 약속을 받고 전담반의 하수인이 된 조직폭력배들은 74년부터 75년까지 계속 무자비한 고문으로 전향 강요를 했어. 그들은 서슴없이 '너희는 죽어도 좋다. 전향하지 않고 살아나갈 수는 없다', '이것은 총력안보태세를 확립하는 박정희의 특명이다.', '교도소 내에 비전향자가 있다는 것은 남한에 별개의 인민공화국이 있다는 것과 마찬가지이므로 비전향자를 한 사람도 남기지 말라는 것이 총력안보정책이다'고 말하며, 전향공작 테러를 계속했어. 대전에서는 박융서, 최석기 두 분이 몽둥이에 맞아 즉사했어. 대구와 광주교도소 특사에서도 수십 명의 자결자와 강제 전향자가 속출했지. 살인적인 강제 전향테러로 거의 의식을 잃은 상태에서 억지 손도장을 찍은 가짜 전향자가 셀 수 없이 많았어.

선생님도 강제전향 공작에 시달렸겠네요.

· 나는 1971년 체포되었을 때 수사 받으면서 치안국 경찰과 검찰의 고문으로 고막이 터지고 이빨이 많이 어긋난 상태였어. 대전교도소에 오자마자 전향공작의 고문 폭행으로 이, 귀, 목, 가슴, 위장 등 온몸이 망가져 완전히 골병이 들었어. 1~2년 이상은 더 못살 것 같다고 여러 동지들이 염려를 했지. 무엇보다 목과 가슴을 많이 다쳐 계속 목에서 피가 넘어오는 것이 큰 걱정이었어.

몇 차례의 사선을 넘긴 뒤 또다시 74년의 전향공작 폭풍을 맞이하게 되었지. 고문의 독이 풀리지 않아 사경에서 헤매는 몸이었는데, 다시 지옥 같은 테러방으로 밀어 넣었어. 옛날에 사형장이었다는 가병사 격리 수용방에 분리 감금된 거야. 전담반의 지시를 받는 깡패 세 놈이 몽둥이, 철근, 쇠꼬치, 밧줄, 방성구 등으로 폭행을 가했지. 주먹질, 발길질, 몽둥이찜질이 온몸에 가해지면서 목과 가슴에 심한 타격이 오자 목에서 피가 넘어왔어. 나는 의식을 잃고 까무러쳤어. 얼마나 시간이 흘렀는지 밤인지 낮인지 알 수도 없었지.

이야기만 들어도 끔찍하네요.

· 내가 살아있는지 죽어 가는지조차 알 수 없는 몽롱한 상태에서 좀 정신이 돌아온 듯하자 깡패들은 다시 폭행을 시작했어. 깡패들은 '죽을래, 살래? 죽어서 나갈래, 살아서 나갈래?' 라는 말을 되풀이하면서 항복하고 백지에 지장을 찍을 때까지 폭행을 계속하겠다고 했지. 내 목에서는 계속 피가 넘어오고, 몇 번이나 죽었다 살아났다를 되풀이했

내가 살아있는지 죽어 가는지조차
알 수 없는 몽롱한 상태에서
좀 정신이 돌아온 듯하자
깡패들은 다시 폭행을 시작했어.
깡패들은 '죽을래, 살래? 죽어서
나갈래, 살아서 나갈래?'라는
말을 되풀이하면서

항복하고 백지에 서상을 적을 때까지
폭행을 계속하겠다고 했어.

내 목에서는 계속 피가 넘어오고,
몇 번이나 죽었다 살아났다를
되풀이했어.

어. 이 과정에서 내 의식이 흐려진 틈을 타 깡패들은 내 손을 끌어다 백지에 손도장을 찍었어. 강제전향을 당한 것이었어.

1974년 대전교도소에서 약을 먹고 자결을 시도한 적도 있으시죠?

　　·　강제로 손도장 찍은 뒤 더 큰 굴욕을 당하기 전에 스스로 목숨을 끊어야겠다는 결심을 하게 됐어. 어떻게 할 것인가 고민 끝에 여러 날을 두고 이 사람 저 사람에게 부탁하여 어렵게 수면제 등 30여 정의 약을 구해서 숨겨뒀지.

폭력으로 강제 전향을 시킨 사람들을 강당으로 끌어내 전향발표를 시키는 날, 지조를 꺾이고 사느니 차라리 죽음을 선택하겠다는 생각으로 감춰두었던 약을 단번에 먹어버렸어. 누구보다도 어머님께 죄송스럽고 가족들에게 미안했어. 하지만 나로서는 더는 어찌 할 수 없는 한계에 온 것이야. 어느 동지에게 내 결의와 유언을 남겼어.

내 양심에 갈릴레오적 의지는
살아있다!

다행히 생명에 지장은 없었던 모양입니다.

　　·　약을 먹은 상태에서 전향발표를 하기 위해서 강당에 끌려 나왔

어. 나는 머리가 몽롱해지며 점점 의식이 흐려져 가는 상태에서 '내 양심에 갈릴레오적 의지는 살아있다' 고 외쳤지. 아무리 강압을 해도 내 양심과 진리는 살아 있다는 마지막 의지의 표현이었어. 그 자리에서 의식을 잃고 쓰러졌어. 얼마 뒤 나는 깊은 잠에서 깨어난 것처럼 의식이 돌아왔어. 이 아무개 교화관이 내 손을 잡고 용서를 빌었지. 큰 죄를 지었다며, 지금까지의 일은 없었던 것으로 하겠다면서 사직서를 내고 교도소를 그만 뒀지. 그나마 양심이 있는 사람이었어. 그 뒤로도 폭력적인 전향공작은 계속됐어. 내가 그걸 어떻게 견뎠는지 몰라.

> "목숨을 걸고/ 잔인한 폭압을 이겨내며/ 신념을 지키고 있는/ 감옥소의 감옥/ 광주형무소 4사/ 감방문 위에 붙어 있는 빨간 문패/ '비전향' 의 빨간 표철/ 그것은 깃발이다/ 신념의 깃발/ 이념의 깃발/ 의지의 깃발이다/ 작지만 큰 깃발이다/ 그것은 감옥에 갇혀/ 감방의 문패로 붙어있지만/ 창공에 휘날리는 높은 깃발이다."
> '깃발 1'을 보면 '비전향' 이 상징하는 게 많은 것 같습니다. '비전향' 이라는 말 속엔 삶과 투쟁, 동지와 신념, 도덕과 지조 같은 숭고한 가치가 모두 담겨 있다는 생각이 듭니다.

• 그 깃발이란 게 반외세 자주의 깃발이고 평화통일의 깃발이었어. 포기할 수 없는 깃발이었어. 주막만큼의 콩보리밥과 한 모금 물로 주린 창자 쥐어짜며, 일 년 삼백육십오일 한 모양으로 앉아서 지냈어. 몇 년 동안을 불상처럼 정좌하고 있어야 했어. 면벽 수도하던 달마가 그랬을 거야.

4.

어머니 편히 잠드소서

어머님이 세상을 떠나셨다
한 많은 세상 어찌 눈을 감으셨을까.
기다리고 기다리던 아들 다시 보지 못하고
당신의 몸보다 더 중히 여긴
아들을 빼앗겨
감옥에 두고
10년 너머 기나긴 세월
기다리고 기다리던 긴긴 세월
아들을 다시 품에 안아보지 못하고
어찌 눈을 감으셨을까
나는 뜨거운 눈물로 통곡하며,
머리 숙여, 엎드러 몸부림치며,
슬픔과 고통으로 몸부림치며 어머니에게 죄를 빌었다
'어머니 이 불효자식을 용서하소서' 빌고 빈다
'어머니의 고통과 설움, 뼈에 새겨
조국통일을 위해 끝까지 헌신하렵니다.'
나는 맹서하고 맹서한다.

1956년 처음에 구속됐을 때 '어머니 접시꽃'이란 시도 쓰셨죠. "(……) 햇빛을 받지 못해/ 핏기를 잃어가는/ 수인의 창백한 얼굴/ 그늘진 눈가에/ 웃음을 지어주는 어머니 접시꽃/ 어머니 마음처럼/ 희고 맑은 흰 접시꽃" 어머니도 옥중에 계실 때 돌아가셨나요?

　　어머니는 1984년 6월 13일 오전, 오랜 병고 끝에 별세하셨어. 나에게는 한 달 후에야 이 슬픈 소식을 전해 주었지. 나는 어머니에게 죄를 비는 마음으로 한 달간 운동을 나가지 않고 독방에 앉아 근신했어. 1971년 우리 사건이 터질 무렵 어머님 머리는 반백 정도로 희끗희끗하셨는데, 1982년 광주로 이감온 뒤 접견을 오셔서 만나뵈니, 검은 머리 하나 없이 완전히 백발이었어. 얼굴은 주름으로 덮이고, 허리는 거의 기억자로 굽으셨지. 눈물과 한숨으로 보낸 10여 년 동안에 눈가는 벌겋게 물러져 부어오르고, 시력은 아들도 몰라보실 만큼 흐려지셨고.

15년 만에 출소해서 광주 집으로 돌아온 뒤에 전남대 의예과 다니던 아들이 죽었다는 소식을 접하셨다면서요. 너무 힘드셨겠어요.

　　출소 당일에 사복경찰관을 따라 서대전역에서 기차를 기다리면서도 맘이 조마조마했지. 전향을 하지 않은 상태여서 혹시라도 상행 열차를 타고 청주 감호소로 갈 것인가, 아니면 광주행 하행 열차를 탈 것인가, 내 마음이 몹시 초조했어. 다행히도 광주행 열차를 탔어. 그런데 15년 만에 광주시 동구 계림동의 집으로 돌아왔는데 얼굴 표정들이 반가워서 기뻐하는 모습이 아니라 어둡고 침울한 분위기였지. 다음 날에야 아들 혁의 비극을 알게 되었어. 혁아! 혁아! 아들 이름을 부르며 대성통곡했지. 옥중에 있을 때 아버님과 어머님이 돌아가셨는데 아들

마저 잃게 되다니…….

내 아들 기혁은 1985년 1월 14일, 전남대 의예과 재학 중 전두환 군사정권 반대투쟁에서 발생한 무더기 유급사태에 대해서 학교당국에 항의 투쟁을 하러 나간 후 집에 돌아오지 않고 행방불명이 되었어. 그러다가 1월 말에 광주 무등산 중봉에서 꽁꽁 얼어버린 주검으로 발견되었어. 혁의 엄마는 자식의 유골을 차마 땅에 묻지 못하고 6개월 동안 가슴에 품고 살았다더군. 그 후 5년 동안 장롱 속에 두었다가 내가 출소한 후 몇 년이 지난 1990년 11월, 망월동 5·18 구 묘역에 안장했어.

문학 좋아하는 분들이 대체로 마음이 여릴 것 같은데, 평생 지조 지키며 사느라고, 몸도 상하고 가족에게 피해도 많이 가고, 힘들게 사셨네요. 혹시 후회스러운 마음은 없나요?

· 후회스러운 것은 없지만, 가족에게 미안한 마음은 크지. 어머니가 열네 살에 결혼하셨는데, 서른두 살에야 첫째인 나를 낳았어. 내가 호남 양반이라 할 수 있는 고봉 기대승의 13대 손이야. 이퇴계와 4단7정론 가지고 십여 년간 논쟁한 분이지. 양반집에서 귀한 손을 얻었으니 얼마나 날 위했겠어. 그런 내가 사형 선고까지 받고, 우리 어머니 심정이 어땠겠어. 아버님, 어머님이 다 감옥에 있을 때 돌아가시고, 장례식도 못 가고, 내가 얼마나 불효한 놈이야. 15년간 감옥살이를 했으니, 애들 엄마는 아이들 키우느라 또 얼마나 고생했겠어. 말로 다 못할 일이지.

감옥에 계실 때 부모님이 돌아가시고, 아들이 사망하고, 통일운동 하느라

가족을 돌보지 못하셨네요?

 • 나야 민족을 위해 했지만, 갓난애들 떼어 놓고 감옥에서 지낸 15년 동안, 가족들이 얼마나 힘들었겠어. 물어보니까 하는 말이야. 죄송하고 미안한 마음이 들어, 인간이니까. 조국통일이 위대한 일이니까 헌신한 것이지. 우리처럼 사는 사람이 많지는 않아.

5.

조국평화통일선언문

1. 우리는 이승만 독재정권을 타도하고 진정한 민주사회를 건설한다.
2. 북진 통일을 반대하며 조국의 평화적 통일을 위해 몸바쳐 싸운다.
3. 남북의 정치 · 경제 · 문화교류와 서신교환 및 남북자유왕래를 실현하다.
4. 외국 군사기지와 외국 군대를 철수시키고 남북군비축소를 실현하며 민족군대를 창설한다.
5. 자립적 민족경제를 확립하여 민중을 가난과 고통에서 해방시킨다.

6. 일체의 외세를 배격하고 민족자주와 완전한 독립을 성취
   하여 통일조국을 건설한다.

1956년 5월 조국평화통일 동지회

**1956년 5월, 선생님이 주도해서 광주 시내에 뿌린 '조국평화통일선언문'
내용을 살펴보면, 지금 민족진영에서 주장하는 자주민주통일과 맥을 같이
하는 것 같습니다. 당시에 수차례의 선전물 살포를 주도한 혐의로 징역을
2년 살았는데, 지금도 자주민주통일의 과제는 요원해 보입니다.**

•   그땐 징역 2년이 아니라 정말로 조국통일 위해서 목숨을 걸 각
오를 했어. 조국평화통일 선언문을 다듬던 기억이 생생한데, 벌써 오륙
십 년 전 일이군. 1956년 5월 15일 밤, 고향의 박용진 선배와 마을 앞에
있는 황룡강(영산강 상류)에 가서 한 손엔 횃불을 들고 다른 한 손은 굳게
악수를 하고, 별을 우러러보며 조국의 평화통일을 위해서 목숨을 바칠
것을 맹세했지. 가치 있는 일은 원래 힘든 법이야.

**1971년 통혁당 사건으로 구속된 뒤 15년 동안 감옥 살다, 1986년 5월에
만기 출소한 뒤에도 2번이나 더 구속돼서 재판을 받으셨네요.**

•   1995년엔 윤기남 선생 장례식 건으로 구속됐고, 2000년에는 전
남 광양 백운산 빨치산 전적비 건립 건으로 체포됐지. 지금은 그저 회
의나 참가하고, 감옥에 가 있는 동지들 가끔 면회나 다니고 그래. 얼마
전 광주교도소에 있는 범민련의 이규재 의장한테 다녀왔고. 힘들어서
멀리는 잘 못 다녀.

앞으로 특별한 계획이 있나요 ?

이젠 나이 들 만큼 들어서 아쉬운 건 별로 없어. 조국통일 이루지 못한 게 아쉽기는 하지만 만물이 나서 자라고 노쇠하고 죽는 거니까, 자연의 섭리니까, 애달픈 것도 없고, 이제 죽을 날만 기다리는 거야. 죽으면 편하게 되니까 두려워하지 않아. 일체 누구에게 알리지 말라고 유언할 거야. 가족들만 간소하게 하라고. 사람들에게 폐 끼치는 게 싫기도 하고.

혹시 묘비명을 미리 정해 놓으셨나요?

'조국의 평화통일 위해 헌신한 통일운동가 기세문' 이러면 되겠네. 허허. 묘지는 임곡 선산에 갈 수도 있고, 5·18 구묘역에 빈자리 많으니까 그리로 갈 수도 있어. 거기 가면 아들도 있고, 정치적 성향도 맞고, 헌데 어디로 갈는지 아직은 모르겠네.

즐겨 부르시는 노래 있습니까? 인터넷 검색하다 보니까, 어느 모임에서 태백산 빨치산 노래 부르시는 장면이 나오던데.

있긴 있지. '임을 위한 행진곡' 도 좋아해. 전쟁 때 불렀던 노래인데, 백두산 말기에 백학이 너울너울, 이 강산 골마다 뻐꾸기 뻐꾹뻐꾹, 아 아, 뻐꾹새 울면 에루화 데루와, 두둥실거리고, 밭갈이 가세, 제목이 '밭갈이 타령' 일거야. 6·25 때 배웠어.

시간 날 때 취미 삼아 하시는 일은 뭔가요?

· 난 책 읽는 걸 좋아해. 요즘은《우리 역사 이야기》와《조선철학사》를 읽고 있어.

요즘은 건강관리 어떻게 하시죠?

· 중1 때부터 매일 같이 평형운동 50번씩 해. 체육 선생님께 배웠는데, 감옥에서도 매일 했고, 지금도 매일 해. 간단해. 보여줄까? 이렇게 하는 거야. (잠시 일어나서 평형운동 시범을 보여줬다) 그리고 붕어운동, 모세혈관운동, 합장운동, 등배운동을 하지. 아침저녁으로 하는데, 겨울에도 옷을 벗고 해. 잠 잘 때는 경침 베고 평상 위에서 자. 현미잡곡밥 먹고, 채식하면서 하루에 2식만 하고 있기도 해.

뭐든지 한 번 하면 꾸준히 지조 있게 하시네요.

· 힘 안 들이고, 돈 안 들고, 몸에도 좋다 하니 꾸준히 하는 것이지.

나이 적다고 청년이 아니고,
나이 많다고 노인이 아냐

건강하게 오래오래 사셔서 젊은이들에게 살아있는 모범이 되셨으면 합니다. 젊은 후배들에게 들려주고 싶은 말씀이 있다면?

•　나이가 많다고 모든 노 선배가 정신적·정치적으로 노인이 아냐. 나이가 젊다고 청년이 다 정신적으로 청춘이 아니고. 늙은 젊은이가 있으며, 젊은 노인이 있다는 말이야. 젊은이든 노인이든 계속 새롭게 변화하려고 노력하지 않으면 쇠퇴하게 돼 있어.

　오랜 세월 외세와 반민주 반통일 정권과의 투쟁에서 온갖 고초를 겪었으며, 엄혹한 탄압 속에서 운동의 최전선을 지켜온 노 선배들의 투지에 대한 존경심을 잊어서는 안 되는 거야.

　실제로 마오쩌둥, 호찌민 같은 이는 노령의 지도자로서 일생을 마쳤잖아. 현재 우리 범민련 남측본부의 간부 중에는 팔십 대 고령인데도 젊은 청년 못지않게 정력적인 활동을 하고 있는 분들 많잖아. 부단히 노력해야 해. 이상은 높지만 이제 나는 아무것도 못해.

혹시 자서전 같은 거 준비 중이신가요? 이번에 인터뷰하는 목적도 젊은이들에게 재야원로들의 산 교훈이 전달됐으면 하는 것이거든요.

　•　그동안 자료 모아 놓은 것이 있는데, 이왕에 해놓은 것이니까, 출판사에서 책을 내면 좋은데, 쉽지 않은 모양이야. 요즘은 책도 잘 안 나간다고 하네.

선생님이 광주사범학교 중등과 2학년 때(1948년) 쓴 8·15해방, 남북분단, 1946년 10월민중항쟁, 1928년 제주 4·3항쟁 등을 겪으면서 쓴 '꽃 안 핀 봄'을 지금 읽어보시면 어떤 감회가 느껴지나요.
"산에 들에/ 봄이 왔네/ 꽃이 피네 진달래 개나리/ 빨갛게 노랗게/ 꽃이 피어도/ 갈라진 조국/ 겨레의 가슴엔/ 꽃이 피지 않아/ 봄이 왔어도/ 내 가슴엔/ 꽃 안 핀 봄이라네// 산에 들에/ 봄이 오고/ 꽃이 피어도/ 허리

잘린 강산엔/ 찬바람만 불어/ 갈라진 겨레, 조국의 꽃은 피지 않아/ 내 마음 서글퍼/ 울고 싶어라, 봄이 왔어도 슬픈/ 꽃 안 핀 봄이라네."
여전히 우리 조국의 산천엔 봄이 와도 꽃이 안 핀다는 생각이 드실 것 같은데요.

•   가슴 아픈 일이지. 이렇게 오래 갈라져서 살 거라고는 생각 못했어. 국제 정세라는 게 얽혀 있으니까 더 어려워. 그래도 꽃은 피지 않겠어? 남북통일의 그 날은 기어이 오고야 말겠지.

조국의 자주평화통일이 내 생전에 이루어지지는 않더라도 통일의 길이 열리는 날을 보고 죽는다면 여한이 없을 것 같아.

분단 고민 안 하는 진보운동은
한국병 치료 못해

　　광주시 북구 매곡동에서 빛고을자연건강회라는 생식 단식원을 운
영하고 있는 기세문 원장의 집에 들어서면 다음과 같은 액자들이 벽에
걸려있는 것을 볼 수 있다.

　　'국민계의 무병사회'

　　'조국통일'

　　이는 통일운동의 과정에서 세 차례에 걸쳐 20년 가까이 옥살이를
치른 기세문(62) 원장이 실현하고자 하는 이상이기도 하다. 통일운동가
였던 기세문 씨가 모든 사람이 의사가 되어 병이 없는 이상사회를 이루
려는 '의학혁명'에까지 나서게 된 데는 몇 가지 사연이 있다.

　　먼저 기세문 원장 자신이 죽음의 문턱까지 도달했던 경험의 소유자
다. 통혁당 재건 사건으로 15년형을 선고받고 대전교도소에 수감 중이
던 그는 혹독한 전향 공작을 거치면서 몸이 만신창이가 됐다. 위장병,
후두염, 폐문임파선염(폐문림프절염) 등의 합병증으로 몸무게가 38kg 정도
로 떨어졌고, 주위 사람들은 그가 오래 살지 못할 것이라고 보았다.

삶에 대해 절망감을 느끼던 기세문 씨는 75년경 집안의 형님뻘 되는 기준성 씨(서울자연식동우회 회장)한테서 자연건강법을 소개받았다. 의사나 약사의 도움을 받을 수 없던 기 씨는 일본서 나온 《자연건강백과》, 《암 두렵지 않다》 등의 책을 보며 자연건강법을 익혔다. 자연건강법은 감옥 안에서 할 수 있는 유일한 자기치료법이기도 했다. 교도소에서 공급하는 끓인 물 대신에 잡수로 지급하는 생수를 마시고, 관식 중에 곡채류 중심으로 식사를 하고, 꾸준히 냉온욕, 풍욕, 모관운동, 붕어운동 등을 하자 기 씨의 몸은 믿기 어려울 정도로 상태가 좋아졌다.

감옥에서 자연건강법으로 자신의 병을 고친 경험을 86년 출소 후에 다른 사람들에게 적용하는 과정에서 그는 자연건강법이야말로 모든 사람이 돈 안들이고 애용할 수 있는 민중의학이라는 확신을 갖게 됐다고 한다.

기세문 원장이 인술제민의 길에 나선 또 하나의 이유는 85년에 사망한 장남 기혁의 뜻을 이어받기 위해서다. 전남대 의대에 다니던 기혁은 전두환 군사정권 반대 투쟁 중 부당 유급제 반대투쟁을 벌이다 실종되어 무등산 바람재에서 동사체로 발견되었다. 기세문 씨는 이 사실을 출소 후에야 알 수 있었다.

"아버지가 아들의 유훈을 이어받는다는 것은 참담한 일입니다. 혁이는 의대 다닐 때 가난한 사람을 위한 의술을 펴고 싶다는 말을 자주 했는데, 그 아이가 죽은 뒤에 그 뜻을 내가 펼쳐야겠다는 생각을 떨쳐버릴 수가 없었죠."

이 같은 이유로 기 씨는 자연건강법에 대한 연구에 매달렸고, 91년에는 광주 변두리에 이층 양옥집으로 된 건강 단식원을 마련할 수 있었다.

풍욕이나 무공해생채식 같은 자연건강법을 하려면 오염된 자연환경을 개선해야 하고, 이를 위해서는 사회진보를 이뤄야 하고, 또한 이를 위해서는 맑은 인간의 심신을 회복해야 한다. 이 세 가지는 분리해서 따로따로 사고할 수 없는 문제인 것이다.

그런데 기 씨는 이 세 가지를 여는 마스터키는 통일에 있다고 믿는다. 한국사회의 고질병은 왕조 봉건사회의 병폐와 일제 식민시대의 후유증이 누적된 산물이며, 가깝게는 반세기 넘게 지속한 분단에서 파생한 합병증이라고 보기 때문이다.

"통일운동이 빠진 환경운동이나, 생명운동, 통일을 생각하지 않는 건강운동, 분단에 대해 고민하지 않는 진보운동으로는 한국병을 치료할 수 없어요. 남북의 대동맥이 다시 이어지고, 남북 삼천리 온 나라 온 겨레의 혈액순환, 신진대사가 원활히 될 때, 비로소 분단 고착화에서 비롯된 우리 사회의 동맥경화증, 고혈압, 심장병, 만성 스트레스와 같은 고질병들도 치유할 수 있을 겁니다."

필자는 1996년 8월초 여름휴가를 내고 기세문 선생이 운영하는 빛고을 자연건강회에서 일주일간 단식을 했다. 이때 단식을 하면서 〈민중 의료인 기세문의 한국병 진단과 처방〉이란 기사를 써서 《말》 9월호에 실었다. '내가 만난 기세문'은 그 기사의 일부를 간추린 것이다.

광주 망월동 묘역에 묻힌 아들 기혁(1985년 사망)의 묘비 앞에서.

통일운동이 빠진 환경운동이나 생명운동,

분단에 대해 고민하지 않는 진보운동으로는

한국병을 치료할 수 없어요.

남북의 대동맥이 다시 이어지고, 남북 삼천리 온 나라,

온 겨레의 혈액순환, 신진대사가 원활히 될 때,

비로소 분단 고착화에서 비롯된 우리 사회의

고질병들을 치유할 수 있을 겁니다.

전쟁과 평화 음악과 미적 결고ᆞ
물구경이 아닌가여 저거도 사회적이
이해가 곤 나의 이해로 민족의 운명이
운명이라는 이같은 ᄆᆞ소ᄒ한 진실에
ᄒ바니ᄀ ᄯᅡ라서 나의중세 나의껫북
시험잠껌 재빛처라 앞ᄉ 이렇게만 집ᄒᆞᆷᄂᆞᆫ
정치가 사기럼ᄒᆞᆷ으로 타ᄆᆞ욱을 해도 서
어 조성이 죽어요 그엿ᅩ 나ᄂᆞᄂᆞ무
그래서 전사회가 개스국의 여기주의 아ᄂᆞ
전사회가 파련한 개별한 이렇게 되
안섭ᄀᆞ며 어제 여ᄯᅡᆷᄋᆞ 젊ᄋᆞ이들이 우리
제ᄀᆞ 손그래 집ᄋᆞᆫ국저 도역을 차축해

국가보안법과의 대결,
7전8기

—

통일운동가 **이천재**

영등포 범민련 사무실에 걸린 6 · 15 남북정상회담 사진 앞에서

1931년 경기도 안성 출생 / 1949년 민학사건으로 안성농업학교 중퇴, 국가보안법 위반으로 소년원 복역 / 1950년 경기도 이천에 정착, 1982년까지 농업에 종사 / 1952년 국가보안법으로 실형 3년을 선고 받고 대구육군형무소에서 복역 / 1956년 구청 사건으로 중앙고등군법회의에서 3년 형(1958년 8월 출소) / 1960년 독립노동당 선전부장, 혁신동지총연맹 선전위원회 부위원장 / 1961년 5 · 16 군사쿠데타로 구속, 제헌절 특사로 출옥 / 1987년 6월 항쟁 시 명동성당 농성 참여 , 구속 / 1988년 민족자주평화통일중앙회의 창립에 참여. 집행위원장, 공동의장, 대변인으로 활동 / 1989년 민자통 사건 관련 국가보안법으로 실형 1년 6개월 선고 / 1995년 범민련 사건으로 투옥(실형 1년) / 1997년 범민련 활동으로 구속 / 1995년~. 전국연합 공동의장, 범민련 남측본부 의장직무대행, 홍보위원장, 국가보안법 폐지 국민연대 공동대표 등으로 왕성하게 활동. 현재는 범민련 고문 / 저서 《희망》(1993), 《고백》(2000)

언제쯤 국보법에서 자유롭게 해방될 수 있을까요?

국가보안법이 실제로는 신식민지 보호법이요.

그러니까 미국이 허락하지 않으면 폐지를 못해요.

지금도 정권 비판한다고 잡아 가두지 않아.

독재정권이라 한다고 처벌하지 않지만,

미군 철수하라고 하면 보안법으로 처벌해.

그러니까 국보법이 신식민지 보호법인거요.

한반도의 근본문제는 북미 관계가 주축이니까,

이 문제가 해결되면 남북의 적대 관계가 끝나고,

국가보안법도 죽게 되겠지.

그리 되면 해방 이후 역사에 대한

총체적 반성과 비판이 나오고,

각성한 종교인, 지식인, 문화인들이

새로운 사상에 대해 눈을 뜨게 될 거요.

국가보안법이 있으면 사람이

제대로 크질 못해.

너나 할 것 없이 정치적 불구자,

쭉정이, 반쪽이가 된다니까.

1989년 민자통 사건으로
다섯 번째 감옥살이:
통일운동가는 국보법 피해가기 참 어려워

1987년 6월항쟁 때 명성성당 농성장에 혜성처럼 등장하신 줄 알았는데, 십대 시절부터 국가보안법으로 여러 차례 감옥을 사셨네요. 어떤 사건이었죠?

해방 직후 학생운동 하다가 소년원에 간 것부터 시작해서 모두 여덟 차례요. 처음에는 은평면 불광원에 있는 소년원에 들어가서 감옥에서 몇 개월 살았고, 육군형무소에서 두 번, 6월항쟁 때 한 번, 민자통 사건으로 한 번, 범민련사건으로 두 번 살았지. 감옥을 산 건 일곱 번이고, 한 번은 무죄판결 받았어. 통일운동은 북을 상대로, 북과 함께하기에 국가보안법을 피해가기가 참 어려운 것 같아.

6월항쟁 이후인 1989년에도 민자통 사건으로 또 국가보안법의 포로가 되셨어요.

• 그때 1년 6개월 형을 선고받고 좀 일찍 나왔어. 내 나이 60에 자식이나 손자뻘 되는 안기부원들에게 "이 늙은이", "저 늙은이" 하는 수모에다, 콘크리트 바닥에 무릎 꿇는 모욕을 당해야 했으니, 참으로 원통한 일이요. 격리된 상태에서 잔인하게 인격을 농락당하는 것에 대한 분노나 수치심도 컸지만, 인간성이 황폐해진 수사관들에 대한 절망감 또한 컸다오.

통일운동은 결국 국가보안법과의 대결이 아닌가 싶고, 일반 시민들이 국보법에 도전하기는 참 어려운 것 같습니다. 민족민주운동에 이런저런 토를 다는 사람들도 딱 보면 실제로는 국보법이 무서워서 그런 거 아닌가 싶기도 해요. 국보법만 아니라면 말 잘하고, 글 잘 쓰는 사람들이 맘 놓고 통일운동 할 텐데……

• 나도 젊어서부터 징역을 여러 번 살아봤는데 3년 사는 것도 참 지루해. 우리 사회 통치 질서를 맡은 게 보안법이지. 일반 형법보다 국보법으로 사형을 언도받고 집행당한 사람의 숫자가 백배는 더 될 테고, 재판도 없이 사형당한 사람이 수백 배고, 이를 보면 우리 사회를 통제하는 기준은 국가보안법임을 알 수 있는 거요. 대한민국 법조문 다 쌓아 놓아도, 몇 조문 되지 않는 보안법의 무게만큼도 안 되는 거고, 보안법이 그만큼 우리 사회의 근본적인 규범력을 갖는 거지. 잘 살펴보면 이 나라는 민주공화국의 헌법질서가 지배하는 민주사회가 아니라 국가보안법이 지배하는 암흑사회라 할 수 있는 거요.

언제쯤 국보법에서 자유롭게 해방될 수 있을까요?

• 국가보안법이 실제로는 신식민지 보호법이요. 그러니까 미국이 허락하지 않으면 폐지를 못해요. 지금도 정권 비판한다고 잡아 가두지 않아. 독재정권이라 한다고 처벌하지 않지만, 미군 철수하라고 하면 보안법으로 처벌해. 그러니까 국보법이 신식민지 보호법인 거요.

한반도의 근본문제는 북미관계가 주축이니까, 이 문제가 해결되면 남북의 적대 관계가 끝나고, 국가보안법도 죽게 되겠지. 그리되면 해방 이후 역사에 대한 총체적 반성과 비판이 나오고, 각성된 종교인, 지식인, 문화인들이 새로운 사상에 대해 눈을 뜨게 될 거요. 국가보안법이 있으면 사람이 제대로 크질 못해. 너나 할 것 없이 정치적 불구자, 쭉정이, 반쪽이가 된다니까.

예전에 《말》에 '반쪽이'라는 필명을 가진 만화가가 연재를 했었는데, 분단 문제를 주로 다뤘습니다.

• 하하, 기억나요. 하여튼 천지에 반쪽이, 쭉정이 투성이요. 이쪽 쳐다보고 이런 소리, 저쪽 쳐다보고 저런 소리, 어제는 이런 소리, 오늘은 저런 소리, 한마디로 정신분열증 환자가 되는 거요. 이 법은 정치사상의 자유 이전에 사람들을 노예로 만들어 버려. 인텔리들도 양심의 절름발이, 이중인격자로 만들어 버려. 그들의 전형적인 양시양비, 이게 다 보안법의 산물이지. 김대중, 노무현 대통령이 국보법 털끝 하나 건드리지 않은 것에 대해 서운한 마음이 커요. 그런 점에서는 참혹한 실망을 준 정치인들이요.

국보법이 폐지되면 어떤 일이 벌어질까요?

• 국보법이 사라지면 북의 사상적 영향보다는, 남쪽의 사상과 종교가 자기 성찰, 자기 비판을 통해 변화할 거요. 운동의 주체 건설도 어렵지 않아. 남북이 소통하고, 자유로운 토론회 통해서 방법 모색하고, 뜨겁게 대화하다 보면, 창조적인 견해들이 꽃피게 될 거요. 이 같은 변화는 자연법적 원리만으로 되는 게 아니고, 가슴이 뜨거운 애국자들의 투쟁에 의해서만 실현된다는 명심해야 할 것이오.

1995년, 1997년 범민련 사건으로 또다시 투옥: 반제 빠진 민족주의는 맹물

1995년 범민련 사건으로 구속된 뒤 1년 동안 감옥 살고 나온 직후에 한 월간지 기자의 "범민련 하면 국민들은 친북 단체라는 인상을 떠올리는데, 정말 그런 것인가?"라는 질문에 대해 "우리는 친북이지 종북은 아니다"고 답변하셨더라고요. 그 당시에도 종북 논란이 있는지 몰랐습니다.

• 내가 종북이라는 말을 쓴 것은 아니고, 누가 범민련에 대해 '친북이 아니냐'고 물어왔을 때 아니라고 반론할 생각은 없으며, 남쪽 범민련이 북쪽 범민련을 따라가고 추종하는 것은 아니라고 얘기했더니, 기자가 그리 쓰고, 제목을 달았더라고.

통일운동 진영이 국가보안법 철폐, 주한미군 철수, 평화협정 체결, 연방제 통일을 외치는 것에 대해, 국민의 수준과 정서와 동떨어진 구호라는 지적도 많이 받는 편이죠?

　　·　작년에 진보의 재구성, 사민주의 얘기하는 이들의 입에서 많이 나온 말이고, 오래된 비판이요. 요즘 말로 국민의 눈높이를 말하는 건데, 대중의 정서를 외치면서 발에다 구두를 맞추는 것이 아니라 구두에다 발을 맞추는격이요. 그렇게 주장하던 이들이 지금 통일운동 전선에서 다 떠나버렸어요. 그때만 해도 북이 곧 망한다고 주장하면서 동등한 입장에서 연방제 통일 거론하는 것이 상식에 어긋난다고 주장한 이들이었지. 연방제 통일은 그냥 나온 게 아니라 역사적 산물이고, 남북 정상 간에 합의한 방안이요. 대중의 입맛에 맞춘다고 강령적 원칙을 뜯어고치는 건 있을 수 없는 일이지. 탄압한다고 연방제 통일방안을 포기할 수 있나? 미군 철수나 평화협정 체결 주장도 그렇고.

97년에 범민련 남측본부의 북녘 동포 돕기 사업으로 또 실형을 선고받고 징역을 사셨어요. 지긋지긋하지 않으셨나요? 그때 2심 최후진술에서 "민족이라는 최고의 가치를 제일 윗자리에 놓고 정당, 정파, 사상, 종교, 지역과 계급의 차이를 뛰어넘어 단결하자"고 강조하셨는데, 진보진영에선 민족, 통일이란 말이 예전처럼 주목을 받지 못한다는 느낌이 듭니다.

　　·　보안법이 악법이니 지키지 않을 자유는 있지만, 저들이 감옥 보내는 거야 어쩌겠소. 김구 선생처럼 보수적인 분도 민족과 통일을 최고의 가치로 여기니까 민족대단결 입장에 선 거 아닙니까. 이분처럼 남북문제를 적대가 아닌 타협과 협상으로 풀려고 해야 하는데, 정치인들이 입으로는 김구 선생을 존경한다고 하면서 몸으로는 따라 하지 않아

요. 김구 선생의 민족주의는 결국 반제 전선에 나서게 돼요. 왜냐하면 통일을 지상 과제로 여기는 민족주의자는 분단을 통치전략으로 삼는 제국주의와 대립할 수밖에 없거든. 반제 전선에 나서지 않는 민족주의는 맹물이고. 그런 경우도 많아요.

민족주의가 반제 입장을 취하지 않으면 사이비 민족주의라는 건가요?

· 그래요. 또 한 가지 덧붙인다면, 참된 민족주의는 노동계급을 중심에 놔야 한다는 거요. 한국에서 민족주의 얘기하면 매력적인데 동학혁명 이후 우리 현대사에서 퍽 공허해졌어. 왜 그러냐 하면, 민족 말하는 사람들이 노동 농민의 이익을 어떻게 보호할 것이냐에 대해서 비전이 분명하게 있어야 하는데, 이것이 없으니 공허할 수밖에. 노동자, 농민을 끌어안는 민족주의만이 참된 민족주의고, 노동계급에 의해서만이 민족민주주의를 꽃피울 수 있고, 그럴 때만이 진정한 진보라 할 수 있는 거요.

1980년대 말부터 1990년대 중반까지 민족단결운동은 대중의 역동성을 빌어 바짝 말라 앙상해져 버린 민족주의의 생명을 다시 일깨우는 운동이었소. 그런데 이 싸움에서 다수 운동가들은 노동계급을 핵으로 하는 진보세력을 방해하는 역할을 했고, 민족민주주의를 고루한 반동성을 엄폐하는 장식으로 도용하기도 했다오.

운동가들이 좌우편향에 빠지지 않는 게 참 어려운 일이 아닌가 싶습니다. 선생님께서는 우편향에 대한 지적과 함께 《고백》(2000)에서 한총련 간부들의 경직성, 좌편향에 대해서 여러 차례 애정 어린 비판을 하기도 했고요.

・ 유명한 말이 있지 않소. 변혁운동의 고양기에는 좌편향을 경계하고, 반대로 침체기에는 우편향을 경계하라는 경구 말이요. 잘 나가던 한총련이 단지 정권의 탄압 때문에 고립된 게 아니라는 걸 깨달아야 해. 대중의 요구, 대중의 의식수준은 안중에도 없이 자신의 주관적 인식이나 판단만으로 대중을 재단하려는 독선, 대중이 따라오든 말든 제 기분 제 감정에 도취하는 주관주의적 독선을 조심해야 해. 나는 주변 동지들에게 거듭거듭 반복해서 말해요. 기회주의적 우편향은 이해와 정세가 달라지면 스스로 노선 수정을 할 수 있지만, 관념적 좌편향은 고질병이라고.

2013년에는 이른바 이석기 의원 내란 음모 사건으로 진보당이 또 다시 홍역을 치르고 있는데, 이후 사태가 어떻게 전개할 것으로 보십니까?

・ 국정원이 조직 위기관리를 위해 터트린 건데, 잘 헤쳐 나가면 전화위복의 가능성이 생기지 않을까 싶소. 작년 비례대표 파동으로 홍역을 앓으면서 진보당에 면역이 생겼기 때문에 아마도 잘 견딜 거요. 내가 1955년 반란수괴 주범이요. 구국청년동지회 사건이 터졌을 때, 군법회의 전력이 있어서 군법회의 재판을 받았는데, 나 혼자 징역 3년 살고, 나머지 6~7명의 동지는 다 선고유예로 나왔어. 주심판사가 김홍섭이라는 판사였는데, 판결문 요지가 뭐냐 하면, 젊은이들의 토론과 대화 이런 것이 위법성이 전혀 없다고 할 수는 없으나, 민주주의의 긴 미래를 놓고 봤을 때 젊은이들의 이런 토론이 해롭지 않고, 국가가 위태로울 일도 없으니, 학생은 학교로 직장인은 직장으로 돌아가라고 선고유예를 내렸지. 참 멋있는 판사 아니요. 국정원이 구상한 대로 진보당이

해산되는 일은 없을 테고. 법원은 뭐 허수아빈가!

2001년 3대헌장탑 개막 사건은 무죄:
탄압을 자초하지도, 두려워하지도 말아야

2001년 8월 평양에서 열린 민족통일대축전 행사에 참석했던 남측 인사 중 7명과 함께 국가보안법 위반으로 기소됐는데, 사건 내용이 뭐였나요?

• 2001년 남쪽에서 수백 명이 평양에서 열린 민족통일대축전 행사에 참석했는데, 나는 민주주의민족통일전국연합 공동의장 자격으로 북에 갔어. 그때 3대헌장탑 개막식에 참석하느냐 마느냐가 논란거리였고, 내가 동포애의 관점에서 남측 대표 10여 명과 함께 개막식에 참석하자고 목청을 높였는데, 그게 국가보안법 위반 혐의라는 거였어. 3대헌장탑이란 김 주석 유훈인 '조국통일 3대 헌장'과 그 강령을 새긴 탑을 말해요.

무려 8년 만에 무죄 선고를 받았습니다. 1심 재판만 장장 8년을 끌어온 재판이었는데, 국가보안법 재판에서 무죄 판결받기가 쉽지 않죠. 판사를 잘 만난 건가요?

• 나는 법정에서 판사에게 "같은 동포 4만여 명이 점심도 거르고 기다리니, 개막식에 가자고 호소했고, 이는 인류의 호소다, 그것을 고

무찬양이라 하는 것은 과장된 것이다, 대한민국을 위태롭게 하려는 행사가 아니었다, 이것은 사법폭력이니 재판 안 받겠다"는 요지의 발언을 했어. 그 뒤로 여러 차례 재판을 거부하다가, 2009년 소환 통지가 와 재판정에 갔지. 그런데 무죄를 선고하는 거 아니겠소. 아무리 판사가 법률과 양심에 따라 판결한다지만 무죄를 선고한 문성관 판사가 보수단체 눈치 보느라 고민이 많았을 거요. 그래서 내가 고맙다고, 고맙다고 세 번을 말했지. 나중에 보니 문 판사가 MBC PD수첩 광우병 보도에 대해서도 무죄 판결했더라고. 용기 있는 판사라는 생각이 들어.

미국 수정헌법 1조로 변론해서 효과를 보셨다고요?

· 법정에서 내가 검사에게 이렇게 말했수다. 잘 들어봐요. 나는 미군이 이 땅을 떠나야 한다는 점에서 반미주의자가 맞다. 그런데 내가 '아! 아메리카 합중국의 사회 통합의 힘이 여기에 있구나' 하고 감탄을 한 게 사상양심의 자유, 인권과 남녀평등, 언론의 자유 등에 관한 미국 수정헌법 1조 및 그와 관련된 판례들이었다. 미국 정부가 미국 공산당을 탄압할 당시 재판부의 입장이란 "노동자들에게 폭력혁명을 교육하고 선동을 했다 해도 그 폭력이 10년 후가 될지 100년 후가 될지 알 수 없는 데, 미래의 폭력을 예방하겠다며 지금 처벌하는 것은 우리 헌법에 합치하지 않는다"는 것이었고, 또 "우리는 공산주의를 혐오할망정 공산주의자의 사상·양심의 자유를 보장해야 한다"는 것이었다고 했어. 반미주의자인 나는 오히려 워싱턴이나 제퍼슨의 법정신을 높이 평가하고, 당신들은 미국의 민주주의만이 정당하다고 교육받았는데 왜 미국의 사법정신을 배우려 하지 않느냐. 당신들 한국에서 법률 공부 어떻게

했냐?' 그랬어. 그랬더니 나중에는 검사 둘이 퇴장까지 하지 뭐요. 법정공방 끝에 무죄판결이 나왔지. 그때 헛웃음 치며 '미국 판례 팔아먹었더니 효과가 크구나!' 하고 생각했어.

반미 주장은 바로 친북으로 몰고 가지 않나요?

판사가 미군 철수 관련된 질문을 하기에 내가 판사에게 그랬다우. 민주주의와 통일을 원하는 나로서는 미국을 제국주의, 우리는 신식민지라고 할 수밖에 없소. 내 말의 진실이 의심스럽거든 집에 가서 사회과학사전 들춰보고, 식민지가 뭘 식민지라 하고, 신식민지를 무어라 설명했는지, 그에 따르면 오늘 우리 사회가 신식민지인지 아닌지 살펴보라 했지. 미국은 우리를 식민지로 생각하는데, 우리는 혈맹이요, 우방이요, 하고 있으니, 참 웃기는 일 아니요.

양심의 자유를 억누르는 국가보안법에 어떻게 맞서야 할까요? 모두가 선생님처럼 여러 차례 감옥 갈 각오로 싸울 수도 없는 일이고요.

20세기에 함께 운동하던 젊은 운동가들이 21세기 들어 대부분 현장을 떠났어요. 통일운동 단체를 이적단체로 규정하고, 시도 때도 없이 잡아가서 실형 선고하고, 감옥 보내니까, 탄압에 대한 부담 때문에 아무래도 위축이 됐을 거요. 그건 일제 시절부터 이어 온 운동가의 어찌할 수 없는 숙명으로 받아들여야 해요. 아무리 어렵다 하더라도 대중의 요구가 있다면, 할 소리 하면서 조직 확대해나가고, 법정에서 투쟁해야 자기발전의 합법성이 나오는 것이지, 미리 움츠리면 될 일이 뭐가 있겠소. 국가보안법의 탄압이 있더라도 용기를 잃지 말고, 투쟁으로 넘어서는 게 운동의 합법칙성에 맞는 거요.

북이 남쪽 통일운동가들이 받아들기 어려운 노선을 제시한다는 문제 제기도 있는 것 같습니다.

　·　내가 볼 땐 그런 경우가 거의 없어요. 남측의 어려운 입장 고려해서 민족대단결 할 수 있는 최소한의 실천, 예를 들면 범민족대회 하면서 공동선언하자는 거 정도인데, 그걸 못 받을 게 뭐 있어. 남측에서 사회주의나 공산주의 운동 하자는 것도 아니고, 민족 대단합을 꾀하자는 건데, 이건 좌편향도 아니고 우편향도 아닌 거야. 북과 화합하는 통일운동 하자는 것을 운동수위가 높다, 과격하다고 핑계 대면서 회피하는 것이야말로 편향 아니겠소. 결국은 탄압이 두려운 것이지. 까닭 없이 탄압을 자초할 이유도 없지만, 그렇다고 해서 탄압을 받지 않는 운동만 하자면 그게 분단운동일 수는 있을지언정 진정한 통일운동, 자주단결의 운동일 수 있겠소?

칠순을 넘긴 이규재 범민련 의장도 3년 6개월 실형을 선고받고 광주교도소에 수감 중이고, 최근에도 여러 명의 범민련 간부와 활동가를 구속했습니다. 이젠 활동가 구하기도 어렵겠네요.

　·　뭐 뾰족한 수가 있겠소? 민족대단결 원칙 아래 통일하자는 것이 정당하니까, 운동가들이 학습하고 철학사상으로 단결하는 수밖에 없어. 1~2천 명이 감옥 갈 각오로 탄압에 맞서면 국가보안법을 무력화시킬 수 있을 거요. 그런데 정권의 탄압이 교묘해서, 밭에서 무 뽑듯이

20세기에 함께 운동하던 젊은 운동가들이
21세기 들어 대부분 현장을 떠났어요.
통일운동 단체를 이적단체로 규정하고,
시도 때도 없이 잡아가서 실형 선고하고,
감옥 보내니까, 탄압에 대한 부담 때문에
아무래도 위축이 됐을 거요.
그건 일제 시절부터 이어 온 운동가의
어찌할 수 없는 숙명으로 받아들여야 해요.
아무리 어렵다 하더라도 대중의 요구가 있다면,
할 소리 하면서 조직 확대해나가고, 법정에서
투쟁해야 자기발전의 합법성이 나오는 것이지,
미리 움츠리면 될 일이 뭐가 있겠소.

국가보안법의 탄압이 있더라도
용기를 잃지 말고 투쟁으로 넘어서는 게
운동의 합법칙성에 맞는 거요.

쏙쏙 핵심만 잡아 가두지, 수백 명을 잡아 가지는 않아.

감옥 일이아 해, 널령 같이 주적이라 해도
기퍼지기 맥 살맥승이활소

범민련(조국통일범민족연합) 남측본부는 최근에도 노수희 부의장 등 여러 명이 구속되는 등 국가보안법의 집중적인 표적이 되고 있습니다. 지난 1997년 이적단체 판결을 받은 영향이 큰 것 같은데요.

이적이라는 것은 북을 적이라 보고, 북을 이롭게 하는 것 아니겠어? 근데 박정희 7·4 선언, 노태우 남북기본합의서, 김대중 6·15선언, 노무현 10·4 합의를 봐요. 이미 대통령들이 이적행위를 해왔단 말이요. 정부가 하면 가만히 있는 사법부가 사회운동 진영이 할 때마다 법의 잣대를 들이미는 것은 옳지 않아. 지금 범민련 의장, 부의장, 사무처장을 감옥에 가두며, 범민련에 대한 전면적인 탄압을 가하고 있잖아. 그러나 범민련이 탄압을 받는다고 해서 해산되진 않아. 사회주의 운동을 하다 탄압을 받으면 사회민주주의나 민주사회주의로 바꿀 수 있지만, 민족은 바꿀 수 없잖아. 탄압을 받아도 범민련이고, 탄압을 받지 않아도 범민련이지.

북과 같이 운동하면 과도한 탄압을 받으니까 통일운동을 꺼리는 경향도

있지 않나요?

　어느 자리에서 운동의 원로라는 분이 "해방 후 우리가 경험한 사례에서 볼 때 어떤 사업, 어떤 운동이든 북한과 같이 하면 탄압이나 자초할 뿐이지 아무런 성과도 실익도 기대할 수 없다"고 말하는 걸 들은 적이 있는데, 이는 자주 민주 통일의 민족적 대의가 대중적으로 확인된 역사를 애써 무시하는 발언이요. 남쪽의 진보인사라는 이들도 북에 대한 이해가 얕은 경우가 많아요. 북을 제대로 알아야 통일운동을 하는데 안타까워요. 분단이 우리 민족의 자의가 아니었기에 조국분단은 백 년이 되거나 천 년이 되거나 원인무효인 거고. 설령 남쪽 국방부의 주장대로 북이 주적이라 해도 알아야 하는 거요. 손자병법에 지피지기 백전백승이라는 말이 있잖소.

북에 대해 특히 어떤 부분을 정확히 알아야 한다는 것인지요?

　우리가 지상과제로 여기는 조국 통일의 주체는 남과 북일 수밖에 없어요. 조국통일의 또 다른 주체인 북을 모르고야 어찌 통일운동을 할 수 있겠소. 여기서 나서는 문제가 북의 무엇을 어떻게 이해해야 하는 건데, 무엇보다 북의 철학과 수령관, 혁명의 계승을 제대로 알아야 한다고 봐요. 그러지 않고는 장님 코끼리 만지기가 되는 거요.

주체사상이나 수령관은 종종 들어봤는데, 혁명의 계승은 무엇을 말하는 거죠? 3대 세습을 말하나요?

　남쪽 언론에서는 세습이라고 하지만, 북에서는 혁명의 계승이 되는 것이요. 한 번 생각해 보시오. 일제 강점기 길거리 자갯돌만큼이나 천했던 망국노가, 노동자·농민이 반제반봉건민주혁명 과정에서 그의 지위가 윗자리든 아랫자리든 국정의 주인으로 참여하고, 열정을 바쳐 헌신하고, 공로자가 됐단 말이지. 그리고 그의 아들과 손자가 당 간부가 되고, 장군이 되었을 때, 길거리 자갯돌 같았던 늙은 할아버지가 또는 아버지가 대를 이어 충성하는 것이 우리 혁명의 의리이며 영광이라고 유언을 할 수 있다면, 이렇게 철석같은 단결에 기초한 혁명의 계승을 어찌 쉽게 볼 수가 있겠어.

동구와 소련의 사회주의가 무너진 근본 이유 중의 하나가 혁명의 계승을 제대로 못했기 때문이 아닐까. 어떤 단계에서 혁명이 게으르게 낮잠을 즐기다 보면, 구시대의 낡은 감정, 부패한 정서가 살아나요. 다시 말해 권력의 부패와 권위주의, 관료주의, 개인주의, 이기주의, 자유주의는 기회만 있으면 그 집요한 생명력을 키우는 것이지. 원예가가 일정한 습도와 온도를 보장하기만 하면, 나오라는 작물의 씨앗보다 무성한 잡초가 상판을 먼저 지배하게 돼. 그래서 혁명은 제도를 바꾸고 권력의 주인이 바뀌는 것으로 끝나는 게 아니라, 당의 영도와 민중의 단결된 힘으로 반혁명적 잡초를 방지하고 거세할 수 있어야 하는 거요.

미국의 대북적대정책 졸졸 따라다니면
필연적으로 반목하게 돼

2013년 봄에는 북미 간에 전쟁 일보 직전까지 가는 분위기였습니다. 북이 미국에 대해 미사일 발사 위협을 하고, 정전협정 폐기 선언을 한 것에 대해서 어떻게 생각하시나요?

　• 　북에 대하여 핵전쟁연습으로 위협을 하는 것은 합법이고, 북이 핵실험을 하는 것은 불법이라 해요. 근데 이거 누가 만든 법입니까? 솔직히 말해, 평화는 소중하지만, 나라의 자주권은 평화보다 소중하다고 뻗대는 북의 용기와 뱃심이 얼마나 대단합니까! 식량자급도 못하는 작은 나라가 강성대국 선언했다고 허풍떤다고 비판하기도 하지만, 세계를 쥐락펴락하는 미국의 코를 꿰서 끌고 다니는 것 보면 놀랍지 않소?

그런데 북미 대화는 도무지 앞날을 예측하기 힘듭니다. 북은 예전 같은 시간끌기식의 협상은 하지 않겠다고 선언했고요.

　• 　김계관, 강석주가 엮어낸 대미외교의 역사, 이거는 내가 보기에 세계적으로 그 유례를 찾기 힘들어요. 내가 감옥 살 적에 나폴레옹 전쟁 후(1814년) 빈 회의부터 국제 외교에 관해 읽어봤는데, 북이 엮어낸 이런 외교 역사가 없어.

　미국은 북과의 정치 · 군사적 대결에서 한 번도 이긴 적이 없어. 푸에블로호 나포 사건과 EC21 정찰기 격추 사건에서도 그랬고, 2005년 6자회담의 9 · 19 공동성명, 이를 실현하기 위한 2 · 13 합의도 그렇고, 미국이 이런 합의를 왜 했나 후회할 거요. 그런데 그런 합의를 하지 않을 수 없을 정도로 몰려버려. 하자니 이전의 경험이 참담하고, 안 하자니 자기 논리가 그렇게 궁할 수가 없고, 근데 요새 북미 간의 분위기를 보니까 대화를 할 것 같긴 합디다. 그런데 미국은 과거와는 다르게 핵으로 무장한 북과 수평적 상호관계로 마주 앉아야 할 것 같소.

흔히 우리 사회가 친북, 종북은 불온시하면서 친미, 종미에는 너그러운 경향이 있고, 친미할 자유는 있어도 반미할 자유는 없다고 합니다. 반미 입장에 서는 게 힘들지 않나요?

· 친미 있잖소. 이게 이데올로기 논쟁이 아니고 근본적으로 미국의 대북 적대 정책을 졸졸 따라다니면서 사대 친미를 하면 필연적으로 반북하게 되는 것이고, 민족화해 입장과 통일을 지향하면 어쩔 수 없이 친북이 되는 거요. 운동가는 이를 대중적으로 극복해야 하는데, 대중이란 게 혁명적 대중만 있는 게 아니고, 그야말로 천층만층 아니겠소. 국민의 눈높이가 중요하다 해도, 대중의 눈높이 어디쯤 맞춰야 할지는 운동가의 책임감 있는 판단이 필요할 거요. 위의 대중도 동의하고 아래서도 동의할 수 있도록 지도자와 운동가들이 제대로 된 판단을 해야 한단 말이오. 올해로 미군 주둔 68년 되잖소. 그런데 아직도 반미할 자유가 없다는 게 우습지 않소? 대중의 눈높이 운운하면서 피난처를 찾지 말고, 우선은 반미할 자유를 쟁취하는 게 운동가인 게요.

스스로 진보적이라 여기는 지식인이나 운동가들도 반미에는 거부감 갖는 경우가 많지 않나 싶습니다.

· 먼저 분명히 해 둘 것은 우리 사회는 진보와 보수의 대립이 아닌 민족과 반민족 세력의 대결이 주 전선을 이루고 있다는 거요. 4·19 이후의 혁신과 보수노선도 서구적 개념으로 이해하기보다는 민족과 반민족의 구도로 봐야 정확히 볼 수 있고. 우리 사회에 무슨 보수가 있겠

어. 친일 친미 사대주의 세력들, 반민족 반통일 세력이 있을 뿐이지. 이런 사회에서 반제 운동을 하지 않는 진보주의자는 맹물 진보라 할 수 있는 거요.

어느 서구의 진보적인 학자가 한 말 중에 내가 인상 깊게 기억하는 것이 있어. 미국은 아주 적은 비용으로 적절한 재야인사, 인권운동가, 민주인사를 키워낸다는 거요. 이들이 계급혁명이나 반미를 주장하지 않으면 사회적 신분 상승을 도와준다고 해. 그리고 식민지 대리 권력이 전 민중의 저항에 직면하면, 적절한 시기에 적절한 방법으로 사람을 바꾸거나 정권을 바꿈으로 해서 더욱 안전한 주종의 질서를 유지하려 한다는 것이지. 되새겨볼 말이 아닌가 싶소.

지도자가 대중을 한 발짝이라도 제대로 끌어올리려면

2000년에 펴낸 《고백》에서 "우리 자주 · 민주 · 통일 운동을 되돌아보며 좌편향이요, 우편향이요, 종파주의요, 권위주의요, 하면서 원색적 용어를 거리낌 없이 구사했다. 그러나 그것이 특정 단체나 특정인을 의식하기보다는 운동 전체에 대한 애정 때문에 어차피 문제를 제기할 바에는 분명하게 제기할 수밖에 없다는 책임에서다"라는 말씀을 하셨는데, 운동의 지도 역할을 하는 분들에게 하실 말씀이 많은 것 같습니다.

　·　빨치산은 빨치산 법이 있고, 합법적으로 운동할 때는 그 나름

친미 있잖소.

이게 이데올로기 논쟁이 아니고 근본적으로

미국의 대북 적대 정책을 졸졸 따라다니면서

올해로 미군 주둔 68년 되잖소.

그런데 아직도 반미할 자유가 없다는 게 우습지 않소?

대중의 눈높이 운운하면서 피난처를 찾지 말고,

우선은 반미할 자유를 쟁취하는 게 운동가인 게요.

의 법이 있는 거요. 그냥 주먹구구식으로 하면 안 되는데, 지도역할 맡는 이들 중에 주먹구구로 운동하는 경우가 종종 있어요. 변혁 운동에는 이론과 철학이 있고, 전략전술로 운영되고, 전략전술은 실천으로 평가되는 것인데, 운동 상층부 사람들이 그때그때 발등의 불 끄듯이, 사건이 터지면 성명서, 기자회견 하는 데 급급해 하면 안 되지.

신문 쪼가리 정보나 단편적인 지식을 가지고 행세하려 하니까, 제대로 된 단결을 만들어내지 못하는 거요. 사상 양심 자유가 있어서 자유롭게 토론할 수 있고, 그 과정을 거쳐서 사상체계가 바로 선다면, 운동의 지도부도 바로 설 수 있을 텐데 말이오.

예나 지금이나 운동의 구심을 세우는 게 어려운 일이죠?

국가보안법 때문에 깊이 있는 사상 철학을 지닌 참사람, 지도자가 탄생하기 어려운 시대임이 분명해요. 그리고 또 하나 공안 기관이 민족민주 진영의 약점을 너무나 잘 알고 있기에 지도 구심을 세우는 게 쉽지 않아. 권력층은 이제 진보진영을 운전수가 직진이나 좌회전, 우회전을 맘대로 할 수 있듯이 운동권 노선을 맘대로 조정할 수 있다고 봐요. 필요하면 쪼개 놓았다가, 집권 전략에 유리하면 다시 붙여 놓고. 심지어 북을 같은 민족으로 인식하는 친북좌파와 적대적으로 인식하는 반북좌파를 마음대로 갈라놓고 대립하게 하는 작전을 짜기도 해.

민족민주운동의 새로운 지도구심을 세우는 일이 시급한 과제인 것 같습니다.

한창 이름을 날리다 정치권에 입문한 재야의 명망가들도 장기판에서 당장 잡아먹고, 살아남는 것에만 집착하는 재주만 있지, 좀 더 심오한 미래를 생각할 줄 몰라. 말하자면 대중을 한 발짝 끌어올리더라도 열 발짝 밖의 미래를 과학적으로 전망할 줄 아는 지도자에 의해, 한 발짝도 바르게 끌어올려지는 것인데 말이야. 미래에 대한 전망이 없는 사람들이 아무나 대중을 한 발짝이라도 제대로 끌어올리는 게 아니야. 방향에 대한 비전을 갖고 있어야지.

과거의 화려했던 명망가들이 질서 있게 자기 성장해야 하는데 배겨날 수 없으니까 탈락한 거요. 헌데 내가 볼 때는 한반도에 어쩔 수 없이 변화가 와요. 그 변화를 받쳐줄 수 있는 주체가 있어야 하는데, 안타깝지. 정세를 볼 때는 격변기인데.

오바마가 뭐라 하든 북은 핵보유국의 지위를 쟁취한 거고, 핵보유국은 누가 뭐라 해도 핵비보유국과는 대우가 다른 거요. 미국하고 북이 정치·군사적 비대칭의 벽이 무너졌다 이 말이야. 그럼 어쩔 수 없이 평화는 오게 되어 있고, 통일은 오게 되어 있지.

인간에 대한 존엄, 혁명 추구하려면
이기주의와 개인주의 훌훌 털어버려야

해방된 지, 분단된 지 68년이 지났습니다. 이러다 민족이 갈라선 채 백년 세월이 흐르는 거 아니냐는 우려도 있습니다. 1945년, 또는 1955년에는 상상도 못한 일이었겠죠? 분단이 이리 오래가리라고는.

∙ 참으로 죄스런 일이오. 나에게 있어 조국통일은 신앙이고, 양심 있는 이들의 지상과제가 평화통일이오. 어떤 정권이든 평화통일 가능성을 봉쇄하지 말아야 해. 그런 의무가 있고, 책임이 있어. 만약에 그 길을 100% 봉쇄한다면, 그때 가서는 평화가 아닌 다른 방법으로 통일을 모색해야 하는데, 결국 폭력을 확대 재생산해서는 폭력적 방법밖에 남지 않게 되는 것 아니겠소? 있을 수 없는 일이지.

안타깝게도 6·15, 10·4 정신도 흐려지고 있는 게 현실입니다.

∙ 현재로선 남북이 합의한 연방제가 가장 합리적인 방법일 텐데, 친미수구세력이 이를 거부하고 있지 않소. 그런데 말이오, 이들이 흡수통일의 미련을 버리지 못한다면 뜻하지 않은 방식으로 통일이 진행될 수도 있음을 알아야 해요. 동독이 서독을 흡수하듯, 사회주의 체제가 자본을 흡수하는 방식도 발생할 수 있음을 유념해야 하는 거요. 남북의 정상들이 합의한 6·15, 10·4 정신을 남한의 정치세력들 모두가 지켜야 하는 이유가 바로 여기에 있기도 하지. 남이 북을 흡수하든, 북이 남을 흡수하든 그런 일방에 의해 주도되는 통일은 생각하고 싶지도 않아. 2014년에는 구체적인 상이 잡히지 않을까 싶소.

박근혜 정부 시기의 남북관계는 어떻게 예상하십니까?

∙ 객관적 과학적 원인과 결과의 귀결로 따져보면, 한반도 문제는 대화로 풀릴 거라는 결론은 나와 있어. 문제는 그렇게 결론이 나와 있다 하더라도 이 역시 사람의 역동성이 만들어 나가는 거지, 자연사적

결과만 놓고 얘기하는 것은 옳지 않아요. 감나무 밑에서 입을 벌리면 언젠가 떨어질 날이 와. 그러나 사회역사적 현상에서는 아무리 감이 떨어진다고 해도 인위적 역할과 작용이 없으면 떨어지질 않아. 그게 자연 세계와 인간 세계의 차이요.

새로운 정세를 능동적으로 맞이할 진보 역량의 문제겠네요.

지금 이 땅의 진보 역량이 회생이 불가능할 정도로 철저히 몰락했다고 보지 않아. 지금도 진보를 열망하는 대중은 있는데, 대중이 명실상부하게 운동적으로 정치적으로 단결할 수 있는 대중으로 변화하려면 어떤 계기가 있어야 하는 거요.

어쨌든 북미 관계가 평화적으로 발전하고 남북의 적대관계과 해소되면서 사상 양심의 자유 넘쳐나면, 지금까지 굴욕과 수모를 당한 문화 예술인들이 의미 있는 창작을 할 것이오. 구시대를 조롱하고 낡은 시대 혐오하는 영화가 나오고, 허망한 종교가 약자의 권익을 보호하는 종교로 탈바꿈하고, 이 같은 사회 전체의 커다란 변화의 흐름 속에서, 정치 세력의 변화와 파워의 강약이 규정되는 것이지, 전체 시대가 갖는 역동성과 관계를 뚝 떼어 놓고 진보운동만 얘기하기는 어려운 일이오.

십 대 시절부터 민족의 문제로 저항하다가 감옥 가고, 하고 싶은 걸 맘대로 못하고, 통일 운동했지만 통일도 안 되고, 때로는 낙심했을 것 같은데요. 그런 상황을 버티면서 선생님이 칠전팔기로 살아온 힘은 어디에서 나온 것일까요?

큰 나, 대아, 집단주의 양심과 도덕, 집단적인 나, 이런 것 속에서 힘이 나온다고 봐요. 왜 잘 쓰는 말로 '하나는 전체를 위하여, 전체는 하나를 위하여'라는 말도 있지 않소. 바로 그 내가 전체고, 전체가 나라는 철학, 집단주의 양심, 이 속에 답이 있단 말이지. 그게 아니면, 어떤 문제도 우리의 큰 희망에 접근하지 못 한다 그 말이요.

젊은 사람들이 나름의 꿈을 이루려고 도서관에 앉아서 7급, 9급 공무원 시험공부 한다고 꿈이 이루어질까? 어림도 없는 일이요. 우리 현실에서 큰 나는 민족, 노동계급이라 해도 좋고, 그렇게 해서 집단적 성취를 이루고 꿈에 접근해야지, 다른 방법이 없어요.

한평생 통일운동, 변혁운동에 참여하면서 얻은 교훈이 있다면 무엇인가요?

혁명이란 말이요, 반제반봉건 민주주의혁명, 사회주의 낮은 단계, 높은 단계, 이러면서 세상의 혁명을 계단식으로 인식하기보다는 낮은 수준의 인간 존엄을 높은 수준의 인간 존엄으로, 더욱 높은 수준의 인간 존엄으로 올리는 것이라고 이해해요. 이게 집단적 의지, 투쟁으로 더 높은 존엄을 이뤄내는 것이지, 이게 혁명이야.

내가 생각하는 혁명의 궁극적 모델이란 것은 인간에 대한 존엄이지. 그 존엄을 개인주의, 이기주의에서 추구한다는 것은 공허한 것이야. 이기주의나 개인주의를 홀홀 털어버려야 해. 사실 자본주의에 살면 살수록 이기주의나 개인주의에 물들기 때문에 말처럼 쉬운 것은 아니라고 봐요. 문제는 이 '큰 나'라 할 때, 인간의 존엄이란 거 있잖소. 서로 행복하자는 얘기는 서로의 존엄을 높이자는 얘기인데, 이건 집단이 아니고서는 안 된단 말이요.

분단 시대를 살아가는 청년들에게 한 말씀 해 주시겠습니까?

역사를 연구하는 이들에게는 골동품이란 것도 중요한 모양인데, 어찌 보면 이제 나 같은 사람들은 역사의 골동품이 아닐까 싶소. 청자나 백자가 될 수도 있고, 농가에서 나온 귀 떨어진 사발이나 맷돌일 수도 있을 텐데, 하여간 한 시절의 증언자로서 이런저런 이야길 했는데, 몇 명이나 귀담아 들을지 모르겠어.

현실을 똑바로 보면, 전민족의 운명이 천길 벼랑 위에 서 있어요. 문제의 핵심은 오늘의 남북관계가 적대적 대결이냐, 화해와 평화통일의 관계냐, 하는 것이야. 민족의 화해와 평화의 원칙이 대결과 전쟁의 원칙을 압도할 수 있어야 해.

전쟁과 평화, 통일과 대결은 결코 강 건너 불구경이 아닌 우리의 발등에 떨어진 불이야. 적어도 사회적 약자의 이해가 곧 나의 이해요, 민족의 운명이 나의 운명이라는 이 같은 단순한 진실에 눈떠야 해.

이제 이 땅의 젊은이들이 숭고한 집단주의 도덕을 자각해야 하며, 스스로 설 자리를 판단해야 해요. 촛불광장에 촛불 하나를 밝히는 데서부터 시작해서 따뜻한 사람끼리 내가 아니라 우리를, 정권이 아니라 민족을 토론해야 해.

머리는 희어도 오직 한마음
지금이라도 조국통일

이천재 선생을 처음 만난 것은 1991년 8월호《말》지 취재를 위해
방문한 민족자주평화통일중앙회의(민자통) 사무실에서다. 종로3가 종묘
근처에 있던 민자통 사무실에는 예서체 한자로 '白首丹心只在統一'이
라고 쓴 표구 한 점이 걸려 있었다. 백수단심지재통일, 머리는 희어도
오직 한마음은 지금이라도 조국통일이 되어야 한다.

실제로 해방 직후 젊은 시절부터 통일운동을 해왔던 민자통 회원
들은 머리가 백발이 되도록 일편단심으로 통일운동을 해왔다. 당시 민
자통 고문으로 있던 신창균, 의장이었던 이현수 같은 분들은 그리도 소
원하던 조국통일을 보지 못하고 눈을 감았다.

1991년 취재 당시 60세로, 민자통에서 간사장직을 맡았던 이천재
선생의 나이도 벌써 팔순을 넘어섰다. 1991년 1월 4일 대전교도소에서
생애 여섯 번째의 징역을 살고 만기(1년 6개월) 출소했던 이천재 선생은
1995년, 1997년에도 범민련 사건으로 감옥살이를 했다.

젊은 사람도 한두 번 투옥되면 운동을 멀리하거나 감옥 갈 일은 피
해서 살살 하는 게 인지상정인데, 괴물 같은 국가보안법과 정면 대결하

는 힘이 어디서 나오는 건지 놀라울 따름이다.

22년 만에 "《말》지 기자로 일하던 최진섭인데…"하며 전화 연락을 하자, 이천재 범민련 고문은 반갑게 응대해 주었다. 아마도 '최진섭'이 아닌 '《말》지 기자'를 기억했으리라. 수원 권선동에 있는 이천재 고문의 집을 방문해서 먼저 책꽂이에 꽂힌 책부터 둘러보았다. 월간 《말》 수십 권도 눈에 띄었다.

"1997년 6월호, 여기에 선생님이 쓰신 6월 항쟁 수기 당선작이 실렸죠?"

"그럴 거요."

"어, 근데 딱 그 원고만 칼로 오려갔네요. 선생님이 오리셨나요? 명동 할아버지 이야기였던 것 같은데."

"기억이 안 나네. 내가 지금까지 쓴 글 중에 제일 많이 후회하는 글이요. 직접 쓰긴 했는데, 활자화된 뒤 후회했어. 당시의 기록적 사실성보다도 6·10항쟁의 정치적 성격이나 운동주체의 계급적 성격을 생각하고, 학생의 성향이나 학생운동의 한계를 깊이 사색해야 하는데, 그런 점 간과한 채 사실 중심으로 썼어. 글이라는 게 비정해서 활자화되고 나면, 꼼짝달싹 못하는 게 되더라고."

"선생님이 쓰신 책 《희망》(1992)과 《고백》(2000)을 흥미진진하게 읽었습니다. 소설을 쓰셨어도 뛰어난 작품을 남기셨을 것 같던데요. 요즘도 글 많이 쓰시나요?"

"그런데 말이요, 글 써달라 해서 보내주면 안 실어주기도 해. 연설 초안 보내달라고 해서 보내주면 수위를 조절해달라 하고. 아직 말할 자유, 글 쓸 자유도 없는 세상이야. 진보단체도 보안법 눈치 보느라 자기

검열이 심하고."

"어떤 얘기가 검열에 걸리는 거죠?"

"하여튼 내 얘기 들어보고 쓰든지 말든지 그건 맘대로 해요."

이천재 범민련 고문과의 인터뷰는 수원 자택, 영등포 범민련 사무실, 서울 시청 앞 광장 촛불집회 현장에서 각각 한 차례씩 했다.

하나님께서 내게 이렇게 말씀하신다.
억눌린자들에게 복음을 전하여라.
찢긴 마음을 싸매주고
포로들에게 해방을 알려라!
옥에 갇힌 자들에게 자유를 선포하고
슬퍼하는 모든 사람을 위로하여라!
(이사야 61:1~3)

2013. 11. 23

박은기

반공기독교가
옳으냐,
나의 민족신학이
옳으냐?

—

신학자 **박순경**

신학자 박순경 – 민족신학과 제3의 길

1923년 경기도 여주에서 출생 / 1948년 서울 감리교신학교 졸업 / 1951년 서울대 문리대 철학
과(B. A.) / 1958년 미국 에모리대 신학(B. D.) / 1958~59년 미국 뉴욕 유니온 신학교에서 실
시한 세계 교회 지도자 에큐메니컬 연구 프로그램 회원 / 1966년 미국 드류(Drew)대 대학원
조직신학(Ph. D.) / 1974~76년 스위스 바젤 대학, 독일 튀빙엔 대학, 베를린 자유대학 역사철
학 연구교수 / 1966~88년 이대 기독교학과 조직신학, 역사신학 교수 역임 / 1988~91년 대전
목원대학 대학원 초빙교수 역임 / 1980~82년 한국여신학자협의회 초대회장 역임 /
1986~90년 한국여성신학회 초대회장 역임 / 1989년 전민련 조국통일위원회 위원. 범민족대
회 남북 실무회담 10인 대표 중 학계 대표 / 1991년 기독자 도쿄회의에서 〈기독교와 민족통일
의 전망〉 주제 강연 중 주체사상 언급을 빌미로 1991년 8월 12일 구속, 집행유예로 석방 /
1994~2000년 자주평화통일 공동상임의장 / 2004~2010년 6·15공동선언실천 통일연대 명
예대표 / 2004년~현재 6·15 남북공동선언 실천 남측위원회 상임고문 / 2012년~현재 한국진
보연대 상임고문 / 2012년~ 민주노동당 고문을 거쳐 현재 통합진보당 고문 / 2009년 6월 23
일 늦봄통일상 수상 / 저서 《한국 민족과 여성신학의 과제》(1983), 《민족통일과 기독교》(1986),
《통일신학의 고통과 승리》(1992), 《교회교의학 1》(2003), 《삼위일체 하나님과 시간》(2014 발간
예정)

반공 기독교에 대한 문제의식을
언제부터 느낀 거죠?

통일신학의 뿌리는 항일민족운동과
민족 분단의 역사에서 찾아야 해.
해방 직후 나는 나의 존재 깊은 곳에서
들려오는 말을 들었는데, 그것은
'그리스도교와 공산주의는 만나야 한다.
그것은 역사의 필연이다!' 라는 외침이었어.
1946년 감리교신학대에 입학했을 때
몽양 여운형 선생이 주도하던
인민공화국을 지지한다고 했다가
'빨갱이 마귀가 거룩한 하나님 동산에 들어왔다' 는
비판을 받고 쫓겨날 처지에 놓이기도 했어.
윤성범 교수와 몇몇 학생의 변호로
축출되는 일은 모면했는데, 그때 처음으로
한국 교회의 반공이라는 벽에 부딪혔어.
그 뒤로 '한국 교회가 옳으냐, 내가 옳으냐?'
하는 물음을 끌어안고 신학을 해온 것이지.

1991년 서울구치소 면회실에서 처음 만났는데, 벌써 22년이 흘렀네요. 그때 박 교수님이 68세였고, 함께 면회 갔던 김애영 교수님(한신대)이 39세였는데, 더하기 22를 하면 올해 구순입니다. 인생이 일장춘몽 같다는 생각이 들지는 않나요?

　　•　　인생을 꿈에 비유하면 안 돼요. 글 쓰는 사람들이 멋을 부리느라고 그리 말한 것뿐이야. 분단 상황에 대한 비극을 모르기 때문에 일장춘몽이라 말하는데, 그렇게 안이하게 세상을 바라보면 안 돼요. 우리 근현대사를 봐요. 목숨 걸고 투쟁하는 삶이 있는데, 인생을 어찌 한가하게 꿈에 비유할 수가 있겠어. 말도 안 되는 소리야. 인간의 욕심이 허망하다는 것을 알려주는 정도의 의미는 있겠지만.

1991년 국가보안법 위반 혐의로 재판받은 경험담을 적은 《통일신학의 고통과 승리》에 구치소에서 지낼 때 검사 꿈을 세 번이나 꿨다는 구절이 나와서 여쭤본 건데, 처음부터 혼쭐이 나네요.

　　•　　내가 구치소에서 꾼 꿈들은 현실에서 벗어난 꿈이 아니라 현실과 긴밀하게 연결된 것이지. 구치소 독방에서 보석 석방 소식을 헛되게 무척 기다렸다고요. 어느 날 꿈에 검사한테 쭈글쭈글한 빛바랜 사과 한 알을 받았는데, 보석에 대한 희망이 거의 사라졌을 때였지. 그 뒤에 나는 감방에서 검사 꿈을 두 번이나 더 꾸었는데, 한 번은 검사가 발가벗

은 갓난아기로 나타났고, 또 한 번은 아름다운 미소를 머금은 청년으로 나타났어.

갓난아기와 아름다운 청년이 무엇을 드러내는 것일까요?

• 두 가지 꿈이 다 내 생각이겠지. 글쎄, 정확히 알 수는 없겠으나, 그때 내 심정은 검사를 내 제자처럼 어린 청년으로 본 것 같아. 혹시라도 검사가 통일문제에 관심을 두도록 '내가 설득하고, 회개시킬 수는 없을까' 하는 생각을 가졌었지.

검사는 어느 날 내게 "촉견폐일(蜀犬吠日: 사면이 높은 산으로 둘러싸인 촉나라의 개는 해를 흔히 볼 수 없기에 해만 보면 짖는다는 뜻으로, 식견이 좁은 사람이 선하고 어진 사람을 오히려 비난하고 의심한다는 뜻으로 쓰임)이란 말을 아시나요? 내가 촉나라 개와 같은 일을 해서는 안 되지 않습니까?'라는 말을 하기도 하고, 어느 날인가는 "내가 빌라도죠?" 하며 웃기도 했어. 아마 본인도 나 같은 노신학자를 기소하는 게 부담스러웠나 봐. 평소엔 그렇게 친절하고 겸손해 보이던 검사와 그가 작성한 꽉 막힌 공소장 사이엔 굉장한 괴리감이 있었지.

감옥에서 꾼 꿈 중에 또 기억나는 게 있나요?

• 감옥에서 꾼 거는 생각이 안 나고, 감옥 가기 직전에 저세상으로 간 두 언니가 꿈속에 나타난 적이 있어. 어머니뻘쯤 되는 언니들은 눈이 컸는데, 큰 눈을 멀뚱거리며 슬픈 눈으로 쳐다보는 거야. 이상한 꿈이다 했는데, 그 다음 날 내가 경찰에 연행됐지 뭐야. 아직도 기억에

생생하게 남아 있어.

꿈을 자주 꾸는 편입니까?

　·　미국에서 유학할 때는 철학자들 꿈을 많이 꿨어. 미국에 가서 공부하면서 학기 논문을 쓸 때에 머리가 막히면, 자다가 영감을 얻곤 했어. 꿈에서 해답을 얻는 거지. 거의 매 학기 고민하던 논문의 실마리가 꿈속에서 잡히곤 했지. 비몽사몽인데, 아마 꿈일 거야.

　지금도 그래. 골똘히 생각해도 지금 쓰는 게 신통치 않은데, 하룻밤 자고 나면 트이는 걸 느꼈어. 전에는 꿈속에서 느꼈는데, 지금은 자고 나면 해답을 찾는 경우가 많아. 어느 날 꿈에 소크라테스와 플라톤, 칸트가 나왔어. 하하. 소크라테스는 후줄그레 생겼고, 뭔가 폼이 안 나고. 칸트는 비쩍 마른 얼굴이고, 플라톤은 잘 생겼어요.

아마 실제 모습도 그렇게 생겼죠?

　·　그러니까 실제 인물을 꿈속에 보는 거야. 칸트는 내가 오래 붙잡고 씨름을 해서 꿈에 나온 것 같아. 플라톤이 뭐라고 내게 말을 하는 장면이 있었는데, 뭐라고 했는지 기억은 안 나네. 플라톤에게서 글을 쓴 봉투를 받았는데, 무슨 글이 들어 있는지는 모르겠어. 관념론에 관심을 집중하고 있을 때라 그런 꿈을 꾼 거 같아. 내가 또 고대 로마 가톨릭교회 교부 어거스틴, 독어 발음으로는 아우구스틴 꿈을 자주 꿨는데, 평소에도 그 이의 참회록을 읽으면서 노상 내가 울었거든. 어거스틴이 고민하면, 덩달아 내가 울어. 내가 참회하는 것도 아닌데.

꿈도 철학적이네요. 어거스틴 공부 많이 하셨나요?

· 참회록도 읽고 그랬어. 루소와 어거스틴 참회록이 유명하잖아. 키에르케고르 꿈은 네 번이나 꿨어. 한 번은 그의 애인 레기나가 같이 등장했고. 네 번이나 꿈에서 보고도 또 보고 싶더라구.

《죽음에 이르는 병》을 쓴 키에르케고르요?

· 그렇지. 키에르케고르의 실존주의 좋아했어. 진리를 이렇게까지 파고드는 사람이 있나 싶었지. 1974년 유럽으로 맑스주의 역사철학 공부하러 갔을 때 덴마크 들러서 키에르케고르의 무덤에 들렀어. 그의 죽도록 사랑했으나 체념했던 애인 레기나의 무덤이 근처에 있던 게 인상적이었어. 주변 사람들이 일부러 그렇게 안장하지 않았나 싶어. 죽어서라도 가까운 데 있으라고.

칼 바르트 꿈은 안 꿨나요?

· 왜 안 꿨겠어. 내가 박사학위과정 마친 다음에 종합시험 볼 때 그리스도론을 주제로 시험 쳤는데, 칼 바르트와 폴 틸리히, 루돌프 볼트만 3자를 종합해서 보고하려 했는데 종합이 잘 안 됐어. 그날 밤 꿈에 칼 바르트가 나타났지. 바르트가 어떤 청년하고 얘길 하는데, 나는 그 내용을 다 들을 수 있었어. 나는 그들에겐 보이지 않는 존재였던 것 같고. 바르트가 "우리가 아무리 노력해도 우리 둘을 화해시킬 사람이 없다. 미래에 제3자가 나타나서 할 것이다"라고 말했는데, 나는 그 말을 들으면서 그 제3자가 내가 아니겠는가 하고 생각했지. 그 다음날 꿈 얘

기를 박사과정 함께하던 친구에게 얘기했더니 '삼위일체론적 꿈' 이라고 해몽을 한 기억이 나.

1975년에 칼 바르트 무덤을 찾아가 절하면서 "이제는 끝입니다"라고 말한 의미는 무엇이죠?

　·　몇몇 사람들은 내가 칼 바르트 신학과 결별해서 그랬다고 곡해를 하는데, 그게 아니야. 단지 내가 칼 바르트에 너무 몰두해서 이제는 벗어날 필요가 있다고 생각했을 뿐이야. 한국으로의 전환점 모색, 맑스주의 연구, 혁명사관 규명, 통일운동 위한 이념문제 해명 등이 유럽에서 공부할 당시의 내 주된 관심사였어. 칼 바르트 신학을 들여다보면, 한없이 빠져들어야 하거든. 그래서 좀 벗어나야 했던 거야.

철학자나 신학자들의 무덤을 자주 찾아다녔네요.

　·　제네바에 있는 칼뱅도 찾아갔고, 루터의 묘지도 찾고 싶었는데, 동독에 있어서 못 갔어. 칼뱅의 생애를 읽으면서는 감격해서 여러 번 울었던 기억이 나. 신체적으로 약하게 태어났는데 자기 자신을 단련

시키려고 무진 애를 쓴 사람이야. 칼뱅은 그날 수강한 내용은 다 외우려 노력했어.

신학에서는 꿈을 어떻게 보나요? 예언자의 꿈을 통해 하나님이 계시하는 경우도 많지 않나요?

하나님이 계시하실 실재적인 종말사건을 비전으로 보는 것이 꿈이지, 꿈 자체가 종말사건과 같은 것은 아냐. 묵시론적 종말론이 종말적 미래 시간에서 일어날 하나님의 계시를 현재적으로 꿈이라는 비전으로 보여주는 것이야. 이때의 꿈은 잠자다 꾸는 꿈과는 달라. 프로이드나 융이 말하는 꿈과는 전혀 다르다는 의미. 궁극적 종말시간에 일어난 사건들이 역사적 현실이 아니므로, 인간이 알 수 없으나 인간에게 꿈의 양식으로 하나님에 의해서 계시되는 것으로서 예언하는 것이 묵시론적 종말론이야.

신학자의 꿈은 매우 난해하네요. 요즘은 어떤 꿈을 꾸세요?

옛날엔 총천연색 꿈을 꿨고, 선명히 기억에 남았는데, 근래는 꿈을 잘 안 꿔요. 기억이 안 나는 건지. 옛말에 '진인무몽'이라는 말이 있는데, 내가 진인이 되어 그런가 보다 하고 자위를 하기도 해. 실제로는 내가 둔해져서 그럴 거야. 요즘은 함께 사는 김애영 박사가 영특한 꿈을 자주 꾸는 편이지.

근래 기억나는 꿈은?

• 올 봄에 놀라운 꿈을 하나 꾸긴 했지. 2009년에 내가 늦봄통일상 수상할 때 발표한 소감문에 나오는 김옥선이라고 하는 친구가 있어.* 어느 날 꿈속에서 여자아이가 치마저고리 입고 날 가만히 쳐다보고 있는 거야. 옛날의 촌스런 옷 그대로였어. 누굴까 하며 바라보다가 내가 "김옥선!" 하고 소리친 기억이 나. 내가 그 소리에 놀라서 잠에서 깼어. 이때 옥선이가 죽었구나 하는 생각이 들었지. 어쨌든 그렇게라도 만나니 기뻤다고요.

헨델 〈메시아〉 들으며 울고, 항일 독립운동가의 투쟁사를 읽으며 통곡

신학 공부하시면서 어거스틴과 칼뱅 같은 학자들 떠올리며 눈물 많이 흘리셨는데, 교수님 책을 읽어보면 민족의 고난을 생각하면서도 하염없이 눈물을 펑펑 흘리시는 장면이 나오던걸요.

　　• 미국 유학 중에 크리스마스 때면 나 홀로 헨델의 〈메시아〉를 듣곤 했어. 그때마다 우리 민족의 수난을 떠올리며 울곤 했는데, 1991년 구치소에 수감됐을 때도 나는 잠자리에 누우면 으레 흐르는 눈물을 자제할 수 없었어. 내 상상 속에 떠오르는 항일 민족사의 모든 고통과 분단사의 고통과 희생제물, 철창 포로들의 정경이 내게로 몰려들었고, 그 엄청난 민족사의 비극에 대하여 나는 눈물 이외에 달리 응답할 수

없었기 때문이지. 내 눈물은 부질없고 쓸데없기는 하나 민족의 눈물이기도 해. 그게 내가 민족사의 고통에 참여하는 길이요, 민족사의 변혁을 외치는 표식으로서 그 눈물에는 역사의 과거와 혁명의 새로운 미래를 요청하는 갈망이 담겨 있는 것이지. 이것이 심리학자 융이 말하는 '집단의식' 인가 싶어. 그러나 융은 우리 민족의 고통의 눈물을 몰라요.

혹시 출소 후에도 눈물 흘리신 경험 있으신가요?

• 내 눈물은 민족사 고통의 재현이야. 그래도 내 눈물은 부질없는 것이라 생각해. 석방 후부터 다시는 눈물을 흘리지 않으려고 내 눈과 감정을 조절하곤 해. 그런데 내가 인터뷰를 하면서 눈물을 주제로 자세하게 얘기하기는 처음이야.

1945년 초에 어머니 돌아가시고, 석 달 후 아버지가 돌아가셨어. 두 분의 죽음 때문에 거의 밤마다 울며, 인생의 허무를 부둥켜안고 고민하게 됐어. 얘기가 길어지니까 배후의 얘기는 생략하고, 부모님, 특히 어머니 생각하며, 십오 년을 거의 매일 울었어. 아예 울려고 작정하고 잠자리에 드는 거야. 사람들과 우리 형제들에게 부모님이 잊히는 것이 안타까웠나 봐. 잊혀가는 부모님을 위해 울고, 내가 효도하지 못한 것 생각하며 울고 그랬어.

항일운동사 공부하시며 본격적으로 우셨다면서요.

• 내가 그랬어. 70년대부터 항일민족운동사 공부하면서 이제 민족을 위해서 제대로 울게 됐지. 통일신학은 두 가지 개념이 규명되어야

하는데 하나는 민족개념이고 또 다른 하나는 이념문제야. 강만길, 이기백 같은 역사학자 책을 아무리 읽어도 민족개념이 안 나와. 이들은 민족주의, 민족이 근현대의 서구에서 나왔다고 봐. 이래서는 우리 민족의 시원을 밝힐 수가 없지. 우리 민족은 그러한 서구의 현대사에서 밝혀질 수 없어. 그 민족은 서양 자본주의 부르주아 민족국가들, 세계 식민주의 팽창주의적 민족국가들이야.

우리 민족은 그들의 식민지 지배를 받은 민족이며, 선열들이 피 흘리며 항일 독립운동해서 지켜준 민족이야. 나는 그들의 투쟁사를 읽다가, 책을 덮어놓고 통곡하곤 했어. 윤봉길, 이봉창 같은 애국자들의 삶을 접할 때마다 울고. 내가 하도 우니까, 어느 날 같이 사는 제자인 김애영 교수가 괴테는 아들이 죽었을 때도 자신의 건강을 생각해서 안 울었는데, 인제 그만 우시라고 해서, 요즘은 안 울려고 노력하고 있지.

내 기도문을 국가보안법에 걸면
세상 다 끝장날걸

10년 전에 발간한 팔순기념문집에 김애영 박사가 쓴 글을 보니, 교수님께서 당시에는 "죽는 날까지 맑은 정신으로 하나님께 감사하고 그의 이름을 찬양하고 망령되지 않도록 하소서!"라고 기도하신다고 했는데, 요즘은 어떤 기도를 하시나요?

요즘 매일같이 기도하는 게 있어. 전에는 기도를 잘 못하는 편이었는데, 통일운동에 직접 나서지도 못하고, 통일운동이 현재 무기력한 상태고, 내가 할 수 있는 일이 기도밖에 없다는 생각이 드니까, 매일같이 하게 되더라고. 기도하면서 내가 힘을 얻기도 하고. 그런데 기도문을 다 알려줄 순 없어, 국가보안법 위반이라고 할 테니까. 하나님께 드리는 기도까지 국가보안법에 걸면 세상 역사 다 끝장날 걸.

네? 기도문 내용이 어떻기에?

그런 게 있어. 일단 개인적인 기도만 알려줄게. 먼저 내가 90이 넘도록 살게 해주신 것에 대해 하나님께 감사드리면서, 내 뼈가 또다시 부러지지 않도록 지켜 주소서 하고 기도해. 뼈가 네 번 부러졌거든. 2002년 척추 수술한 뒤 '아, 평양에 못 가겠구나.' 했는데, 일어났어. 2002년에 북에서 몽양 선생의 막내딸이 내려왔을 때 옆에 서서 함께 찍은 사진이 있어. 그런데 지금은 그때보다 내 키가 훨씬 작아졌어. 허리가 굽어서. 그리고 내 생명이 다하기 전에 신구약에 기초한 시간역사론과 회고록을 완수할 수 있도록 건강을 허락해 주시길 빌어. 집필 주제는 삼위일체 하나님과 시간이야.

구십이 넘은 연세에 집필 작업하는 게 힘들지 않나요? 주변에서 너무 힘든 작업 한다고 걱정하면서 집필계획을 만류하는 분들도 계시던걸요.

그건 날 모르고 하는 소리야. 글 쓰는 걸 하지 않으면 이제 무얼 하겠어. 숨이 넘어갈 때까지 글을 써야 해. 이젠 기도하고 글 쓰는 것밖에 못 하잖아, 나가서 활동할 수도 없고. 구약편과 신약편은 내가 쓰는데, 집필계획의 마지막 셋째 부분인 성령론에 기초한 교회, 민족, 세계의 구원문제를 김애영 박사가 완수하도록 특별히 성령께서 도와 달라고 빌어. 내가 살아생전에 신약까지는 쓰고 싶어.

평양신학원과 김일성대학에서 칼 바르트 신학, 통일신학을 주제로 강의하고 싶어서 북에 계획서 보냈는데, 평양 그리스도연맹 목사들이 하는 말이, 김일성대 종교학부 쪽은 생각하지 마라 하더라고. 그래 김대는 포기했고, 평양신학원만 희망 중인데, 기도에 그게 나와요.

내가 평양신학원 강의를 더는 추진할 수 없으니, 김애영 · 김석주 · 이재원 · 황현숙과 같은 후학들이 그 뜻을 이어받아 이어가게 하시고, 성령의 능력으로 좋은 결실을 맺게 하시고, 당신의 말씀이 북한 사회 전역에서 크게 선포되는 그 날이 오소서.

국가보안법에 걸릴 게 없을 것 같은데요. 국가보안법도 좋아할 기도문인 데요.

· 하하. 이제부터는 딴 얘기를 할게요. 91년 봄에 처음으로 북한 학자를 봤어. 주체사상연구소 소장 박승덕 박사야. 지금은 고인이 된 분이지. 그이가 나에게 "박 교수를 초청해서 3천 명 모이는 홀에서 강연하게 하고 싶다"는 말을 하기도 했어. 그분의 신학적 지식이 보통이 아니었지. 내가 미주 종로서적에서 신학의 고전을 몇 권 선물했더니 고맙게 받더라고.

박 소장이 누구냐 하면, 그 후에 들은 얘기가 황장엽의 동서라는 거야. 지금은 죽었어. 그 뒤로 신학 공부 많이 한 사람 아직은 못 만났어.

나는 북에서는 담벼락을 느끼고, 남은 중구난방 신학이야. 북쪽에 신학을 주도하는 신학자를 한 명이라도 만들고 싶었어. 남쪽에서 목사들이 가서 교회 짓고 전도하는 식으론 안 되거든. 재미교포 홍동근 목사는 이승만 목사가 미국장로교 재단 기금으로 평양에 파송해서 몇 해 동안 신학강의 했는데, 누가 나를 남쪽에서 지원하겠어. 그래서 내가 부담해서 하려고 준비 중이었어. 그런데 모아둔 돈을 남한테 빌려줬는데 아직도 못 받고 있어. 참 내. 큼, 큼.

기침이 심하시네요. 목 좀 축여 가면서 하시죠. 잠시 쉬었다 하실까요.

- 됐어요. 계속해요.

기도문 중에 들려줄 수 있는 게 남았나요? 재밌는데요.

- 죽기 전엔 얘기를 다 못 해요. 실으려면 내용을 부드럽게 순화시켜야 할 거야. 이제부터가 본격적인 기도문이야. 적으려면 적어. 이건 발표하지 말고, 듣기만 해. 북을 위한 기도인데, 내 새벽기도 중의 일부분이야.

김정은 (……) 하소서. 그다음이 뭔지 아세요? 그와 동역하는 (……) 하소서. 통일 대업과 우리 민족의 경제공동체를 결단코 이루어내게 하소서. 모든 인민이 총단결하여 공화국을 지켜내게 하시고, 그들의 삶이 나날이 풍요로이 채워질 수 있도록, 북한의 경제기반을 하나님 당신의 능력으로 도우소서.

지금까지 미국의 (……) 하소서.

어때, 무섭죠? 무서울 것 없어요. 남북의 민족화해와 통일이 이뤄지게 하는 조건들이니까.

하하. 무섭긴요. 머릿속에만 있으면 괜찮은데……

　지금과 같은 대결 분위기에서는 내가 기도문 전문을 발표를 못해요. 집권자들이 들으면 이게 큰일 날 소리지. 그래도 집권자들이 내 기도를 꾹 참고 반성하면서 들어야 해. 내 기도문을 계속 들어 봐.

남북미 평화협상, 평화협정과 주한미군 철수가 이루어지게 하소서. 정의로운 조미 관계가 설정되게 하소서. 남한의 박근혜 정부, 새누리당, 군부를 비롯한 모든 반공반북 안보 체제를 통일방향으로 바꾸어지게 하소서. 진보당과 민주당과 국민대중이 연대하여, 힘을 합쳐서 통일과 민생을 위한 정권을 결단코 창출하게 하소서.

끝인가요?

　얼마 안 남았어요. 이게 다 남과 북을 위한 기도야. 북과 남의 평화공존과 통일, 남북의 군대통합을, 연방제통일을 우리가(남과 북이) 결단코 속히 이뤄내게 하소서.

통일된 우리 민족 사회와 국가가 정의롭고 평화로운 동북아 - 아시아 - 세계를 도래하게 하는 초석이 되게 하소서.

기도문을 보여 주시면 되는데, 말씀하시기 힘드시겠네요.

• 아냐, 괜찮아요. 이제 마지막. 화해자 우리 주 예수 그리스도의 이름으로 나의 기도를 온전케 만드시고 이뤄지게 하소서.

너무 귀중한 기도문입니다. 최대한 많이 싣도록 해 보겠습니다.

• 내가 지금까지 발설 안 했어. 본래 기도 잘 못했어. 사는 게 기도인데 기도가 뭘 필요하냐는 생각이었지. 기도가 잘 안 나왔어. 그런데 내가 늙을 대로 늙고 또 건강 때문에 통일 운동을 잘 못하고, 통일운동이 현재 아주 무기력한 상태고, 그러니 할 수 있는 일이 기도밖에 없고, 그래 내가 기도하면서 힘을 얻어요. 기도하는 게 내가 사는 길이다, 그렇게 생각해요. 이 기도문과 함께 주기도문을 외우기도 해. 교회에서 외우는 주기도문에다 내가 삼위일체론 내용을 넣어서, 내 식대로 기도하고 있어.

삼위일체론을 넣은 주기도문이요?

• 예수가 알려준 주기도문은 "하늘에 계신 우리 아버지"로 시작하잖아. 교회가 4세기 후반에 삼위일체론을 정립했어. 이에 기초해서 나는 "하늘에 계신 우리 아버지, 또한 예수 그리스도와 성령, 삼위일체이신 하나님"이라고 불러. 그리고 "오늘 우리에게 일용할 양식을 주시고"에 이어 "이 땅에서, 특히 북녘 땅에서, 세계 곳곳에서 굶주리는 모든 민생에게 일용할 양식을 주시고"라고 해. 맨 마지막 구절, 예수께서 알려준 주기도문에 초대교회가 덧붙인 "나라와 권세와 영광이 아버지께 영원히 있사옵나이다"는 "나라와 권세와 영광이 아버지 하나님과

예수 그리스도와 성령에게 영원히 있사오니, 우리에게서 이루어지이다"라고 부가해서 기도해요.

기독자 도쿄회의에서 주체사상의 수령론을 언급한 이유는?

1991년 7월 평화통일과 선교에 관한 기독자 도쿄회의에서 발표한 논문 〈기독교와 민족통일의 전망〉으로 구속된 사건이 인생의 커다란 획을 그은 사건이었죠?

• 동경강연을 정리해서 《기독교사상》 91년 8월호에 발표하기로 예정되었다가 내가 구속된 후 취소됐고, KNCC(한국기독교교회협의회)도 나의 글에 냉담했지. 종전에는 내 글들이 대체로 난해하다고 해서 사람들의 주목을 받지 못했고, 아마 《기독교사상》에 발표됐다고 해도 몇몇 신학도에게만 읽히고 잊혔을 거야. 그런데 내가 구속됨으로써 파장은 더 컸어. 이 모든 일련의 사건들에서 나는 하늘의 섭리를 느꼈어. 통일운동이라는 주제와 씨름해온 것이 결코 우연이 아니라는 생각도 들었고.

발표 논문이 문제가 될 수 있다는 생각도 했나요?

• 주체사상의 수령론을 언급하는 것은 문제가 될 수도 있다는 생각을 하기도 했지만, 위험부담을 안고서라도 발언해야겠다고 마음먹었

지. 어떤 사람들은 내 동경강연이 너무나도 직선적으로 표현했다고 지적하기도 해. 좀 우회적으로 표현하는 게 좋았을 거라는 거지. 나는 그렇게 생각하지 않아. 나는 강연 당시에 가능한 한 분명하게 반공 목사들에게 요점을 전달하려 했고, 아리송한 우회적 표현의 한계를 돌파하려 했어. 기독교가 반공, 반북이라는 잘못된 전제에서 깨어나지 않고는 통일과 민족선교 운운할 수 없기 때문이지.

반공기독교에 대한 문제의식을 언제부터 느낀 거죠?

· 통일신학의 뿌리는 항일민족운동과 민족 분단의 역사에서 찾아야 해. 해방 직후 나는 나의 존재 깊은 곳에서 들려오는 말을 들었는데, 그것은 '그리스도교와 공산주의는 만나야 한다. 그것은 역사의 필연이다!' 라는 외침이었어. 1946년 감리교신학대에 입학했을 때, 몽양 여운형 선생이 주도하던 인민공화국을 지지한다고 했다가 '빨갱이 마귀가 거룩한 하나님 동산에 들어왔다' 는 비판을 받고 쫓겨날 처지에 놓이기도 했어. 윤성범 교수와 몇몇 학생의 변호로 축출되는 일은 모면했는데, 그때 처음으로 한국 교회의 반공이라는 벽에 부딪혔어. 그 뒤로 '한국 교회가 옳으냐, 내가 옳으냐?' 하는 물음을 끌어안고 신학을 해온 것이지.

반공기독교의 어떤 점이 문제죠?

· 한국 기독교는 복음을 미국의 자본주의, 반공주의와 혼동하고 있고, 미국을 하나님처럼 떠받들고 있어. 8·15해방을 하나님의 선물이

자 미군의 선물이라고 믿었기 때문에 그런 착각에 빠진 것이지. 일본인 고무로 나오키 씨는 《한국의 비극》이라는 책에서 8·15해방은 "한국인의 환상이었다……일본의 첩 생활 36년 지내다가 8·15를 계기로 미국의 식모로 바뀌었을 뿐이다."라고 했는데, 한국 기독교는 바로 이 미국의 식모살이, 즉 신식민주의적 예속을 하나님의 은혜로 여기고 있는 것이야.

한국 기독교는 대체로 왜 민족해방이 필요한지조차 몰라. 통일은 바로 그러한 분단세력들의 극복이요, 민족해방을 의미하기도 해. 칼 바르트가 교회는 동과 서, 사회주의 공산권과 자본주의 서방 사이에 존재해야 한다고 말했듯이, 한국 교회는 남과의 유착관계와 반공주의에서 해방되어 남과 북 사이에서 참된 민족 화해를 위해 사역해야 하는 거야.

어찌 보면 반공기독교의 포로가 된 것인데, 그것이 하나님의 섭리였다면 감옥에서 은혜 받은 거 아닐까 싶습니다.

• 무엇보다도 신학하는 방법이 프락시스적이어야 역사의 올바른 궤도에 설 수 있다는 것을 다시금 숙고하는 계기가 되었어. 역사에는 악의 세력이 작용하기 때문에 고난 없이 새로운 미래, 하나님의 나라로 행진할 수가 없어. 내가 겪은 고통은 근현대의 우리 민족사의 고난에 비하면 티끌과 같은 것이지. 그럼에도 불구하고 이 고난에 참여했다는 봉인이 내 존재에 찍혔다는 것을 나는 감사해. 그리고 통일운동 동지들이 철창에 갇히는 마당에 내가 철창 밖에서 숨 쉬고 산다는 것이 불편했는데, 나도 갇히니 육신이 괴로웠으나 마음은 오히려 편했지.

PD 없는 NL은 공허하고,
NL 없는 PD는 실현될 수 없다

공개적으로 반공기독교를 비판하면서 민족신학을 거론하기 시작한 것은 언제부터죠?

· 1975년 독일에서 동아시아선교부가 주최한 '독일 · 한국 세미나'의 강연에서 반공기독교에 대한 비판과 민족통일의 과제를 한국신학의 최우선적 과제로 제시했어. 나로서는 그 강연이 한국 신학 정립을 위한 최초의 공개적 시도였지. 독일인들의 반응이 아주 좋았어요.

1976년 봄에 귀국해서 민족사 연구에 착수했고, 주로 근현대사에서의 항일민족운동과 민족사회혁명을 지향하는 민족운동을 신학적 소재로 설정해 나갔어.

반공을 넘어서는 교회선교는 남북의 민족화해와 통일을 위주로 하는 교회의 사역으로서 새로운 형태의 민족선교를 의미해요. 교회만이 아니라 운동진영도 민족사적 시야를 지니지 못하면 운동의 폭이 좁아지게 돼. 민족사, 특히 근현대사에 대한 공부가 중요해.

민족사에 대한 시야를 지니지 못한 운동이요?

· 대체로 PD(민중민주의) 진영 운동가들은 근현대사의 민족사적 시야가 결여되어 있어요. PD는 우리 역사에서 대두한 민족변혁, 세계변혁을 외친 민족의 소리가 바로 새로운 민족개념이었다는 사실을 간

과해 버리고, NL이 대변한 그 새로운 민족개념을 서양의 근대 부르주아 민족주의와 일치시켜 버리는 과오를 범했던 것이지. 따라서 PD는 민족대단결에 의한 통일과 민족자주성 확립이 민중해방, 민중평등권 실현의 전제조건이라는 것을 간과해버리고, 민중의 변혁운동을 민족사적 현실과 분리해 생각했기 때문에 통일운동의 민중사적 의의를 간과한 거야.

근현대사에서 민족해방운동은 필연적으로 민중해방운동일 수밖에 없었기 때문에 민족운동과 사회주의 운동이 분열갈등을 일으키면서도 계속 연합전선을 시도할 수밖에 없었고, 1945년 분단 이후, 4월 혁명 이래 80년대의 민족민주통일운동은 그러한 연합전선 시도들과 마찬가지로 NL과 PD의 소리를 되살려 낸것이야. 이러한 우리 민족 근현대사는 계급혁명 이론에 의해서 다 설명되지 않는 민족의 문제를 제시하고 있어요. 피지배민족은 민족이 민중이기에 80년대 이래로 민족과 민중이 하나로 주제화된 거야.

어느 틈에 NL과 PD까지 연구하셨네요.

· 1980년대의 민족민중민주운동에서 NL과 PD의 대립은 아주 잘못된 것이야. 이 둘은 새민족 새사회 새세계 창출이라는 동일한 주제를 공유하면서 민족민중민주로서 통합한 거야. 본래 NLPD는 피지배 민족들의 해방운동에서 둘로 나눌 수 없는 이중적 과제를 가진 하나의 주제이지. PD 없는 NL이란 공허한 소리이고, NL 없는 PD란 도대체 실현될 수 없는 거야. 운동실천에서 PD와 NL이 별도로 전개될 수는 있으나, 양자는 상호 대립갈등을 초래해서는 안 되는 것이지.

민족 내외적 상황에 비추어 상대적으로 NL이 우선해야 해. 왜냐하면 NL통일운동이 새로운 민족사회 실현의 결정적인 조건이 될 수 있기 때문이야. 동시에 타 계급을 포괄하는 민족해방운동은 민족해방에 걸맞은 PD의 과제를 상실하면 안 돼요. 상실하면 언제라도 세계의 지배세력들에게 합류해버릴 수 있기에 PD가 NL의 방향과 전망을 열어준다는 것을 놓치지 말아야 해. 이것은 쉬쉬 은폐할 문제는 아니야. 우리 사회의 PD는 NL을 전혀 이해하지 못해. 그러한 PD는 세계사회의 지배자들의 틀 안에서 민중해방을 외치는 격이지.

운동 노선에 대한 논쟁을 꺼리지 않는 편이세요?

· 신학자 칼 바르트가 "논쟁은 사랑이다"는 말을 한 적이 있는데, 나도 그런 생각이야. PD와 NL에 뿌리를 둔 운동노선을 둘러싼 갈등은 극복되어야 하는데, 우리 상황에서는 가망이 없는 지경에 이르렀어요. 아주 큰 문제야.

이념과 체제보다 우선하는
민족, 연방제 통일로 제3의 민족사회 건설해야

1991년 도쿄강연으로 재판받을 때 모두진술에서 "남과 북, 자본주의와 사회주의는 담벼락을 허물고 상호교류하면서 제3의 새로운 세계를 산출해내야 한다"고 말씀하신 적이 있는데, 지금 생각은 어떠세요?

· 대부분의 학자는 자본주의와 사회주의, 공산주의를 뛰어넘는 제3의 이론이나 이념은 없으며, 제3의 사회는 생각할 수 없다고 보고 있지. 내가 제3의 길을 주장하는 것은 신학에 근거한 것이야. 하나님, 예수 그리스도, 성령 혹은 교회, 하나님 나라, 새 인간성의 성취와 같은 주제들은 자본주의 세계나 공산주의 세계와 동일화될 수 없는 제3의 초월적 요인이지.

내가 신학에 근거해서 제3의 요인 혹은 제3의 길을 주장해온 것은 우리 민족의 통일과 직결되어 있어. 민족의 살아있는 실체는 이념과 체제보다 우선하며, 민족이 주축이 되어 통일을 실현하고 새로운 제3의 민족사회 건설을 추구해 나가야 해.

NLPDR(민족해방민중민주주의혁명)의 민족이라는 주체는 좌와 우의 이념과 체제의 대립을 넘어서 상호보충하고 새로운 통일된 제3의 민족사회를 창출할 수 있는 실체야. 현재로선 연방제 통일방안이 그러한 제3의 길의 첩경이 될 것이라고 봐.

우리 민족의 통일도 제3의 길만이 유일한 선택이겠지. 한반도의 분단과 군사대치상황을 고려하건대 어느 한쪽으로 통합하는 방식의 통일은 불가능하다는 사실을 시인할 수밖에.

어찌 보면 제3의 길도 결국은 민족주의 아닌가 싶습니다. 교수님이 민족주의에 관심 갖게 된 계기가 무엇인지 궁금합니다.

· 세브란스고등간호학교에 들어가던 해인 1943년에 김옥선 친구를 만난 게 주요한 계기였어요. 여운형 선생을 44년에 찾아가서 뵙기

도 했어요.

스무 살 무렵부터 70년 동안 민족주의의 길로 초지일관하신 거네요.

· 나는 성품이 외곬 몰두형이야. 그게 옳다 생각하면 그걸 놓지 않아요. 43년부터 초지를 견지했는데, 신학 공부하느라 오랫동안 잊어버리고 지냈어. 그러다가 74년 남북 공동성명이 발표되자, 신학에 몰두하느라 내가 놓친 게 있다는 걸 자각하고, 민족과 통일에 눈을 돌렸어.

우리나라의 진보적인 식자들은 역사를 잘 모르는 경우가 많아. 서구에서 공부를 잘못해서 그럴 거야. 서구 맑스주의에서는 민족을 지양해야 할 단계로 보잖아. 한국 사학자들도 민족 시원을 잘 몰라. 친일사학자 이병도의 식민사관의 영향이 아직도 커. 그래서 내가 《환단고기》를 보며 독학으로 공부하는 거야. 시대, 인물, 상황이 구체적으로 나오는 걸 보면 《환단고기》는 결코 위서가 아네요.

* 1944년 몽양 여운형 함께 찾아갔던 친구 김옥선

나는 늦봄과는 다른 길을 걸어오다가 그분과 합류하게 되었습니다. 통일에 대한 나의 각성은 1945년 시작되었어요. 분단 상황에서 대혼란이 일어나고 있던 해방정국에서 "민족과 기독교와 공산주의는 만나야 한다. 그것이 역사의 필연이다!"라는 당시 내가 설명할 수 없었던 주제가 환상처럼 떠올랐습니다. 그 주제의 배경을 더듬어 보자면, 1942년 18~19세 때 세브란스 고등간호학교(현재 연세대 간호대학 전신)에 입학한 직후, 나는 항일독립운동을 해야 한다고 생각하게 되었으며 그 기회를 찾고 있었습니다.

그때 같은 반에 김옥선이라는, 두 살 위 신의주 출신의 친구가 경찰의 감시를 받는다는 사실을 발견했어요. 그의 두 오빠가 사회주의 계열의 항일 민족독립 운동가들이었습니다. 작은오빠는 대련 감옥에서 이미 옥사했고, 경성제대 학생인 큰오빠는 폐결핵으로 신의주 집에서 요양 중이었고, 친구는 큰오빠 때문에 집에 가 있었습니다. 나는 그의 큰오빠를 연모하는 정성으로 영양제 물약 토닉 항아리를 들고 주소도 모른 채, 밤 기차에 좌석도 없이 바닥에 앉아 17~18시간을 밤새도록 달려 이튿날 저녁 때 신의주 역에 내려, 다짜고짜 김옥선네 집을 물어 찾아냈습니다. 내가 그 오빠를 위로하는 시를 써 읽어주기도 했어요. 잘 썼다고 해서 나는 시인이나 된 것 같은 행복감을 느꼈습니다.

1944년 봄 김옥선과 나는 몽양 여운형 선생님을 뵈러 갔는데, 그 바쁘신 어른이 우리 애송이들을 만나 주셨습니다. 나는 얼어붙어서 도대체 그분이 무슨 말씀을 하셨는지 수십 년 동안 기억하지 못하다가 근래에 퍼뜩 기억났어요. "일본은 곧 항복할 것"이라는, 당시 일급비밀을 말해 주신 것이었습니다.

1945년 8·15 해방 직후 나의 친구는 신의주로 갔으며, 그 후 오늘까지 우리는 만나지 못했습니다. 죽기 전에 한 번만이라도 만나고 싶어서, 북의 안경호 선생께 "언젠가는 내가 직접 신의주로 가서 그 친구를 찾고 싶다"고 이야기했는데, 안경호 선생이 묵묵히 듣기만 했습니다. 살아있든 어쨌든 찾아가고 싶은데, 이제는 나 자신의 거동이 문제입니다. 그 친구를 통해서 항일 민족 독립 운동가들을 만나게 되었는데, 나는 그들의 무신론에 맞서서 대응한답시고 "세상 어디에나 귀신들이 득시글거리는데 하물며 하나님이 없다고 말할 수는 없다"고 말했으니, 그때에도 내가 말하는 꼴이 참 형편없다고 직감했습니다. 그들이 며칠 후 다시 찾아와서 인형극단을 만들어 인형극을 하자고 했는데, 나는 부끄러워 그런 것은 못한다고 말하니, 사람은 숨어서 말하고 말하는 사람은 무대에서 안 보이니까 부끄러울 것 하나 없다는 것이었습니다. 나는 말도 못한다고 고집하니, 그들이 포기한 것 같은데, 아마도 항일 투쟁 인형극을 통하여 의식도 고취시키면서 돈도 벌 생각이었던 것 같습니다.

그러다가 곧 8·15 해방을 맞이하면서 내 친구도 그들도 다시 만나지 못했습니다. 어쨌든 민족독립과 공산주의를 부둥켜안고 있던 그들에게 나는 그대로 동의하지 못했고 거기에 기독교를 부가해서, 민족–기독교–공산주의는 만나야 하고, 그것은 역사의 필연이라는 환상적 주제를 품게 되었다고 추정됩니다. 나는 당시에 그 주제가 한국교회를 비롯한 세계교회와 정면으로 대립한다는 사실도, 또한 민족과 공산주의의 관계가 역사적으로 얼마나 갈등을 일으켰는지도 전혀 모르고, 설명할 수조차 없었음에도 불구하고, 그 주제를 품고 왔는데, 지금 돌이켜 보니 그것은 바로 통일신학의 주제라는 사실입니다.

_ 2009년 제14회 늦봄통일상 수상 소감에서

신학자 박순경 –《환단고기》와《삼위일체 하나님과 시간》

2013년 7월
강화도 전등
사(정족산성)
동문 앞에서

7월 26일 박순경 교수와 강화도 전등사 찻집 죽림다원에서 2차 인터뷰를 했다.
민족의 시원에 관심을 두고 연구 중인 박 교수는 최근에《환단고기》를 읽고 있다.
그래서인지 단군 유적지가 있는 강화도가 보고 싶었고, 큰맘 먹고 시간을 내서
한신대 김애영 교수와 함께 찾은 것이다. 마니산 꼭대기에 있는 참성단을
보고 싶었지만, 가파른 계단길 때문에 오르지 못하는 것을 못내 아쉬워했다.
전등사를 둘러싼 삼랑성은 단군의 세 아들이 지었다는 전설도 있으니,
그곳에서 솔잎차를 마시는 것을 그나마 위안으로 삼을 수 있었다.

《환단고기》보면서
민족 개념 정립

신학자가 《환단고기》를 공부하게 된 배경이 무엇인가요?

· 민족신학, 통일신학 연구하면서 우리 민족사에 관심을 갖게 됐고, 민족사의 시원을 밝히는 작업을 하다 보니 《환단고기》를 읽지 않을 수가 없었어. 근 일년 동안 상생방송 보면서 공부했지.

학계에서는 대체로 《환단고기》를 위서로 보지 않나요?

· 기존 학자들은 자기 이론에 갇혀서 다른 학설이 나오면 배제해요. 그 사람들은 그게 무슨 역사냐 그러는데, 일제 식민사관에 젖어서, 타성에 빠져서 그런 거야. 위서라 보기 힘들어. 한 번 읽어보라고. 도저히 위서라 보기 힘든 위력을 지녔어. 무슨 재주를 부려서 역사적 상상력으로 꾸며 낸 책이 아녜요.

식민사관에 젖은 역사학자가 아니더라도 진보적인 학풍을 지닌 학자들이 민족주의에 대해 거부감을 지닌 경우가 많은 것 같습니다.

· 근현대사 연구하는 학자들이 안타깝게도 제국주의 국가들의 민족주의와 피억압국가의 민족주의를 구별하지 못해요. 내가 72년에 7·4 남북 공동성명 공표되는 것을 보면서 '아, 이제 이념문제에 대한 해결을 봐야겠다.' 는 생각을 했고, 74년에 스위스 바셀, 남부 독일 튀빙

엔 대학들, 베를린 자유대를 다니며 공부했어. 75년 베를린에서 강연할 때는 통일을 한국 신학의 주제로 삼아야겠다 결단했고, 반공·반북 기독교는 잘못됐다는 결론을 다시금 내렸어. 그런데 그때는 민족에 대해서는 정확히 밝히지 못했어. 민족문제는 역사적으로 밝힐 수밖에 없는데 아직 거기까지는 준비가 되지 못했던 거야.

76년 귀국해서 역사학자 책을 봤는데, 민족문제를 제대로 밝힌 역사학자를 찾지 못했어. 대부분 근현대사 연구자들은 서양의 근현대 민족국가 이념, 서양의 민족주의를 민족개념의 기준인 것처럼 말하더라고. 서양의 민족주의는 부르주아 개인주의 리버럴리즘에서 나왔단 말이야. 서양의 근현대 민족국가는 부르주아 리버럴 캐피털리즘과 결부되어 있는 거야. 제국주의적 지배의 확장과 식민주의의 바탕이 되는 서양 민족주의로는 우리 같은 피억압 국가의 민족주의를 설명할 수가 없어.

그래서 우선 민족개념을 항일민족독립운동 시기에서 찾으려 했고, 독립운동 선열들의 역사를 이리저리 들추고 그랬어요. 피억압 민족은 해방을 필요로 하는 반서양 반식민주의 노선이고, 세계 지배의 팽창주의와 제국주의에 대한 투쟁이야. 이런 민족주의를 부르주아 민족주의 국가의 이념에 맞추는 것은 큰 오류지. 나는 민족신학이라는 말을 아주 조심스럽게 언급했고 잘 쓰지 않아. 민족의 실체는 세계의 지배자들에게서 민족해방을 이뤄내야 할 주체라고.

우리나라 역사학자들 중에도 식민사관을 극복하려고 한 분들이 있지 않나요?

근현대 우리 민족 같은 피억압민족은 경제적으로 착취당하고, 정치적으로 억압받는 것이야. 얼, 혼, 국혼, 대한정신과 같은 주제 아래서 민족사론을 제창한 학자들이 일제 식민사관을 넘어서려 했지만, 다른 유력한 사학자들이 그러한 민족사론을 신화적이라고 도외시하더라고. 나는 그것을 못마땅하게 여기고 변론을 피력했지만, 어쨌든 민족사론은 세계지배의 자본주의적 침력세력들에 반하여 투쟁해야 할 우리 민족의 개념을 정립하기엔 부족함을 확인했지.

이들 역사가들이 민족에 대해 고민을 많이 했지만, 정신만 가지고는 안 되는 거야. 고조선은 우리의 역사인데, 신채호의 고조선을 읽어도 민족개념이 안 나와. 우리 민족이 오래된 민족이라는 개념만 나오지 통 알 수가 없었고, 고대사에 대해서는 유보를 했는데, 상생방송 통해 《환단고기》 읽으면서 개념을 정리할 수 있었어.

한국 신학을 시도한 신학자 중에 기독교 삼위일체론의 개념을 단군신화의 환인, 환웅, 환검이라는 신화적 틀에 접목시킨 분도 있었는데, 이런 시도에 대해서는 어떻게 생각하세요?

한국의 토착화 신학자들이 그러한 시도를 했어요. 제사는 역사의 대와 명맥을 기억하는 상징적 행위라고. 우리의 장구한 역사가 기독교와 무관하다고 대체로 생각하는데 아니올시다. 오늘을 사는 우리가 그 긴긴 역사를 지니고 있어. 기독교가 언제 한국에 전파되었든, 오늘의 우리에게서 그 긴긴 과거 역사가 그리스도와 접목되어 있다고. 어떻게 그것을 해명하느냐? 신학자들은 죽도록 대를 이어서 그 작업을 해야 해.

단군신화를 곧바로 삼위일체론과 접합시키면, 삼위일체론이 신화화되어 버리는 문제가 발생해요. 1960년대부터 토착화신학, 풍류신학과 같은 나름대로의 한국 신학을 정립하기 위한 시도들이 있었는데, 다른 문제를 차치해 놓고 이런 작업들의 비역사적 성격이 문제야. 이러한 시도들은 동양의 종교문화사상을 민족사적 문제들과 무관하게, 예컨대 분단문제와 통일문제와 무관하게, 또한 반공기독교의 반민족적 흐름을 방치하거나 이 상황에 안주하고서 전개되어 왔기 때문에 결과적으로 추상적이고 비역사적일 수밖에 없었지.

또한 신학전통의 삼위일체론의 성서적 거점, 즉 예수 그리스도의 인격과 역사의 거점을 해명하지 않고, 단군신화가 삼위일체론의 자취라고 주장하니 아주 어설프고, 신학의 민족사적 해명도, 민족사적 개념도 성립되지 않은 거지.

기독교와 《환단고기》가 서로 통하는 대목이 있나요? 보수 기독교인들은 단군 동상을 훼손하던데…….

그자들은 단군을 역사로 이해하지 않고, 신화로 생각할 뿐만 아니라 단군조상을 우상 타파의 대상으로 본다는 사실이 반역사적이

고, 크게 잘못된 서양선교사에게도 그 원인이 있어. 단군은 우상이 아
냐. 단군이 우상이면, 세종대왕이나 이순신 장군 동상도 우상숭배인 것
이지. 제사도 우상숭배로 단정해 버린 것이 문제야.

**단군을 너무 강조하면, 진보진영에서는 국수주의, 우익민족주의로 오해 받
지 않나요?**

• 단군을 강조하는 게 아니야. 단군조선이나 그 이전의 환인환국
배달의 환웅시대는 가 버리고 역사적 실체가 끝난 것이야. 남은 자, 우
리가 문제이지.

진보진영이 걱정할 것은 제대로 된 민족주의가 없다는 것이야. 민
족의 과잉이 아니라 민족의 결핍이지. 남쪽의 집권세력을 보라고. 민족
주의가 아냐. 일본과 미국에 빌붙는 반민족이지. 진보진영 학자들도 대
부분 민족문제를 제대로 파악하고 있지 못해요. 서양이론으로 우리 역
사를 해석하려 하니 피상적인 접근밖에 안되고, 그게 바로 PD 노선의
한계예요. 일본이 국수주의의 전형이지. '천황'이라고 신격화시켜 우
리 민족을 병탄하고 세계를 지배하려고 한 제국주의의 전형.

남한의 자유주의 사가들이나 민중민주주의를 외치는 PD는 피지배
우리 민족을 추상적인 민족개념과 동일화하고 있으니 한심하지. 미일
을 비롯해 세계 민족들이 자본주의라는 한 배를 타고 흔들거리고 있으
며, 이들은 다 변혁을 필요로 해. 역사 없는 진보란 곧잘 미래 방향을 잃
고 변절하거나 사라져 버리지.

《환단고기》와 성서에서는 어떤 차이점을 보십니까?

어디서 다르냐? 〈출애굽〉을 보면, 하나님이 모세를 특별히 불러서 백성들이 나를 보려고 달려들지 못하게 하라, 나를 보고 살아남을 자가 없다, 보면 죽으리라, 그리 나와요.

출애굽, 이스라엘 백성의 해방, 예언전통, 구원사 전통을 보면, 하나님과 인간을 구별하고, 하나님과 인간을 분리해. 하나님의 초월이 중요한 거지. 왜 이렇게 초월이 중요하냐. 초월이 없으면 역사의 심판자가 없어. 하나님은 역사의 심판자이고, 역사혁명의 동력이 되는 거야. 환국의 천제에서는 이게 분리되어 있지 않아. 심판자가 안 생겨. 왕이 통치하고, 자기가 저질러 놓고, 자기가 심판할 수 없잖아. 심판이란 게 역사혁명의 동력인데, 환국에는 역사혁명이 없단 말이야. 오히려 칼 맑스에서는 예언자적 역사혁명의 전통을 발견할 수 있어요.

인간이 구속한 역사혁명은
하나님의 혁명에 의해 인도돼야

칼 맑스에서 예언자적 역사혁명을 본다고요?

혈통이 결정적으로 중요한 것은 아니지만 칼 맑스는 유대의 혈통 이어받은 사람이고, 알게 모르게 예언자적 전통이 칼 맑스에게 영향을 줬다고 봐. 칼 맑스의 역사혁명은 세계사에 결정적인 영향을 끼쳤고, 서양문명이 실패했다 해도 역사혁명의 의의는 살아 있다는 게 내 생각이야. 묵시론적 종말론이 선포한 하나님의 나라는 칼 맑스가 본 자유의 나라이기도 해요.

자유의 나라요?

· 자본주의 체제의 자유주의가 아니고 어떤 살기 위한 노동의 필연도 굴종도 넘어서는, 계급사회를 초월한 자유의 나라를 말하는 거야. 우리가 사는데 노동해야 하고, 착취당하고, 이러한 고통을 넘어서는 것이 자유의 나라이고, 그런 세계의 제약, 구속력을 넘어서는 게 공산주의 나라예요. 하고 싶은 것은 하게 하는 나라, 불의에 떨어지지 않고, 소유욕의 노예, 물질의 노예로 사는 게 아닌, 해방된 자유의 나라가 공산주의 나라라고. 그런데 그것은 투쟁이 필요하고, 그런 나라로 넘어가기가 어려운데, 맑스가 그런 비전을 봤어. 물론 맑스에겐 하나님이 없지만, 맑스의 비전, 영상은 하나님 나라와 아주 흡사해요.

그의 역사적 배경이 무엇일까? 실증주의적 역사규명으로는 밝혀질 수 없지만, 그의 유대교적 배경에 주목해보면, 구원사적인 예언자적 배경이 보여요. 사실 서양의 상당수 신학자들이 맑스의 그러한 배경을 느끼면서도 명시하기를 주저했거든.

선생님 저서 《삼위일체 하나님과 시간》이 출간되면 기독교, 맑스주의, 주체사상, 민족종교 쪽에서 모두 의견이 분분할 것 같습니다.

· 인간이 하는 역사혁명은 하나님의 혁명에 의해 인도되지 않으면 한계가 있을 수밖에 없어요. 통일운동권도 부족하고, 주체사상도 부

족한 거야. 그런데 내가 그걸 일일이 말할 수는 없고, 책을 보내줄 거야. 그걸 읽고 발견하면 다행이야. 대체로 사회주의 혁명, 동구권 혁명도 이런 기독교 역사 혁명의 뿌리를 못 봤다 이거야. 구약을 다시 봐야 해. 주체사상이나 마르크스주의자도. 주체사상, 맑스주의는 기독교의 이런 배경 몰라. 이런 것은 배워야 해. 그리고 《환단고기》만 봐서도 모르는 거야. 내가 《환단고기》와 역사혁명을 맞추어 놓으면, 그들이 깜짝 놀랄 거야. 그런데 《환단고기》는 나를 이해하지 못해. 나는 《환단고기》를 좋아하지만, 그러나 《환단고기》의 한계를 지적하지 않을 수 없단 말이에요.

오직 하나님, 오직 성서 입장이네요. 그러면 종교적 도그마로 이해할 수도 있지 않을까요?

　• 성서를 모르면 그러겠지. 도그마가 아냐. 다양성은 인정해야 하지만 종교 다원주의가 진보는 아니에요.

인터뷰 시작할 때 인생이 일장춘몽과 같다는 말에 대해 어떻게 생각하느냐고 했다가 혼쭐이 나서 얘기 꺼내기가 무서운데요(웃음). 《금강경》에 "일체유위법(一切有爲法) 여몽환포영(如夢幻泡影) 여로역여전(如露亦如電) 응작여시관(應作如是觀)"이란 유명한 구절이 나옵니다. 인생이 꿈과 같다는 말인데, 헛된 것, 부질없는 욕망에 매달리지 말고, 본질에 충실 하라는 말로 해석해도 되지 않을까요.

　• 《금강경》에 그런 멋진 경구가 있었네. 욕심을 버리라는 이야기를 하기 위해서 그리 말할 수는 있을 거야. 불경에도 좋은 말이 많겠지. 그런데 불교를 공부해도 세상을 등지고 하면 안 돼요. 인생에서 역사적

인 죄악과 문제들, 사건을 놓치고 살면 껍데기에 불과하거든. 부처님도 평생을 걸어 다니면서 민중에게 설법했는데 당시로서는 혁명적인 주장을 한 거잖아. 정신적 깨우침에 쏟는 정성 이상으로 물질 세속 세계에서 벌어지는 죄악 속에서 변혁에 공들여야 해.

분단 문제를 정확히 진단 못하고, 해결하지 않고서, 어디 가서 무슨 진리를 찾을 수 있겠어. 그리고 극락 가면 뭐하게? 기독교 믿는다면서 현실을 외면하고 천당이나 찾는 것도 하나님과 상관없는 일이고. 기독교를 믿거나 불교를 믿거나 인간은 역사 속에서 진리를 찾고 실현할 수밖에 없다는 사실을 명심해야 해요.

서울구치소 접견실에서
만난 수번 72번

　　1991년 8월 말, 월간 《말》 기획회의를 준비하며 일간지를 뒤적이다 '범민련 남측본부 박순경 교수 영장' 이라는 제목의 짤막한 1단짜리 기사를 발견했다.

　　　　서울경찰청은 13일 범민련 남측본부 준비위 부위원장 박순경 씨(68, 목원대 명예교수)에 대해 국가보안법 위반(이적단체 구성) 등 혐의로 구속 영장을 신청했다. 박 씨는 지난 3일 고려대에서 열린 91서울범민족 대회 추진본부 결성에 참여하는 등 지난 1월부터 최근까지 각종 강 연과 집회에서 북한을 찬양한 혐의를 받고 있다.

　　교수가 국가보안법 혐의로 구속됐다는 것은 흔치 않은 뉴스였다. 게다가 칠순을 바라보는 노교수이기에 더욱 그러했다. 그런데 편집국 기자 중에 '박순경 교수' 에 대해 아는 이는 아무도 없었다. 요즘같이 인터넷 검색으로 인물 자료를 구할 수 있는 때도 아니었다.
　　민가협에 문의했더니 의외의 정보를 알려줬다. '박순경' 이라는 이름 때문에 남자 교수려니 했는데 뜻밖에도 여자 교수란다. 칠순의 여자 교수, 국가보안법? 그렇다면 기획거리로 부족함이 없어 보였다.

옥바라지 하고 있다는 김애영 교수(한신대)에게 연락해서 접견 약속을 잡았다. 박순경 교수가 이대 기독교학과 재직 시절 제자였던 김애영 교수는 당시에도 그랬고 지금도 한집에 살면서 학문의 한길을 가고 있는 사이다.

9월 8일, 경기도 의왕시 포일동에 있는 서울구치소의 접견실에서 수번 72번을 가슴에 달고 있는 박순경 교수를 만났다. 채 10분도 안 되는 짧은 시간 동안, 제자는 스승이 궁금해 하는 바깥소식을 최대한 요약하여 상세히 전달했고, 나는 몇 마디 안부 인사밖에 나눌 수 없었다. 접견을 마치고 안양시 관양동에 있는 박 교수의 자택을 둘러보고, 김애영 교수를 통해 간접 취재를 해야만 했다.

《말》10월호에 〈기독교와 공산주의 잇는 여신학자 박순경〉이라는 제목으로 6쪽 분량의 기사를 쓴 뒤, 박순경 교수를 직접 만나 볼 기회는 없었다. 그런데 1년 후 예상 밖의 사건을 통해 박 교수와의 인연을 이어가게 됐다. 이번에는 거꾸로 내가 국가보안법 사건으로 구속되어 재판정에 서게 되었고, 박순경 교수로부터 위로의 편지와 저작물을 받게 된 것이다.

1992년 9월 국가보안법 사건으로 구속된 내가 법정에서 양심수의 신념을 지키면서 최후진술을 할 수 있도록 도와준 것은《통일신학의 여정》,《한국민족과 여성신학의 과제》와 같은 박순경 교수의 저서이다.

나는 이십 대 초반부터 성서에 기초해서 변혁운동을 바라봤지만, 종교 따로 운동 따로 분리해서 사고하는 입장이었다. 그런데 박순경 교수가 소개한 유럽의 대 신학자 칼 바르트의 글을 읽으며 양자를 통합할 수 있었다. 내가 이해한 칼 바르트의 논리는 불완전한 인간의 혁명은 하나님의 혁명에 의해 인도되어야 하며, 또한 하나님의 혁명은 인간의 역사적 혁명에 의해 구체적으로 현실화된다는 것이었다. 어찌 보면 당시 내가 속한 조직, 운동노선, 지도자의 불완전성은 당연한 것이며, 하나님 혁명을 향해 나아가는 과정의 자연스러운 현상이었다.

"비록 우리가 생각하는 사회정의는 아무리 철저하다고 해도 하나님의 의에 미치지 못하나, 그의 의에 의해서 그의 의에 합당하도록 철저화돼야 한다는 뜻이 '하나님의 혁명'에 함축되어 있다."

"하나님의 혁명은 오히려 역사혁명을 철저화시킨다. 인간의 혁명이란 아무리 철저하다고 해도, 불철저하거나 반혁명적 체제로 변질되어 버린다."

칼 바르트의 신학을 통해 하나님의 혁명과 인간의 역사적 혁명의 변증법적 관계를 이해했고, 징역 3년이라는 실형을 선고받았지만, 기꺼이 나의 몫으로 받아들일 수 있었다. 불완전한 인간의 역사적 혁명에 동참했으나, 궁극적으로는 하나님의 혁명을 향해 나아가는 최선의 선택이었다는 믿음 아래.

나는 출소 후 이십 년 가까이 직장, 가족 중심의 일상적인 소시민의 삶에 파묻혀 살았다. 그러나 박순경 교수는 출소한 지 20년이 지났지만, 한결같이 민족신학, 통일신학을 연구하며 동시에 민족운동, 통일운동의 길에 매진하고 있다. 2011년에는 통일운동에 기여한 공로를 인정

받아 늦봄통일상을 수상하기도 했다. 구순을 맞이한 지금도《삼위일체 하나님과 시간》저술 작업에 여념이 없고, 중요한 시국현안에 대해서는 여전히 노구를 이끌고 직접 행동에 나선다. '오직 하나님' 의 기치 아래!

1975년 독일 하이텔베르크에서

"교회는 남과 북,
자본주의와 공산주의 사이에 존재해야"

바르트는
"하나님은 그 도래함의 표징을 이때는
이 진영에 저때는 저 진영에 세우신다"고
믿었기 때문에 "공산주의를 악마로
혹은 반공주의를 구원의 천사"로
정식화하는 것을 거부했다.
그리고 바르트가 "교회는 동과 서,
동의 사회주의 공산 권력과 자본주의 서방
사이에 존재해야 한다"고 말한 것처럼,
박순경은 "교회는 남과의 유착관계와
반공주의로부터 해방되어서
남과 북 사이에서 참된 민족화해를 위해
사역해야 한다"고 역설한다.

서울구치소 접견실에서 만난 박순경 교수

1991년 9월 8일, 기자는 경기도 의왕시 포일동에 위치한 서울구치소를 찾았다. 《말》지 연재물 '분단과 사람들'의 주인공으로 선정된 박순경 교수(68)를 면회하기 위해서다. 박 교수는 범민련 활동, 그리고 지난 7월 일본에서 열린 평화통일과 선교에 관한 기독자 도쿄회의 주제 강연과 관련, 8월 13일 구속되어 현재 서울구치소에 수감 중이다.

범민족 대회로 어수선하던 당시 범민련과 관련해 구속된 재야인사가 많았던 탓도 있지만, 그의 구속 사실을 보도한 기사는 국민들의 눈길을 별반 끌지 못했다.

박 교수의 구속을 알린 보도를 얼핏 보았을 때 순간적으로 두 가지 생각이 떠올랐다. 대학교수까지도 범민련에 참여했다고 구속하는구나 하는 것이 그 하나이고, 둘째로는 이처럼 진보적인 노교수가 왜 지금껏 널리 이름이 알려지지 않았을까 하는 의아심이었다.

안기부가 박순경 씨를 수사대상으로 지목하게 된 것은 여러 통일운동관련 구속자들의 저술 중에 그에 대한 언급이 많았기 때문이라 한다. 작년 3월 김일성종합대학 종교학과 교수로 강의했던 홍동근 목사(통일동지회 회장)는 작년 1월 23~25일 핀란드 헬싱키에서 열린 주체사상과 기독교, 조국통일에 관한 북과 재외동포 기독인 대화에서 발표한 〈남에서 활동하는 통일신학의 선구자들〉이란 글에서 박 교수를 다음과 같이 소개했다.

"박순경 교수는 한국 신학계의 조직신학자의 한 사람으로 알려졌으며 특히 칼 바르트 신학의 전문가로 한 시대를 영향했다. 1970년대 이후 지금은 민족신학의 개척자로 통일신학의 지도자로 모두 앞에 독보한다. 나 개인적으로는 지난 민족분단 45년 역사에서 신학자 중 순수하고 진보적이며 민족적인 대표적 신학자는 박순경 교수라 생각한다."

칼 바르트를 '열애'한 신학자

무엇이 홍동근 교수로 하여금 한 여성신학자에게 이 같은 찬사를 보내게 하였을까. 감리교신학대 졸업, 서울대 문리대 철학과 졸업, 미국 유학 신학박사, 이화여대 기독교학과 교수로 22년간 재직하다 88년 정년퇴임 한국여신학자협의회 초대 회장(1980~82), 현 목원대 대학원 초빙 교수, 전민련 조통위원 등이 그의 주요한 약력이다. 여사 접견대기실에서 기다리는 동안 박 교수의 풍모에 대한 나름의 초상을 그려보았다.

"72번 가족 접견실로 들어가세요."

박 교수의 면회를 알리는 안내방송을 듣고는 함께 온 김애영 씨(39, 한신대 강사)와 함께 접견실로 들어갔다. 김씨는 71년 이화여대 기독교학과에서 박 교수의 지도를 받은 이래 20년간 줄곧 생활을 함께하고 있다. 접견실의 이중 유리판 너머로 박순경 씨가 들어왔다. 고희를 바라보는 나이치고는 고운 인상이었다. 하지만 머리가 희끗희끗한 게 그 나이의 여느 할머니와 다를 바가 없었다. 평소 옷매무새가 깔끔하다는 얘기도 들었지만, 지금 입고 있는 옷은 푸른색 죄수복이었다. 순간적으로 이곳이 바로 분단의 현장이고 건너편의 박순경 씨가 바로 분단의 인물이구나 하는 느낌이 들었다.

면회시간 10분의 대부분은 박순경 교수가 김애영 씨에게 범민련 일은 이렇게 하고, 목원대 박사과정 논문지도는 저렇게 하고, 책은 무슨 책을 넣고, 약은 어떤 걸 차입할지 얘기를 하는 데 쓰였다. 접견내용을 일일이 기록하는 여교도관의 눈치를 살펴가며 "건강은 어떻습니까?" "칼 바르트는 왜 좋아하십니까? 등의 질문을 산발적으로 던졌지만 "여기서 말할 수 있나. 나가서 내가 써야지"라는 두어 마디 말밖에 들을 수 없었다.

그런데 칼 바르트(1886~1968)에 대한 물음에 대해서는 이틀 후인 9월 11일 김애영 씨에게 보낸 옥중편지에서 이렇게 답변했다.

"대답은 간단하지 않으나 칼 바르트는 신학본질문제와 신학역사문제를 파헤친 대신학자일 뿐 아니라 끊임없이 일어나던 내 회의에 대해 해답의 방향을 가르쳐준 학자이지. 내가 하고 싶은 말을 그가 벌써 말해버렸어."

10분도 채 안 되는 시간으로는 간파될 수 없는 박 교수의 체취를 호흡하기 위해 안양시 관양동에 있는 그의 자택을 방문했다. 현재 그의 집을 지키고 있는 사람은 김애영 씨였다. 박 교수는 독신인 데다 9남매 중 막내인 그만이 유일하게 생존해 있기에 직계 가족이 없었다.

천여 권의 신학원서가 가득 찬 박 교수의 서재에는 석 장의 사진이 걸려 있었다. 박순경 교수의 액자사진과 성스럽다기보다는 젊고 씩씩해 보이는 렘브란트의 예수초상 그리고 스위스의 신학자 칼 바르트의 사진이었다. 그리고 거실에는 한학자였던 부친 박용선 씨와 모친 조 원 씨가 생전에 함께 찍은 사진이 있었다. 그에게 육적인 생명을 준 사람이 부모라면 영적인, 사상적인 생명을 부여한 사람은 바로 예수와 바르트가 아닐까.

지난 8월 29일 종로5가 기독교회관에서는 박순경 교수 석방을 위한 목요기도회가 열렸다. 이 자리에서 목요기도회가 열렸다. 이 자리에서 제일교회 박형규 목사는 미국 유학

시절 만난 박순경 씨에 대한 인상을
소개했다.

"처음 만났을 때 얼굴은 여자인
데 사는 방식은 남자를 압도하는 힘
을 지닐 만큼 강렬해 보였습니다. 그
리고 보통 하나님에 사로잡힌 사람
하면 남자를 연상했는데, 여자도 하
나님에 사로잡힐 수 있구나 하는 생
각을 하게 됐죠. 말끝마다 칼 바르트
가라사대 하며 하나님을 알기 위해
서는 바르트를 알아야 한다고 역설
했지요. 아마도 박 교수는 칼 바르트
를 너무도 사랑하기에 남자를 못 만
났을 것입니다."

이처럼 예수와 칼 바르트에 빠
져든 여신학자가 어떻게 해서 안기부
에 의해 북한의 대남혁명노선을 찬양
하고 주체사상을 찬양한 혐의로 수감
된 것일까.

1944년, 몽양 여운형 선생
찾아가기도

박순경 씨는 1923년 경기도 여주
에서 태어났다. 그의 집안은 본래 고
려 초 유신이었는데 조선조에 들어와
관직에 나가지 않고 대대로 학문만을
해온 반골기질이 있는 집안이라 한
다. 한학자 집안이었던 그의 외가는
인천을 통해 서양문물이 밀려오자 가
마타고 부모님과 더불어 강원도 횡성
으로 이사를 갔다. 어릴 적에 그는 어
머니가 '사불범정(사특한 귀신이 바른 것
을 범하지 않는다)' 이라는 주문을 외우
는 것을 자주 들었다. 세상에는 온통
잡귀들로 가득 차 있다는 생각을 떨
쳐버릴 수 없었다 한다. 박순경 씨는
열한 살 되던 해에 귀신에게서 벗어
나려는 압박감에서 기독교에 관심을
지녔다.

그의 어머니는 기독교를 서학이
라 하여 교회에 출입하는 것을 엄격
히 금했다. 박 씨는 교회를 마음껏 다

니기 위해 43년 세브란스 고등간호학교에 입학했다.

박순경 씨의 민족에 대한 자각 역시 이 무렵에 이루어졌다. 세브란스간호학교에 다니던 1944년 봄, 항일 독립운동하던 친구와 더불어 몽양 여운형 선생 등 항일운동가들을 만나기도 했다. 이 당시 그의 신학적 과제가 설정된다. 좌익 민족운동가들의 무신론을 수용할 수는 없었다. 그러나 기독교와 민족 그리고 사회주의의 관계는 해명되어야만 한다고 생각했다.

45년 해방을 맞이하자 박순경 씨는 한글학당에서 글을 배울 결심을 했다. 그러나 하루 6시간의 한글 수업과 간호사근무, 영양부족 등으로 사흘 만에 급성늑막염에 걸려 입원한다. 투병생활 중에 "하느님은 사랑이시라"(요한복음 4장 8절)는 성구를 회상하다가 하나님을 만나는 체험을 한다. 이를 계기로 신학을 결단한다. 병석에서 일어나면 전도부인이 되어 조선 8도를 누비고 다니리라 다짐했다.

46년 4월 박순경 씨는 병석을 걷어치우고 감리교신학회에 입학한다. 감리교신학회에서 함께 수업했던 김준영 목사는 박순경 씨에 대해 "여성뿐만 아니라 전체 신학자 중에서도 최고봉의 학자"라며 선배 박순경을 회상했다.

"언제나 남색 저고리에 검은 치마를 입고 다니던 그 양반은 미모에다 빼어난 알토의 매력적인 여학생이었어요. 그리고 이때부터 칼 바르트에 매료돼 독일어 공부에 전념했지요."

48년 그는 서울대 철학과에 입학한다. 사상적 훈련을 닦으면 신학에 대한 입이 열릴까 하는 기대 때문이었다. 49년 어느 날 비원 앞을 걷다가 "다 이루었다"는 성구를 회상하면서 깜짝 놀라 외치고 싶은 충동을 느꼈다. 어느 한 사람이 역사를 다 이루었다면, 그 역사는 내 역사일 수 있으니, 이제 나는 다 살았다는 희열을 체험하고, 박순경은 세상에 태어나 처음으로 기쁨을 체험한 것이다. 예수의 십자가와 부활, 구약의 의미가 직관적으로 감지되었기 때문이다. 이때의 영감은 박순경 씨가 신학에 몰두한 두 번째의 결정적인 계기가 된다.

6·25가 터졌을 때 그는 피난을 가지 않았다. 꼼짝 않고 바르트의 《죽은 자의 부활》을 혼자 번역하며 지냈다. 1·4후퇴 때는 피난을 간다. 그 이유는 친구들과 기독교가 남쪽으로 피난 갔기 때문이라 한다.

헨델의 〈메시아〉 들으며 목놓아 울다

전쟁이 끝난 후 선신여고와 정신여고에서 영어와 독일어를 가르쳤고, 55년 말 미국 유학길에 올랐다. 한국에서는 더 이상 신학을 할 여건이 안 된다는 판단 때문이었다. 10년

동안의 유학생활에서 그가 얻은 것은 무엇인가. 박 씨는 58년 미국 유니언 신학교의 에큐메니컬 연구회원으로서 민족분단과 한국교회의 반공의 문제를 논문으로 다루었다. 이를 통해 그는 한국에서 제기했던 "한국교회의 반공반북은 오류다"라는 결론을 내렸고, "기독교와 공산주의는 필연적으로 만나야 한다."라는 확고한 주관을 갖게 된다.

그는 자신의 유학생활 10년이 시간의 낭비였다고 토로하기도 한다. 자신의 제자들에겐 절대로 3년 이상 서구유학은 삼가도록 충고한다. 왜냐하면, 신학은 실존적으로 신학하는 자 자신의 역사적 상황에 직결되어야 하기 때문이라는 것이다. 박순경 씨는 미국 유학시절에 크리스마스 때가 되면 몰래 기숙사에 남아 헨델의 〈메시아〉를 들었으며 우리 민족을 생각하고 목 놓아 울었다 한다. 그는 헨델의 〈메시아〉 중에서도 이사야서 40장 1, 2절을 담고 있는 낭송 부분을 좋아

한다. 이 성구는 자택의 거실에 표구로 걸려 있기도 하다. 강희남 목사는 이 성구를 박순경 씨가 무척이나 좋아하는 줄 모르고 행사지원에 대한 답례로 보낸 것이라 한다.

"하나님이 가라사대 너희는 위로하라. 내 백성을 위로하라. 너희는 정다이 예루살렘에 말하라. 너희는 그들에게 외쳐 고하라. 그 복역(바빌론 포로기)의 때가 끝났고, 그 죄악의 사함을 입었느니라."

미국에서 돌아온 후에는 이화여대에서 조직신학을 강의했다. 그에게 있어 강의한다는 것은 실천신학을 의미했다. 박 씨는 칼 바르트가 《교회교의학》에서 밝힌 대로 신앙은 필연적으로 선포되고 공동체를 형성하기 위해 즉 이 실천을 위해 존재한다는 고전적 교의에 충실했다.

칼 바르트의 무덤에 작별을 고하고

1972년에 선포된 7·4 남북공동성명은 박순경 교수로 하여금 잠시 보류했던 통일문제에 관심을 기울이게 했다. 그는 74~76년 스위스와 독일에서 역사철학과 사회철학을 연구하고 서구신학을 관찰하면서 결정적으로 새방향을 설정한다. 그는 한국에서의 신학이 서구신학의 해설, 소개, 번역에 안주하는 데 동의할 수 없었다. 물론 서구신학을 반복하고 복사하는 작업은 필요하나, 한국적 신학의 과제는 어디까지나 민족의 삶과 문제에 집중해야 함을 정립하고자 했다.

그는 1974년에 스위스에 있는 칼 바르트의 무덤을 찾았다. 그리고 바르트의 무덤 앞에 꽃을 바치고 우리 식으로 네 번 큰절을 했다. 이 자리에서 "마지막이오"라는 말을 소리 없이 되뇌었다. 바르트의 신학에 대한 새

방향을 확정하고자 한 고백이었다.

박순경 씨는 덴마크 코펜하겐에 갔을 때는 키에르케고르에게, 제네바에 들렀을 때도 이와 유사한 방향전환의 필요성을 느꼈다고 한다. 그가 바르트와 키에르케고르, 칼뱅의 무덤 앞에서 확인한 것은 자신의 신학의 주요관심사가 서구의 그 어느 위대한 신학자가 아니라 민족과 통일이라는 사실이었다. 바르트에게 절을 한 것은 그의 신학이 끝났다는 것이 아니라 한국 민족에게로 신학적 주제를 전환한 것을 의미한다. 이제 하느님은 이스라엘만의 하나님이 아니라 한국의 하나님이기 때문이다.

물론 박순경 교수가 높이 세운 한국 신학의 중심 역시 하나님, 예수, 성령의 역사, 하나님의 나라에 관계된다. 그러나 한국 신학의 주체들은 하나님, 예수 그리스도, 성령을 분단된 이 민족의 상황에서 증언해야 하며 분단의 극복 없이는 하나님 나라의 도래를 증명할 수 없음을 선포한

다. 이제 그에게 있어 분단과 하나님 나라는 병존할 수 없는 것이며 "미군과 핵무기에 의존하려는 한국 기독교는 하나님 나라에 대한 반역"이라고 단죄한다.

박 교수는 민족분단에 대한 교회에 책임성을 강조한다. 한국에서의 기독교는 8·15 이전부터 분단을 예비해왔고 8·15 이후부터 조장해왔음을 지적한다. 박 교수는 1991년 도쿄 강연 앞머리에서 한국 기독교계의 잘못된 북한선교관을 질책하기도 한다.

그는 서양자본주의의 지배이데올로기인 반공기독교를 북한에 이식하려는 것은 민족 화해에 도움이 되지 않는다고 밝히고, 서양이데올로기 도구 역할을 하는 남한 기독교의 자성을 촉구한다. 박 교수는 북한과 남한 전체가 하나님의 선교대상이며, 북한의 무신론뿐만 아니라 남한의 물신우상도 극복되어야 함을 분명히 한다. 박 교수는 북한 선교란 서양과 남한 교회를 북에 이식시키는 일이 아

니라 반공기독교를 넘어서는 민족과 통일 선교일 수밖에 없다고 생각한다.

교회는 남과 북 사이에 서 있어야

박순경 교수가 공산주의와 기독교, 남한과 북한의 만남을 절대적인 명제로 내세우는 것은 그의 신학적 토대가 바르트라는 것과 연관되어 있으며, 항일민족운동사에 직결된다. 바르트는 1915년 스위스 사회민주당(SPS)에 가입한 후 행한 연설에서 "진정한 크리스천은 그가 기독교의 개혁을 진지하게 생각한다면 사회주의자가 되어야 한다. 그리고 진정한 사회주의자는 만일 그 앞에 사회주의의 개혁이 놓여 있다면 크리스천이 될 수밖에 없다"는 말을 남겼다. 또한, 바르트는 "하나님은 그 도래함의 표징을 이때는 이 진영에 저때는 저 진영에 세우신다"고 믿었기 때문에 "공산주의를 악마로 혹은 반공주의를 구원의 천사"로 규정짓는 것을 거부했다. 그리고 바르트가 "교회는 동과 서, 사회주의 공산 권력과 자본주의 서방 사이에 존재해야 한다"고 말한 것처럼, 박순경은 "교회는 반공 서양과 남한과의 유착관계로부터 해방되어 남과 북 사이에서 참된 민족화해를 위해 사역해야 한다"고 역설한다.

기독교와 공산주의를 넘나드는 그의 사상적 탐험은 분단된 지금에 와서는 기독교와 주체사상의 만남으로 재현되고 있다. 박 교수가 구속되는 데 영향을 미친 도쿄 강연 '기독교와 민족통일의 전망'의 상당 부분은 이 부분을 해명하는 데 할애되고 있다.

그가 주체사상을 거론하게 된 것은 91년 5월 28~30일 미주 기독학자협의회가 주최한 뉴욕 스토니포인트에서의 제25차 연례세미나에서 만난 북한의 박승덕 박사(사회과학연구원

주체사상연구소 소장)와의 토론 이후이다. 박승덕 박사는 성경에 대한 해박한 지식이 있었으며 "기독교와 주체사상은 사랑, 정의, 평화, 애국애족, 집단의 영생이라는 점에서 합일한다"는 견해를 피력했다고 한다.

"박승덕 박사의 기독교 접근과 신학추구는 나로 하여금 더는 주체사상에 대한 신학적 접근시도를 지연할 수 없다 생각하게 했으며, 그 이래 나는 골똘히 주체사상의 몇몇 개념들을 신학적으로 반성해봤다."

이 같은 신학적 '반성'의 결과 박 교수는 몇 가지 주체사상의 주요 개념을 성서에 빗대어 풀이했다. 그는 주체사상의 인간개조론을 성서의 부활의 '새사람'에 비유한다.

"주체사상이 주장하는 바 인민공동체를 위한 '인간개조' 혹은 모택동 시절 중국이 주장한 '새인간 새사회'는 현실적으로 북조선과 중국에 어떠한 문제들이 있든 간에 저 예언적 선포와 예수의 하나님 나라 선포에 접근하는 것으로 민족사와 세계사에서 터져 나온 바 새사람 새 나라의 도래를 증언한 성서적 주제에 접근하는 것으로 해석되어야 한다."

주체사상의 성서적 해석

박 교수의 강연내용 중 가장 문제가 되었던 부분은 '수령을 가톨릭의 교황과 유사하다'고 비교한 부문이라 한다.

"주체사상에 대한 비판으로 집약될 수 있다. 수령론은 남한 교회에서 대체로 수령이 독재자라고, 우상이라고 배격되고 단정되어 왔다. 우리는 수령론을 허심탄회하게 다시 생각해볼 필요가 있다."

"교회 구조에 비유하자면 수령은 가톨릭교회의 교황과 같다. 누가 교황을 독재자, 우상이라고 규정하는가?"

"수령의 자리가 계속 대치된다고 해도 수령론의 궁극적 통치 주체는 유한한 인간 이상일 수밖에 없다."

"여기에서 신학적 결단이 필요하다. 즉, 수령의 자리는 궁극적으로 비어있으니 역사와 세계인민의 궁극적인 주재자 주체는 하나님의 자리가 아닌가."

"주체사상이 그것을 시인하든 안 하든 세계의 통치주체는 궁극적으로 하나님이다. 하나님을 시인한 때에 인간통치자의 주체성이 그의 형상이라고 시인될 수 있으니, 인간 통치자가 의롭다고 판정되는 경우이다."

박 교수는 수령론을 이처럼 풀이하면서 결론적으로 "주체사상은 그 혁명이념의 궁극성 때문에 유일성을 함축하고 있음에도 불구하고 남한의 다원적인 사상의 조류들, 기독교와 타종교 사상 조류와의 대화, 따라서 상대화 과정을 통과하면서 민족사상으로 정립되고 전개되어야 할 것"이라고 말한다. 그 과정에서 주체사상의 유일성을 입증해야 한다는 것이다.

박순경 씨는 자신의 수령론 언급에 대해 일각에서 주체사상 찬양이라며 비난을 퍼붓는 것에 대하여, 이는 '무식과 독단'의 발로이며 "신학을 50년 이상 해온 나에게 성서적 근거와 민족적 양심에 배치되는 어떤 사상에 대한 찬양이란 있을 수 없다"고 반박했다.

박 교수는 우리 민족의 또 한편의 체제인 북한의 주체사상을 절대적으로 부정하고 타도하려는 것은 우리 사상의 건전한 발전을 차단해버릴 뿐만 아니라, 우리 민족의 영속적인 분열 아니면 상호 파멸로 가는 길이라고 본다.

체제와 이념을 초월한 제3의 길

기독교와 사회주의의 일치, 이는 지상의 유토피아를 추구하는 사회주의 실현보다도 더 '공상적'일 수 있다. 그러나 박 교수에게 이 과제는 대립물의 통일만큼이나 현실적인 사색과 실천의 대상이다. 그는 85년에 이미 〈한민족의 신학〉이라는 논문에서 "복음은 공산당을 초월하며 이것과 동일화될 수 없다. 그러나 평등한 인류와 자유의 왕국에 대한 공산주의적 비전은 성서적 종말론의 변형으로서, 어쩌면 쌍둥이로서 재해석될 필요가 있다"고 천명했다. 그가 공산주의와 기독교를 한 태에서 나온 쌍둥이 사이로 끌어당긴 것은 구약성서와 원시기독교의 공산주의적 성격에서 착안했을 법하다.

박 교수는 작년 10월 목원대학에서 행한 '하나님의 심판과 구원의 사회 경제적 의의'라는 강연에서 로자 룩셈부르크가 《사회주의와 기독교》라는 유명한 책에서 "1~2세기의 기독교인들이 열렬한 공산주의자들이었다"고 한 말을 상기시키면서, 고대 교부들이 초기 교회의 공동체적 전통을 회상하는 설교를 상세히 소개했다.

박 교수는 상극적인 기독교와 공산주의의 만남을 통해 '제3의 길은 있는가'라는 물음을 던지고는, 제3의 길이란 신학적으로 '하나님 나라의 초월성'을 의미한다고 해명한다. 물론 여기서 하나님 나라는 사회주의 그 이상이다. 사회주의는 역사의 문제를 극복하려는 방편은 될 수 있으나 그것에 의해 역사의 궁극적 구원이 성취되지는 않는다. 그는 제3의 길로서 하나님 나라의 궁극성은 한민족과 제3세계의 중립 이상의 길이며,

역사의 종말적 변혁을 필요로 하는 동력으로서 언제나 역사가 이루어내는 체제들을 초월한다. 그 초월성은 역사의 죄악을 극복하게 하는 하나님의 의로운 경륜이다.

박순경이 기다리는 '신랑'은?

제3의 길이 하나님 나라의 궁극성과 초월성을 의미한다면 그 길을 닦고 예비할 예언자의 할 일은 무엇인가. 그것은 한반도의 광야에서 통일을 선포하는 일이며, 통일조국이 그가 기다리는 신랑이다.

박순경이 사회운동에 관여한 것은 88년부터인데 이때는 사회운동단체의 이름도 잘 몰랐다. 89년 전민련 조국통일위원으로 참가하면서부터 본격적으로 통일의 전망을 열어나갔다. 89년 12월에는 한국 통일신학동지회에 참가해 부회장직을 맡기도 한다.

그의 통일운동 참여는 철저히 신학적 소명에서 출발한 것이다.

그런데 정부는 국가보안법 조문으로 성서적 양심을 심판했다. 이는 박 교수의 표현대로라면 국가보안법이 '독선과 무식'으로 가득 차 있기 때문일 것이다.

도쿄강연을 비롯한 철학적 신학적 주제들은 법정이 아닌 강의실과 대토론 광장에서 성찰되어야 할 것들이다. 박순경 교수에 대한 석방요구는 신학계, 여성계를 중심으로 활발하게 전개되고 있다. 국가보안법 관련자로는 보기 드물게 공덕귀 전 윤보선 대통령 부인, 이한빈 전 총리, 정의숙 이화여대 이사장 등 학계와 사회 인사들, 외국의 지식인들이 박순경 씨의 석방을 촉구하는 자필탄원서를 사법당국에 제출했다.

이대 기독교학과에서 함께 재직했던 서광선 교수는 88년 6월 박 교수의 정년퇴임 고별 강연장에서 누군가 박순경 씨에 대한 전기를 쓸 경우 신

우리 민족이 가야 할 제3의 길, 연방제 통일방안

하나님의 나라는 자본주의 서방의 독점물이 아니다. 사실상 자본주의 세계의 물욕과 황금주의는 성서적으로 하나님 나라에 정면으로 반대되는 것이다. 때문에 칼 바르트가 최초로 '제3의 길'을 제창했는데, 동유럽·소련의 사회주의라는 기존체제도 하나님 나라에 더 가까운 것은 아니다. 하나님의 나라는 하나님의 완전한 의가 종말시간에 역사에서 실현될 나라로서 동과 서를 넘어서는 제3의 궁극적인 나라를 가리킨다. 바르트를 비롯하여 서유럽의 많은 신학자들과 사상가들, 가톨릭교회 교황들이 자본주의 서양의 불평등의 사회죄악을 직시하면서 맑스의 사회주의 방향을 주목한다. 그러나 현실 사회주의 체제가 그대로 하나님의 나라와 일치한다고 생각할 수밖에 없었으므로 제3의 길을 내다본 것이다.

나도 이와 유사하게 통일의 길을 내다보는데, 이 제3의 길은 남과 북이 상호 접근하여 화해의 길로 전진하는 과정의 길이라는 것이다. 연방제 통일방안은 사실상 제의 길이다. 7·4남북공동성명도 6·15 남북공동성명도 그 길을 가리킨다. 통일로 가는 이 주 이정표들의 도달점은 어디인가? 그것은 열려있다. 긴긴 역사를 지닌 우리 민족은 우수한 두뇌를 가졌다고 믿는다. 통일로 가는 도중에서 남과 북은 서로 토론하고 논쟁하는 과정에서 아무리 험난하더라도 새로운 제3의 민족공동체의 나라를 이루어낼 것이라 믿는다. 그것이 민주적 혁명의 과정이다.

그러한 혁명은 역사상 세계에서 유례없는 창의적 혁명이리라. 그러한 우리 민족의 평등한 공동체적 나라는 정의롭고 평화로운, 새롭고 평등한 동북아-아시아-세계 사회 실현의 초석이 될 것이라는 생각이다. 역사의 종말시간에 도래할 하나님의 나라는 그러한 민족과 세계 혁명의 영원한 원천이며 동력이다. 그게 제3의 길인 것이다.

_ 2013. 10. 박순경 교수 첨가

학적 전기뿐만 아니라 '여성'이라는
주제로 접근할 것을 요망했다.

"내가 보기에 박 교수야말로 신
비의 여성입니다. 보기엔 그렇게 냉
철하면서도 68년 바르트가 죽었을
때 그렇게 통곡하고, 또 1988년 이
대 채플기간에 조성만 군의 죽음과
민족의 통일 얘기를 하면서 수많은
사람을 울게 했을까. 또한, 그렇게
사랑이 많고 아름다운 분인데 왜 아
직도 독신일까. 박 교수는 이러한
여러 가지 수수께끼를 가진 여성입
니다."

어찌 보면 일흔을 바라보는 여
신학자가 감옥에 있다는 것 자체가
이 시대가 풀어야 할 숙제인지도 모
른다. 박순경 교수는 "내 백성을 가
게 하라"는 헨델의 오라토리오 〈메시
아〉를 들을 때마다 출애굽기의 성구
를 생각할 때마다 압박받는 우리 민
족을 생각하며 울었다고 한다. 그의

갇힘은 내 백성을 가게 하기 위한 열
림의 전주곡은 아닐까.

최진섭 기자 (월간 《말》 1991년 10월호)

제3의 길이
하나님 나라의 궁극성과
초월성을 의미한다면
그 길을 닦고
예비할 예언자의
할 일은 무엇인가.
그것은
한반도의 광야에서
통일을 선포하는 일이며,

역사는　국민을　억압하는　독재정권의
말로가　어떻게 했는지　똑똑히　보여주고
있다.
　4월혁명으로　단지가　끝난　이승만과
4월혁명을　총칼로　짓밟은　박정희　쿠데
타를　아무리　미화해도　역사의　진실을
가릴　수는　없다.
　우리　모두　4월혁명　정신으로　하나가
돼 자주 민주 통일의　길로　힘차게　달
려　나가자.　　　　　정　동　익

한 번 왔다 가는 인생 구질구질하게 살지 말자

—

해직언론인 **정동익**

서울 인사동 사월혁명회 사무실에 걸린
신학철 화백의 그림 (이승만 동상과 김주열 학생)앞에서.

1984년 전북민주동우회 초대회장 / 1985년 민주통일민중운동연합 초대 감사 / 1986년 한국
출판문화운동협의회 초대 회장 / 1987년 민주쟁취국민운동본부 공동대표(언론 출판계 대표
로 참여) / 1987년 서울 민통련 부의장 / 1988년 민주언론운동협의회 의장. 월간 《말》 발행
인 / 1992년 선거보도감시연대회의 초대 상임대표 언론학교 초대 교장 / 1994년 통일시대민
주주의국민회의 공동대표 / 2000년 사월혁명회 공동의장 / 2001년 민주화운동기념사업회
감사 / 2004년 민주주의 민족통일 전국연합 감사 / 2006년 민주화운동정신계승국민연대
상임대표 / 2006년 동아자유언론수호투쟁위원회 위원장 / (현)사월혁명회 상임의장 / (현)한
국진보연대 감사 / (현) 세상을 바꾸는 민중의 힘 감사 / (현)민주언론시민연합 고문

《동아일보》에서 해고된 뒤 40년간 언론운동을 했지만
여전히 조중동 보수 언론의 아성은 무너질 기미가 보이지 않습니다.
평생 자유언론을 위해 헌신해온 입장에서는 아쉬운 점이 많지 않나요?

동아투위가 보상금 받으면 반민주 언론인
사전을 만들고 싶었는데, 그게 아쉬워.
일제에 부역하며 내선일체 등을 강조했던
친일앞잡이 언론인, 전두환 찬가 부르며
독재정권 나팔수 노릇한 언론인들을 한 번도
단죄하지 못했잖아. 한 번은 정리하고 가야 해.
반발이 거세겠지만, 반민족 반민주 언론인 사전을
꼭 만들고 싶어. 외세와 독재권력, 자본의 앞잡이
노릇한 기자들은 호의호식하고, 자유언론을 위해 싸우던
기자들은 해직돼 길거리를 헤매는 현실에서
언론계 후배들이 뭘 보고 배우겠어?
부역 언론인들의 이름 석 자를 기록해서
역사의 단죄라도 받게 해야지.

정동익,
소신 있게 살자

해직기자가 언론운동, 출판운동에 몸담는 경우는 많지만, 민족민주운동, 사회운동단체에서 활동하는 경우는 흔치 않은 일 아닌가 싶습니다. 언론운동하면서 사월혁명회 상임의장까지 하시고…….

· 1974년 동아일보에서 해직된 이후 쭉 재야에 몸담고 있었던 편이지. 운동에서 비켜 서 본 적 없어.

해직언론인 중에 현재 사회운동 같이 하시는 분이 또 누구 있나요?

· 이제 모두 나이가 들다 보니 해직언론인 천여 명 중에 사회운동단체에서 활동하는 사람은 나밖에 없는 것 같네. 그래서 더 책임감을 느끼기도 해.

1961년 4·19 때 앞장섰나요?

4·19 때는 난 전주고 3학년이었는데, 전주에서는 고교생들이 조용했어.

4월혁명 당시 고등학생이었는데, 어떻게 사월혁명회에서 활동하게 됐죠?

사월혁명 주역뿐만 아니라 혁명 정신에 뜻을 같이하면 누구나 참여 가능한 단체야. 대학교 2년 선배였던 심재택 전《말》지 사장하고 친하게 지냈는데, 그분이 참여를 권했어. 이런 분들이 4·19 학생운동 주역이었거든. 지금 민주당 국회의원 하는 심재권 의원의 형인데, 형제가 함께 서울대 학생운동 리더 역할을 했지. 1988년에 사월혁명회 창립할 때부터 참여해서 홍보위원장, 공동의장 거쳐서, 2008년부터 현재까지 상임의장직을 맡고 있어.

4·19 관련단체나 주역으로 알려진 분 중에 보수화된 경우도 많은 것으로 알고 있습니다만.

4·19 세대 대부분이 변절했거나 의식이 약해져서 정권에 영합해서 사는데, 우리 회원들은 고집스럽게 소신 지키는 사람들이야.

의장님도 소신파인 거네요.

내 좌우명이라 할 수 있는 게, '소신 있게 살자' 야. 한 번 왔다가는 인생 구질구질하게 하게 살지 말자는 것이지. 어찌 보면 자존심

하나로 버텨온 거야. 정의, 바른 역사가 승리한다는 낙관적인 신념이 중요해. 살아오면서 아직 좌절하거나, 조건 나빠졌다고 낙담한 적은 없어. 아마도 천성적으로 낙관주의자가 아닌가 싶어. 5분이면 잠들고, 기왕이면 웃으면서 살고, 평소에 낙관적인 생활태도를 견지하려고 해.

평소 겉으로 드러난 이미지가 부드러워 보였는데, 실제로는 강단이 있으신가 봐요.

평소에는 유한 편인데, 고민되는 순간에 결단을 잘 내리는 편이야. 내가 스스로 자랑스러워하는 것 중의 하나가 초대 회장 직함이 많다는 거야. 1984년도에 만든 전북민주동우회 회장도 했지. 당시 전두환 정권 아래서 어느 조직도 움직이지 못할 때였는데, 전북 출신 민주화인사들이 그 살벌한 시기에 민주동우회를 처음으로 만들었어. 이를 기반으로, 최초로 전북민주화운동협의회라는 지역조직을 만들기도 했고. 전두환 때만 해도 조직을 만들었다 하면 굴비 엮듯이 엮이니까, 하지 말자는 의견이 대다수였지.

지금은 전북민주동우회 고문을 맡고 있는데, 오늘 저녁 인사동 포도나무라는 음식점에서 모임이 있어. 매달 첫째 수요일에 정례 모임을 하는데, 오늘은 장영달 전 의원이 정치권 흐름에 대해 발제를 하기로 했어. 한출협 초대회장, 언론학교 초대 교장, 선거감시연대회의 초대 상임대표도 했고.

평소 지론이 '소신껏 살자'라고 하셨는데, 그에 해당하는 일화가 있으면 하나 들려주실 수 있나요?

• 1985년, 김형욱 회고록 낼 때도 결단이 필요했지. 미국을 방문한 국회의원을 통해서 원고를 입수했는데, 그걸 어떻게 알았는지 중앙정보부(1980년 12월 31일 국가안전기획부로 명칭을 변경) 다니던 고교 동창생이 출판사 사무실에 찾아왔어. 중정에서 소리 소문 안 나게 책 못 내게 하라고 했다면서. 내가 그 친구에게 원고 검토했는데 법률적으로 문제 안 된다, 문제 삼으면 법정투쟁하겠다 했더니, '우리 회사 말 안 들으면 좋을 일 없다'며 겁주고 가더군. 얼마 있다 전화도청 들어오는 게 느껴졌지.

한 달간 고민하다가, 이왕 결심했으니 출판하자고 마음먹고 움직였어. 친구에게 오백만 원 빌려서 인쇄소에 돈 주고 절대 전화하지 말라 당부했지. 3권짜리 7천 질을 전국 서점에 뿌리고 도망쳤어. 자기네가 경고하고 감시까지 했는데 책이 나오니까, 정보부에서 당황했을 거야. 거리에 수배전단까지 붙었고, 1백만 원 현상금에 일 계급 특진까지 내걸었다고 해. 괘씸죄도 있을 테고. 8개월간 도망 다니다, 인천 5·3사태 났을 때 자수했어. 공안기관의 관심이 5·3 개헌현판식으로 쏠려서 나 같은 출판업자에겐 신경을 안 쓰는 분위기였지. 마포경찰서장이 대학 동기였는데, 자수하겠다고 했더니 반가워하더라고. 경범죄로 재판받았는데 구류 10일 처분 받았어. 정식 재판 받겠다 했더니, 오히려 판사가 이해해 달라 하더군.

안기부(현 국정원)에 맞선다는 게 당시로는 어려운 일 같은데, 뱃심이 좋으시네요.

• 당시엔 언론이 죽었을 때라 출판인으로서의 의무감이 컸어. 소신껏 살자는 생각이 작동했다고 봐야지. 나중에 만난 형사가 내가 우락

부락하고 덩치가 큰 사람인 줄 알았다면서 놀라더라고. 내가 사납게 생긴 줄 알았는데, 인상이 유하다나.

몸을 던져야 할 때 소신과 용기가 필요한 거겠죠. 동아투위 때도 총대를 메시지 않았나요?

그땐 다 같이 했어. 돌이켜 보면 센 발언을 자주 하긴 했던 것 같네. 《동아일보》에서 10·24 자유언론 실천선언 하는 날, 《동아일보》에서 총회할 때 제작 거부하자는 발언을 하기도 했지.

《동아일보》가 최초로 1974년 11월 12일 결간했는데, 전국에서 성당에서 시국 미사가 열렸어. 이게 톱기사감이니 실으라고 요구했는데 회사는 안 된다 했지. 기자총회 열린 자리에서 톱기사 보도 못하면 더 이상 동아일보 만들 이유가 없다, 톱기사 만들 때까지 제작 거부하자는 발언했고. 그래서 하루 늦게 신문이 나왔어.

1974년 10·24 자유언론실천선언의 내용이 뭐였죠?

신문·방송·잡지의 외부 간섭 배제, 기관원 출입 거부, 언론인의 불법연행 거부 등 3개 조항이 골자였어. 자유언론실천선언을 《동아일보》 일면에 크게 보도할 것을 요구했지. 경영진은 거부했고, 우리는 제작거부에 들어가겠다고 했어. 밀고 당긴 끝에 일면 3단으로 보도한다는 타협안이 경영진에서 나왔어. 송건호 편집국장이 중간에서 연락을 해줬고, 타결된 것이 밤 11시였지. 결국 그날 신문이 못 나왔어. 일제 강점기 이후 최초로 신문이 결간된 가야. 그날부터 중앙정보부나 보안사 등 기관원들이 동아일보에 출입하지 못하게 됐어. 67년 이후 출입한 기관원이 7년 만에 자취를 감춘 것이지. 당시로서는 역사적 사건이야. 이것이 빌미가 되어 12월 말부터 동아일보의 광고가 무더기로 해약됐어. 광고란을 백지로 내자 국민들의 격려광고가 밀물처럼 몰려왔지.

동아투위는 2011년 3·17 동아일보기자 대량해고 36주년을 맞이해 발표한 성명에서, "《동아일보》는 오욕의 역사를 청산하는 것이 도리"이며, "이를 방치한 채 아무리 높은 빌딩을 올려봐야 단두대는 단두대요, 도살장은 도살장일 뿐"이라고 밝혔습니다. 해직기자들에게 3·17 사태는 현재진행형이라는 느낌이 드네요.

• 3·17 대량해고를 우리는 '언론학살'이라 표현해. 정부와 《동아일보》의 참회가 있어야 해결될 문제야. 벌써 10여 명의 동아투위 소속 회원들이 유명을 달리했는데, 역사의 왜곡을 바로잡는 운동을 죽는 날까지 멈추지 않고 하는 게 우리의 운명이라 할 수 있지.

사회를 잘 봐서 사회주의자라는 별명이 붙기도 했다면서요.

• 70년대에 재야인사 모이는 유일한 광장이 동아투위 모임이었

는어. 투위 모임 있을 때는 공덕귀, 이희호, 이우정, 박형규, 문익환, 계훈제, 백기완, 이돈명, 한승헌, 홍성우, 조준희, 성내운, 김병걸, 이호철, 김규동, 함세웅, 김승훈, 이해동, 김상근 등 당시 재야 어른들이 모두 참석했지. 민청학련 관련자들과 제적 학생들 그리고 조선투위 회원도 같이 모였고. 3월 17일 동아투위 창립기념식, 10.24 자유언론 실천선언 기념일, 송년의 밤 행사 등은 그 당시 재야 대표 모임이고 축제였어. 동아투위 멤버 중에는 방송국 아나운서 출신들도 있는데, 어찌 하다 보니 사회는 내가 도맡아 했네. 어느 해인가 송년 모임에서 공덕귀, 이희호 여사 중창을 시켜 화제가 되기도 했지. 서울대 사회학과 나와서 사회 잘 본다고 사회주의자라는 별명이 붙은 거야.

동아투위에 신문사 입사 선배도 많고, 중견급이 마이크 잡았을 것 같은데 사회를 잘 봤나 봐요. 고은 선생이 시집 《만인보》에 의장님에 대해 "작달 만하다/ 만나면/ 수수하다/ 그러다가 어느 집회에 나서면/ 그 냇물 같은 언변이/ 사람들을 질서정연케 한다/ 웅성거리는 것 싹 쓸어(정동익)"라고 시를 쓰기도 했네요.

· 우연히 한 번 보다 보니까 계속 맡게 되더라고. 그런 시가 있는 줄 몰랐는데, 어느 신문사 기자가 인터뷰하면서 알려줬어. 즉석에서 스마트폰으로 시를 찾아서 보여 주더군.

그렇게 마이크 많이 잡다가 설화를 입게 된 적은 없나요?

· 내가 지금 투표권이 없어. 2007년 대선 때 이명박 BBK 발언, 광운대 동영상 발언이 나왔을 때, 광화문 촛불 모임에서 대표로 연설하

면서 검찰은 똑바로 수사해야 한다고 했다가 벌금형 삼백만 원 선고 받았거든. 내가 한 말 뭐가 틀린 것 있느냐? 내가 검사에게 똑바로 수사하라 했고, 도대체 뭐가 문제냐 따졌어. 검사가 하는 말이, 틀린 얘기는 없더라도 선거 때 마이크 잡고 얘기하면 선거법 위반이라 하더라고. 그 바람에 5년간 선거권, 피선거권을 박탈당했어.

고 이기형 시인의 시집 《지리산》
펴냈다가 감옥가기도

운동하다가 벌금형 말고, 실형 받은 적도 있나요?

· 1986년 전두환 시절에는 국가보안법 위반으로 홍제동 대공분실에서 조사받았어. 그해 7월 초 출판사 직원이 극동문제연구소에서 흘러나온 《노동당정책사》를 복사집에 맡겼다가 신고당해서 나까지 끌려간 적이 있어. 복사는 나와는 상관없는 일이었는데도 한 달 넘게 잡아 가두고 조사했어. 아무래도 내가 한출협(1986년 6월 22일 창립) 초대 회장이었기 때문에 주시했던 것 같아. 1990년에 윤석양 이병이 폭로한 보안사 불법 민간인 사찰 카드를 보니까 내가 12번이더라고. 1989년 노태우 정권 때는 고 이기형 선생 시집 《지리산》 때문에 구속재판을 받았는데, 2심에서 집행유예로 나오기도 했어.

그 당시에는 출판도 결단을 요구하는 순간이 많았고, 쉬운 일이 아니었네요. 문제가 된 책이 또 있었나요?

아침에서 최초로 엥겔스의 원전 《가족 사유재산 국가의 기원》 (1985)을 펴낸 거야. 80년대에 마르크스·엥겔스 원전 출판 붐이 불 때였는데, 제목은 《가족의 기원》으로 해서 나왔어. 그 뒤 여러 원전이 쏟아져 나왔고, 결국엔 마르크스 《자본론》까지 출판됐지. 북한 소설 《꽃파는 처녀》를 내기도 했어.

82년도에 광주 민중 항쟁 진상 알리는 유인물을 대량으로 뿌릴 때 인쇄를 도와준 적이 있어. 광주에서 올라온 후배가 인쇄할 돈 없다고 도와 달라 해서, 여기저기서 그 당시 돈 40만 원을 만들어서 줬어. 월급쟁이들이 15~20만원 받을 때였어. 전국에 유인물 살포했는데, 그때 만일 잘못 걸리기라도 했으면, 100% 심하게 수난을 겪었을 거야.

아침 출판사에서 출간한 화제작에 《김형욱 회고록》 말고 또 어떤 것이 있나요?

시장에서 가장 화제가 된 책은 《김형욱 회고록》과 이진경의 《사회구성체론과 사회과학방법론》이야. 나 개인적으로는 1984년에 출판사 창업하고 최초로 낸 책 《민중과 자유언론》(송건호 등 해직언론인들이 씀) 이 기억에 남아. 언론운동의 연장으로 출판을 한다는 의미에서 낸 책인데 친구들이 열 권, 스무 권씩 사줘서 종잣돈을 마련할 수 있었지. 그때만 해도 운동권에 있으면 좋은 일 한다고 격려하고 도와주는 분위기였잖아. 당시엔 인문사회과학 출판인들은 운동한다는 생각으로 하는 경우가 많았어. 국가보안법 어기기 운동도 했으니까.

국가보안법 어기기 운동을 출판계에서 공식적으로 했나요?

　・　당시 출판인들이 국보법 어기기 운동을 공식적으로 결의해서 전개한 것은 아니지만, 이심전심으로 한출협 소속 출판인들 사이에 공감대가 광범위하게 형성돼 있었지. 80년대 출판운동 과정에서 구속 수감된 출판인 수가 백여 명이고, 1천3백여 종의 서적이 판금 당하고, 3백만 권이 넘는 책이 압수당했어. 어지간한 책들을 귀에 걸면 귀걸이, 코에 걸면 코걸이 식으로 엮어서 이적표현물로 문제 삼아 대거 구속하니까, 국가보안법이 출판인 모두의 문제였지. 출판계 사람이 감옥에 한 번쯤 가는 걸 당연시하는 분위기였어. 걸핏하면 회원사에 경찰들이 들이닥쳐서 압수 수색하는 일이 다반사였고, 그때마다 한출협 회원들이 모여서 농성하고 규탄대회 열고 그랬지. 몸으로 국보법을 넘어서고 무력화시키자는 생각을 했어.

전두환 독재정권이 왜 그렇게 출판을 탄압했죠?

　・　그때 언론이 죽어있을 때였잖아. 인터넷 신문도 없을 때고. 출판계가 언론과 같은 역할을 했어. 당시 민족민주운동진영에서 벌이던 북한바로알기 운동에도 출판계가 열심히 동참했어. 그래도 그때는 일할 맛 났던 게 책이 잘 나갔어. 좋은 책 내면 독자들 반응이 뜨거웠지. 요즘은 인문사회과학 책이 통 안 나가. 아침 출판사도 후배에게 넘겼는데 일 년에 책 한 두 권 내는 것 같더라고.

동아투위 이후 언론운동 했지만 언론환경은 더 악화되고, 사월혁명회도
열심히 하고 있지만 결국 이명박, 박근혜 정권이 이어졌습니다. 근래 들어
서는 이승만, 박정희 같은 독재자를 미화하는 작업이 공영방송을 통해서
이뤄지고 있는데, 심경이 어떤가요.

기가 막힌 노릇이지만 좌절하며 지켜볼 수만은 없는 일이야. 2
년 전 KBS가 이승만, 백선엽 특집방송 추진한다는 얘기 듣고, 사월혁명
회가 나서서 KBS 앞에서 4개월 간 천막농성 했어. 완전히 막지는 못했
지만, 방송사가 계획한대로 나가지는 못하게 했지. 이승만 오부작을 삼
부작으로 축소하고, 백선엽 내용도 수정하게 했어. 기자들이 그래. 며칠
농성하고 말 줄 알았는데, 노인들이 4개월간 매일 농성해서 놀랐다고.

그때 싸움은 사월혁명회 사무실에서 우리가 기획하고, 시작한 거
야. 그 투쟁성과를 기반으로 친일파독재자 찬양방송 저지 특별위원회
는 해산을 하고, 역사정의 실천연대를 새로 구성했어.

KBS 말고도 곳곳에서 노골적인 역사 왜곡이 진행되고 있지 않나요?

정치적 음모가 있다고 봐. 친일파 후예들이 재집권할 수 있도
록 길을 닦으려는 것이지. 박근혜 집권 이후 서울 중구청이 280억 원을
들여 신당동 박정희 옛집과 그 주변을 기념공원으로 조성하겠다고 하
질 않나, 경상북도는 최근 5년 동안에 박정희 관련 사업에 1270억을 투

입했다고 해. 구미시는 박정희 민족중흥관에 수백억 원을 쏟아 부으려 하고, 충북 옥천군에서는 육영수 생가를 복원한 데 이어 퍼스트레이디 역사문화관 짓겠다고 140억 원의 예산을 책정했다고 하네.

쿠데타 세력을 기념하는 나라가 세상에 어디 있어? 히틀러를 찬양하는 격이지. 저들은 이명박 정권 내내 친일파를 건국세력으로 부활시키려고 공공연하게 움직였고, 심지어는 5·18민주화운동을 북한이 개입해 일어난 무장폭동이라고 날조하려고 했던 세력이야. 앞으로 말도 안 되는 역사 왜곡을 자행할 게 뻔해. 교학사의 뉴라이트 역사교과서가 그 대표적인 사례지. 이런 걸 막는 것 자체가 민주화운동이고 통일운동이야.

사월혁명회 입장에서 보면 역사가 뒷걸음질치는걸로 보이겠네요.

· 반동도 이만한 반동이 없지. 사월혁명, 6월 항쟁으로 민주주의가 복원된 줄 알았는데, 정권이 바뀌니까 하루아침에 뒤집어진 거야. 자주적 민주정부 세우는 일은 더 요원해진 것 아닐까 하는 위기감마저 느껴. 일반 국민들이 볼 때는 민주당이 무기력하니까 체념하는 분위기고, 다른 대안세력은 약하고. 지금이야말로 진정한 대안세력이 클 수 있는 때인데 안타까워. 수구세력의 선제공격으로 진보세력은 갈가리 분열했고, 종북주의 공세로 짓밟혀서 클 기회를 놓쳤어. 어찌 보면 우리 위기가 더 큰 위기야. 민족자주세력, 양심세력들이 더욱 분발해야 할 때라고 봐.

이승만 독재정권을 대중 봉기로 무너뜨린 4월 혁명 주역들 입장에서는 특히 이승만 복권 움직임에 대해 기가 막힐 노릇이겠어요.

○ 이승만을 다시 세우려는 세력들은 사실 친일파들과 맥을 같이 하는 매국노들이라고 봐. 친일파들을 이 나라 집권층으로 군림하도록 만든 원초적인 잘못이 이승만에게 있는데, 그런 매국노를 국부로 세우려 하는 거잖아.

지난 세월 돌이켜 볼 때, 사회를 변혁하는 운동이 의지만 가지고 되는 것은 아닌 것 같습니다.

○ 양심세력이 나라를 이끌었어야 하는데, 김대중 노무현 정권 때도 진정한 민족세력이 참여하지는 못했어. 정권 상층부만 바뀌어서는 안 되고, 길게 내다보고 준비하는 수밖에 없는 것 같아. 긴 세월 지내다 보니까, 밑바닥이 튼튼히 다져지고, 국민들 의식 바뀌고, 주도세력 확실히 서기 전에는 진정한 변화를 이루는 게 어렵다는 생각이 들어.

1990년대 초반만 해도 진보세력이 금방 집권할 기세였는데…….

○ 그 많던 인물들이 다 어디론가 가버렸어. 90년대 대학가 강연 다닐 때, 모든 해악의 근본인 조중동에 돌을 던지라는 얘길 많이 했어. 1974년에 인혁당 가족이 편집국에 와서 울부짖고, 서울대생들이 동아일보 앞에서 화형식하고, 그런 걸 지켜보면서 기자들이 각성했듯이, 조중동 기자가 각성하도록 자극을 줘야 한다고 말했지. 얘기할 때 손뼉은 치는데, 돌을 던지진 않더라고. 진짜 던졌으면 배후 조종 혐의로 문제

양심세력이 나라를 이끌었어야 하는데,

김대중 노무현 정권 때도

진정한 민족세력이 참여하지는 못했어. 정

권 상층부만 바뀌어서는 안 되고,

길게 내다보고 준비하는 수밖에 없는 것 같아.

긴 세월 지내다 보니까,

밑바닥이 튼튼히 다져지고,

가 됐으려나. 하하하.

그런데 조중동에 일말의 변화 가능성이 있을까요? 변화해도 독자를 헷갈리게 만드는 논조 정도지, 민족언론으로 거듭날 수 있을까요?

• 동아·조선 해직 사태 이후 맥이 끊겨서 어려운 것 같아. 국정원 직원들처럼 사주가 댓글 달라면 달아야 하는 월급쟁이가 된 것이지. 대부분 조직문화에 순치되고 말았어. 사주 눈치만 보며 사는 배부른 돼지가 된 거지. 정의 외쳐봤자 우리처럼 쫓겨나서 길거리 헤맬 테니까, 적당히 타협해서 살기로 마음먹은 거겠지

요즘은 진보매체 기자들도 집회 시위 현장에 잘 나타나질 않아. 맘이 끌리질 않으니까, 보도자료 보고 한 줄 쓰거나 외면해 버리는 것 같아. 재야에서는 진보언론에 불만이 많아. 항의 방문해야 된다는 의견이 나오기도 해. 아쉬움은 크지만 진보언론을 비난할 마음은 없어. 그나마 우리 의견을 실어주는 데는 진보매체밖에 없으니까. 지사정신 지녔던 선배 언론인들과 달리 요즘 기자들은 정보전달자, 직장인으로 전락한 느낌이야.

최근에 나온 〈사월혁명회보〉(2013년 7월호, 109호)를 읽어보았더니, 요즘 신문이나 잡지에서 보기 힘든 글들, 반미 성향의 글이 눈에 많이 띕니다.

　·　회원들이 대체로 자주·민주·통일이 이뤄져야 미완의 혁명이 완성된다는 입장이고, 미국문제 해결 없이는 민주, 통일 이루기 어렵다는 생각을 하고 있어. 그러다 보니 반미에 관심이 많은 편이지.

원로 그룹은 자민통 노선이 여전히 대세인가요?

　·　자주·민주·통일이라는 과제가 어디로 간 게 아닌데 진보매체나 단체들이 민족, 통일 문제를 다루는 시선이 예전과 같지 않아. 민중의 힘 회의에 나가보면, PD 계열은 민족 문제나 미국 문제는 별 관심 없더라고. 관심이 없을 뿐 아니라 오히려 발목 잡는 경우도 많아. 노동문제 풀려고 해도, IMF에서 보듯이 미국문제가 주요한 문제인데 말이야. PD와 NL 문제는 쓰지 마. 골치 아파. 큰 병폐야. 우리 어른들 세대는 분화되기 이전 세대고, 민족적 양심에 따라서 운동을 했기에 그런 문제로 논쟁은 하질 않았어. 그런데 요즘 세대는 계급의식을 앞세우는 경우가 많아서 민족의 큰 문제를 보지 못하는 것 같아. 운동권이 양분되다 보니까, 큰 힘으로 투쟁하지 못하고 있어. 고질적인 병폐야. 사월혁명회에서 NL과 PD를 주제로 토론회 하자는 의견도 있었는데, 토론으로 될 일이 아니라고 해서 포기한 적도 있어.

사무실 벽에 걸려 있는 '자주 민주 통일' 붓글씨 쓰신 분도 사월혁명회 회원인가요?

서예가 윤영전 씨가 1995년에 쓴 작품인데, 이 분은 지금 사월
혁명회 조국통일위원장으로 활동하고 있어.

1975년 동아투위 이후
언론운동 40년

《동아일보》 들어갔을 때 분위기는 어땠나요?

1967년 11월 16일 입사했지. 입사 경쟁률도 엄청나게 높아서
구성원들 자부심이 대단했는데, 막상 들어가 보니 상황이 심상치 않았
어. 이미 정권이 압력을 행사하면서 각 기관원을 언론사에 상주시키고
있었거든. 그러던 중 인혁당 사건이 터졌어. 가족들이 언론사에 찾아와
'취재해놓고 보도도 안 하는 기자들이 무슨 기자냐' 며 땅을 치며 울고,
서울대학교 학생들이 광화문에서 동아일보 화형식을 하고, 결국 인혁
당 기사는 못 나가고 말았어. 그걸 계기로 기자들이 '우리 이렇게 살지
말자' 는 각성을 하기 시작한 거야.

**84년 12월 19일에 민주언론운동협의회(약칭 민언협)을 창립했고, 송건호 초
대회장의 뒤를 이어 2대 의장으로 활동하셨죠.**

전두환 신군부에 의해 80년 8월 강제 해직된 933명의 언론인

들, 그해 12월 언론통폐합으로 해직된 400여 명이 모여 1984년 3월 80년해직언론인협의회를 결성했어. 75년 해직된 기자들이 모인 동아·조선 자유언론수호투쟁위원회와 이들이 합쳐서 84년 12월 19일에 민주언론운동협의회를 만든 거야. 민언협 초대 회장은 송건호 선생이 맡았지. 《한겨레》가 창간된 뒤 고 송건호 선생이 사장으로 가고, 내가 2대 의장을 7년 동안 맡았어.

1989년 5월 《한겨레신문》 창간할 때 해직기자 출신들이 대거 동참했는데, 정 의장님은 왜 안 갔죠?

《한겨레신문》 창간 발기인으로 참여는 했는데, 막상 신문이 창간되자 밖에 남는 길을 택했어. 나는 그때 작은 규모나마 출판사를 운영하고 있었기 때문에 취업을 못한 동료들이 우선이라고 생각했지. 당시 동아투위 위원 중에 20% 정도가 한겨레로 갔던 것 같아. 그때《말》지를 중심으로 일하던 언협 간부들은 송건호 선생님을 모시고, 모두 한겨레로 떠났지. 송건호 선생님이 나에게 언협과《말》을 부탁했어. 내가《말》지 발행인으로 부임한 뒤에《말》지 기자를 최초로 공채해서 네 명을 뽑았지.

민주언론운동협의회 창립 이듬해인 1985년 6월 15일에 기관지인 《말》을 창간했죠. 언협 의장이면서 《말》지 발행인을 맡았던 송건호 선생님이 창간사에서 "이 시대 참다운 언론운동을 향한 디딤돌로서 《말》을 내놓는다. '말다운 말의 회복', 진실을 알고자 하는 다수의 민중에게 이 명제는 절실한 염원이다. 거짓과 허위 유언비어가 마치 이 시대를 대변하는 언어인 양 또 하나의 폭력으로 군림하고 있음은 우리가 처해있는 숨길 수 없는 현실"이라고 밝혔는데, 지금도 크게 다를 바가 없다는 생각도 듭니다.

　　그때《말》지 창간호에서 내세운 게 '민주·민족·민중언론의 디딤돌'이었어. 어찌 보면 지금 상황에서 더욱 절실하게 필요한 매체라는 생각도 들어.《말》창간호는 시중에 배포된 지 하루 만에 재판을 찍을 정도로 큰 호응을 얻었지.《말》의 수난은 처음부터 예고돼 있었어. 모든 언론을 철저히 통제하던 군사정권이 가만히 놔둘 리가 없었지.《말》지가 사라진 게 제일 아쉬워. 민언협 의장,《말》지 사장 할 때가 제일 열심히 했을 때인데, 그런《말》지 없어져서 …….

　　신문 잡지 등 활자매체 시대가 갔다고는 하지만《말》이 문 닫아야 하는 세태가 너무 야속해. 내가 관여할 때 5만 부 이상 찍던 잡지였는데, 그때는 광고 없이도 충분히 운영이 됐었지. 요즘 조중동 방송들이 편파 왜곡 보도가 너무 심각해. 도저히 언론이라고 봐줄 수 없을 정도야. 독재정권 시대와 다를 게 없어. 국정원 대선개입, 내란음모 정치공작 사건 같은 것도《말》지가 살아 있었다면 속 시원하게 심층보도했을 거야. 요즘 언론을 보면,《말》지가 존재하지 않는다는 것이 정말 아쉽고 허전해.

1992년 해직기자 중심의 민언협에서 시민회원 중심의 민언련으로 바뀌었는데, 특별한 계기가 있었나요?

　　1991년 4월, 명지대 강경대 학생이 백골단의 쇠파이프에 맞아서 사망하는 사건이 발생한 뒤 도심에서 매일 대규모 시위가 열렸잖아. 5월 한 달 동안 정권퇴진 시위가 벌어졌고, 노태우 정권은 위기에 몰렸지. 그런데 6월 초부터는 차츰 시위 인파가 줄더니 분위기가 싸늘하게 식어갔어. 이유가 뭐냐면, 정원식 국무총리 서리가 6월 3일 외대를 방문했다가 학생들에게 밀가루 세례를 받았고, 이게 언론에 대서특필됐기 때문이었지. 정원식은 전교조 교사 수천 명을 해직시킨 장본인이기에 외대 학생들이 진입을 막은 것이었는데, 각 신문방송에서는 앞뒤 맥락은 보도하지 않았어. 뉴스 시간마다 밀가루 뒤집어쓴 정원식 총리의 사진을 대문짝만 하게 내보냈고 운동권 학생들을 '스승도 몰라보는 패륜아'로 몰아붙였지. 운동권의 도덕성을 훼손시키는 보도가 이어졌고, 결국 언론의 몰매를 맞고는 시위대가 무너져 버렸어.

이 상황을 겪으며 언론의 중요성을 다시금 절감했어. 언론운동을 해직언론인만 해서는 안 된다고 마음먹었지. 그래서 1992년에 시민들이 중심이 되는 민주언론시민연합으로 조직의 성격을 바꾸고, 언론학교를 만들었던 거야.

친일 앞잡이, 독재정권 나팔수 노릇한
반민족 반민주 언론인 인명사전 만들어야

지난 2008년 10월, 진실화해를 위한 과거사정리위원회(진실화해위)는 "유신 정권이 언론 통제 수단으로 《동아일보》 광고 탄압에 나섰으며 특히 중앙정보부가 앞장섰다"는 결정과 함께 "국가와 《동아일보》는 피해자들에게 사과하고 피해 회복 및 적절한 화해 조치에 나설 것"을 권고한 바 있습니다. 현재 어떤 조치가 취해졌나요?

내가 동아투위 위원장 할 때 결정된 거였는데, 법원에서 손해배상청구소송, 시효 소멸했다며 1, 2심에서 패소 판결했어. 현재 대법원에 계류 중인데 지금 정권 아래서는 기대 안 하고 있어. 동아투위가 보상금 받으면 반민주 언론인 사전을 만들고 싶었는데, 그게 아쉬워. 일제에 부역하며 내선일체 등을 강조했던 친일앞잡이 언론인, 전두환 찬가 부르며 독재정권 나팔수 노릇한 언론인들을 한 번도 단죄하지 못했잖아.

한 번은 정리하고 가야 해. 반발이 거세겠지만, 반민족 반민주 언론인 사전을 만들고 싶어. 외세와 독재권력, 자본의 앞잡이 노릇한 기자들은 호의호식하고, 자유언론을 위해 싸우던 기자들은 해직돼 길거리를 헤매는 현실에서 언론계 후배들이 뭘 보고 배우겠어? 부역 언론인들의 이름 석 자를 기록해서 역사의 단죄라도 받게 해야지.

동아투위의 핵심 사업으로 하면 좋겠네요. 직접 쓰시면 안 될까요?

개인 저술로 하기에는 너무 방대한 사업이야. 사설 다 뒤져야하고, 한두 사람 힘으로는 어려워. 독재정권에 부역한 언론인들 이름 석 자 반드시 적어 놔야 역사가 무서운 줄 알 텐데. 반민족 반민주 언론인 사전 만들면 아마도 무지무지한 저항이 따를 테지.

1975년 《동아일보》에서 해직될 때 서른세 살의 생활인이었는데, 군사정권에 맞서는 게 쉽지 않았을 것 같습니다.

젊고, 뜻을 같이하는 동료가 많았기 때문에 가능한 일이었어.

의리로 뭉쳐서, 투쟁 대오에서 이탈 안 하고, 함께했기에 가능했던 일이야. 누구 하나가 용기가 있어서 이룬 일이 아니고, 함께했기에 버틸 수 있었지.

강자에 맞서고 약자 도와주는
억강부약 강조했던 부친도 해직기자

부친께서도 전북 지역의 언론인으로 활동했던, 해직기자였다고 들었습니다. 구질구질하게 살지 말자는 게 어찌 보면 아버님의 모습이기도 하네요.

· 박정희 정권 때 일사일도 정책에 의해 부친이 지방에서 최초로 《삼남일보》 편집국장에서 해직되셨어. 그게 1973년이었지. 성격이 대쪽 같은 분이시지. 1921년생이시니까 살아 계시면 92세야. 7년 전에 돌아가셨어.

강자 부당함에 맞서고 약자는 북돋아줘야 한다는 억강부약(抑强扶弱) 얘기 많이 하셨어. 그게 기자 정신이라고. 요즘 말로 하면 권력과 재벌 편이 아닌 민중과 약자 편에 서서 기사를 써야 한다는 것이지. 기자는 관점이 중요하다는 거야.

어느 신문과의 인터뷰에서 "1987년 시청 앞에 백만 명이 모인 이한열 장례식이 인생에서 가장 감격스러운 장면이었다"고 하신 적이 있는데, 또 어

떤 경우가 행복했던 순간이었나요?

이한열 장례식 때 대단했었지. 4·19 이후 독재정권에 맞서 싸운 민족민주 진영 최초의 승리를 기념하는 자리 같았어. 개인적으로는 1992년에 대선 때 민언련 주도하에 선거감시 연대회의 자원봉사자 60여 명이 석 달간 선거보도 모니터 활동하고, 시위하고, 일사불란하게 작업한 것도 무척 감동적인 일이었어.

소원이 있다면?

건강을 잘 챙겨서 생전에 통일의 그 날 봤으면 좋겠네. 다른 욕심은 세속적인 욕심은 거의 없어. 이제 자리에 대한 욕심도 없고, 지조 지키면서 깨끗하게 살다 갔다 그런 소리 들으면 만족해. 죽으면 묘지 안 쓰고 산에 뿌렸으면 해. 왔다가 그냥 가는 것이니까.

요즘 어떤 책 읽으며 지내세요?

사월혁명회 회원인 최천택, 김상구가 쓴 《미제국의 두 기둥, 전쟁과 기독교》(2013)를 최근에 읽었지. 최천택 교수는 당뇨로 눈이 잘 안 보이는데, 큰 돋보기로 깨알 같은 글자 읽으면서 저술 작업했다고 하네. 저자들은 책의 머리말에 "참 자유인이 되고 싶다. 참 자유인은 왜곡되고 조작된 역사에 얽매이지 않고 확실한 사실과 진실에 근거하여 사물을 파악하는 사람을 말한다. 거짓과 위선에 유혹되거나 오도되지 않으며, 강압된 정보에 세뇌되지 않으려는 자주적이고 능동적인 선택을 하는 사람을 지칭한다"고 적었어. 이는 권력과 언론을 대하는 우리 모두의 자세여야 한다는 생각이 들어.

인사동에서 집회하는 것 못 봤는데, 사무실 밖에서 국정원의 선거 개입을 규탄하는 목소리가 들립니다. 박근혜 정부 들어서면서 민주주의가 더욱 후퇴했다고 연설하네요. 그런데 박근혜 대통령 또한 국민이 선택했다는 것이 더 큰 문제겠죠. 예전의 박정희, 전두환 독재정권은 권력 획득의 명분이 없어서 그런지 언론, 여론에 민감했는데, 이명박이나 박근혜 정권은 투표로 뽑혔다는 정당성이 있어서 그런지 어지간한 비판엔 눈 하나 꿈쩍하지 않는 것 같습니다.

민주주의 후퇴를 국민이 선택했으니 우리 스스로 부끄러워할 일이야. 결국은 언론에 세뇌된 국민의 문제인데, 지금 이대로는 당해낼 재간이 없으니 답답한 일이지. 일반인들은 대부분 조중동 신문과 텔레비전에서 정보를 얻어. 게다가 조중동 방송까지 생겼으니. 정말 언론이 문제야.

자주 민주 통일은
미완의 혁명인 4월혁명의 이념

　사월혁명회는 4월 혁명의 주역들이 중심이 돼서 만든 단체다. 이제 그 주역들은 모두 70~80대의 노익장으로 변했으나, 혁명의 초심은 여전하다. 그 첫 마음은 작은 사무실에 딱 하나 걸려 있는 액자 속 글자에 그대로 담겨 있다.

　　"自主 民主 統一"

　서예가이자 수필가인 윤영전 선생이 한자로 쓴 '자주 민주 통일'은 사월혁명회 회원들에게 4월혁명의 이념과 같은 것이다. 통일을 이루는 것이 미완의 혁명인 4월혁명을 완수하는 것이라 말하는 사월혁명회의 정동익 상임의장을 8월 7일 인사동 사무실에서 만났다.

　정동익 의장을 처음 만난 것은 1989년 1월 월간 《말》 사무실에서다. 《말》지에 입사 원서를 냈을 때, 민주언론운동협의회 의장이자 《말》 발행인이었던 정 의장은 면접위원으로 참석했다.

　24년 전 46세의 중년이었던 정동익 의장은 이제 70세의 노년이 되었다. 마음은 여전히 청춘이고, 어지간한 젊은이들보다 더 활기차게 사회운동하며 지낸다. 하지만 이제 시민사회단체 원로회의가 소집되면, 원로 명단에 이름을 올리는 나이가 되었다.

정동익 상임의장이 1974년 동아일보에서 해직된 뒤 거쳐 온 이력을 살펴보면 민주화운동의 역사를 더듬는 느낌이 든다. 민주쟁취국민운동본부 끌고 나간 민통련 초대 감사, 서울 민통련 부의장, 전민련 지도위원, 민언협 의장, 민언련 시민학교 교장, 전국연합 감사, 민주화운동기념사업회 고문, 동아투위 대표 등을 맡았고, 현재 세상을 바꾸는 민중의 힘 감사, 사월혁명회 상임의장, 진보연대 감사로 활동 중이다.

동아일보에서 서른둘의 나이에 해직된 지 39년, 일제 치하 36년보다 더 긴 세월이 흘렀지만, 정 의장은 그 날 이후 민족민주운동의 현장에서 한 발짝도 벗어나지 않았다. 이처럼 초지일관할 수 있었던 것은 "구질구질하게 살지 않겠다"는 그의 인생관이 있었기에 가능한 일이었다.

인사동 사월혁명회 사무실에는 쓰러진 이승만 동상 위에 학생이 꽃을 들고 쓰러져 있는 그림이 걸려 있다. 1995년 신학철 화백의 작품이다. 사월혁명 당시 남산에서 학생들이 이승만 동상을 줄로 묶어 끌어내린 것을 형상화한 것이고, 꽃을 들고 있는 사람은 마산에서 부정선거 규탄 시위 도중 경찰의 최루탄에 맞아 숨진 김주열 학생이라 한다.

사월혁명의 주역들이 이승만 동상을 쓰러트린 지 60여 년이 지나 다시금 이승만, 박정희 동상 철거 운동에 나서야 하는 부조리한 현실에 대해 정 의장은 울분을 터트렸다.

"사월혁명회 회원 중심으로 상암동 박정희 기념관 폐관하라는 시위를 여러 번 했어. 친일파 독재자를 기념하자는 건 히틀러 기념하자는 것과 마찬가지야. 광화문 역사기념관도 민주화운동, 통일운동 역사는 완전히 빠져 있어. 민주화운동은 다 빠지고, 독립운동의 역사도 빠지고, 산업화·새마을·이승만·박정희가 주를 이루고 있어. 역사왜곡 작업에 끈질기게 맞서야 해."

외세와 독재권력, 자본의 앞잡이
노릇한 기자들은 호의호식하고,
자유언론을 위해 싸우던 기자들은
해직돼 길거리를 헤매는 현실에서
언론계 후배들이 뭘 보고 배우겠어?
부역 언론인들의 이름 석 자를 기록해서
역사의 단죄라도 받게 해야지.

백발 외아들이
백발 홀어머님
껴안는 그 날아

—

고 이기형 시인
(1917~2013)

1917년 함경남도 함주 출생 / 1933년 이후 작가 한설야, 사학자 문석준, 독립운동가 여운형, 시인 임화, 작가 이기영 등을 만나 조선 독립과 문학의 역할에 대해 모색 / 1938년 함흥고보를 졸업 / 1942년 도쿄 일본대학 예술부 창작과에서 2년간 수학 / 1943년부터 1945년까지 지하협동단사건, 학병거부사건 등 지하 항일투쟁 관련 혐의로 수차례 피검되어 1년여 동안 복역 / 1945년부터 1947년까지 《동신일보》와 《중외신보》 정치부·사회부 기자로 일하면서 김구 선생을 비롯한 임정 요인과 이승만, 박헌영, 김삼룡, 이주하 등을 만남. / 1947년 7월 19일 정신적 지도자로 모셔온 몽양 여운형 선생 서거 이후 33년간 일체의 공적인 사회생활을 중단하고 서울 뒷골목에서 칩거 생활 / 1980년 시인 신경림, 문학평론가 백낙청, 시인 이시영 등을 만나 분단 조국하에서 시를 쓰지 않겠다던 생각을 바꿔 시작 활동을 결심 / 1980년부터 1990년대 중반까지 재야 민주화 통일운동에 참여 / 1989년 7월 시집 《지리산》 필화사건으로 국가보안법 위반 혐의로 불구속 기소되어 대법원에서 징역 1년, 집행유예 2년 확정 판결을 받았다 / 1999년 4월 혁명상 수상 / 2013년 6월 12일 별세 / 시집으로 《망향》(1982), 《설제》, 《지리산》, 《꽃섬》, 《삼천리통일공화국》, 《별꿈》, 《산하단심》, 《봄은 왜 오지 않는가》, 《해연이 날아온다》, 《절정의 노래》(2008) 등이 있다.

가난은 문학의 양식이 되기도 하지만
때로는 절망과 변절의 독약이 되지 않나요?

참 가난하게 살았어.
한평생 가난의 바다를 헤쳐 오면서
인생이 고해임을 뼛속 깊이 절감했지.
《시인의 고향》을 취재할 때는
고구마를 싸 갖고 다니며 요기를 했고,
경로우대증이 아니면 차비가 없어
움직이지도 못할 지경이었지.
그러나 한 번도 좌절하거나
꿈을 포기한 적은 없어.
가난 때문에 운동 못 하고
시를 못 쓴다는 것은 엄살이야.

"제목 속에 이 말을 꼭 넣어줘. '팔십 청춘의 민족시인 이기형'"

1998년 11월 11일, 《말》의 권두 인터뷰를 위해 마포의 한 찻집에서 만난 이기형 시인의 주문이었다. '팔십의 민족시인 이기형'.

이 말 속에는 팔십 평생, 정확히는 82세를 살아온 한 인간의 모든 것이 담겨 있다. 이기형 선생이 말하는 '시인'은 꿈을 노래하는 혁명가이기도 하다.

"시인이란 꿈을 노래하는 혁명가이고, 시대정신을 꿰뚫는 안목을 지닌 사람이야."

이 시대의 정신은 무엇인가? 노시인은 이렇게 설파한다.

"분단사회의 시대정신은 통일을 향한 열정 속에 있어. 밥을 먹어도, 노래를 불러도, 심지어는 연애를 하더라도 통일을 염두에 두고 해야 하는 거야."

통일을 노래하기 때문에 그냥 시인이 아니라 민족시인인 것이다. 권두 인터뷰를 위해 '민족시인'을 세 차례 만났다. 82세의 노시인은 만날 때마다 강렬한 인상을 풍겼는데, 첫 만남에서는 열정을, 두 번째는 지조를, 세 번째에는 꿈을 느낄 수 있었다. 그리고 세 번째 만남 뒤에는 민족시인이라는 말에 고개를 끄덕일 수 있었다.

첫 만남 : 암야에 등불을 찾는 열정의 시인

팔십 청춘 이기형 시인과의 첫 인터뷰는 경기도 용인의 자택에서 이루어졌다. 용인 가는 길에 이기형 시인의 시집 《별꿈》을 읽던 중 '다리를 혹사한다'는 시가 눈에 띄었다.

　　오늘도 어머니가 주신 소중한 다리를 너무 혹사했습니다/ 안산을 돌고 독립공원을 누비고 당산에서 한겨레신문사까지 걸었으니까요/ 한 달 경로 버스표 열두 장으로는 어림없어/ 무려 지하철만 타고 악써 걷지요/ 마른 다리로나마 맨날 떠날 것입니다/ 뿌리를 찾아/ 통일을 찾아/ 북한강 원류를 찾아 나섰다가 삼팔선이 막아서면 석 달 열흘쯤 통곡할래요/ 백발 외아들이 백발 홀어머님을 껴안는 그날아"

　　66세 되던 해인 82년에 시집 《망향》으로 등단한 이기형 시인은 잠시도 쉬지 않고 돌아다닌다. 팔순이 넘은 나이에 이처럼 정력적으로 팔다리를 움직이는 시인을 찾아보기란 쉽지 않을 것이다. 87년에 펴낸 기행문 《시인의 고향》의 집필과정을 살

펴보노라면 노시인의 정열과 정력에 탄복하지 않을 수 없다. 고희를 넘긴 나이에 시인은 "북쪽으로 못 가는 울분과 통한"을 "남쪽 고향을 향해 봇물처럼" 터트려 버리며 민중시인들의 고향 순례를 떠났다. 그 누구의 청탁도 받지 않은 채 집필한 《시인의 고향》 후기를 읽다 보면 안쓰러움과 숙연함을 함께 느끼게 된다.

　　"생각하면 눈물겹다. 나는 이 《시인의 고향》 작업을 누구의 권고도 부탁도 받지 않고, 나 혼자의 계획으로 착수했다. 밑천이라곤 다만 경로 우대증 하나뿐이었다. 경로 우대증 내밀고 비둘기호를 타면 목포까지 가봤자 고작 9백여 원밖에 들지 않으니 말이다."

　　시인은 그 무엇을 찾아 다리를 혹사하는 걸까. 시 '다리를 혹사한다'에서 밝힌 그대로 '통일을 찾아' 쉬지 않고 걷는 것이다. 이북에 계신 어

머님을 상봉할 날을 기다리며 걷고 또 걷는 것이다.

이기형 선생의 용인 집에 도착했을 때는 저녁 무렵이었다. 백발의 노시인은 한숨 돌릴 사이도 없이 시와 민족과 통일에 대해 열변을 토해냈다.

"무엇부터 얘기를 시작할까. 난 말이야, 아직도 하고 싶은 말도, 쓰고 싶은 것도 많아. 내게 인생은 팔십부터야. 정말로 시 쓰는 일은 이제부터야. 너무 바빠 시상을 가다듬을 시간이 없어서 문제지."

이기형 시인이 최근에 쓴 시는 며칠 후 한양대에서 열리는 '양심수 없는 나라' 행사에서 낭송할 '최고 목표는 통일'. 이 선생은 "이 시대의 시는 통일에 빛을 주는 시만이 참된 시"라는 문학관을 역설하다가 원고지 14장 분량의 이 시를 즉석에서 낭송했다.

"답답하다
숨 막힌다
견딜 수 없다…"

이 대목에 이르러서는 한 손으로 가슴을 쥐어뜯으며 읽어 내렸다. 자작시를 읽어 내리는 목소리에는 이십 대 청춘의 패기와 열정이 넘쳐 났다. 이기형 시인은 정신만이 아니라 육체적으로도 청춘이었다. 그는 하루도 거르지 않고 약수터를 오르내린다.

"비가 오거나 눈이 오거나 어두컴컴한 약수터를 찾아가지. 캄캄한 산 중에서 약수터에 켜진 불빛을 보고 걷노라면 마치 '암야의 등불'을 향해 걷는다는 상상에 빠지곤 해. 식민지 시대에 해방의 불빛을 찾아 만주벌판을 달리던 혁명가, 분단의 어둠 속에서 통일을 향해 전진하는 통일운동가. 이들은 모두 암야에 등불을 향해 걷는 운동가들이라 할 수 있어. 난 단지 물을 뜨러 약수터에 가는 것만은 아니야. 바로 이 암야의 등불을 느끼기 위해 가는 거지. 꿈속을 헤매는 20대 청년처럼 말이야. "

몽양 여운형 암살당한 뒤 삼십 년간 은둔 생활

"암야의 등불'. 이기형 시인은 젊은 시절에도 어두컴컴한 식민의 밤에 등불을 찾아 헤맸다. 함흥고보를 졸업한 뒤 그는 서울로 올라와 민족의 등불과도 같은 역할을 해 줄 수 있는 지도자를 찾아 다녔는데, 이때 몽양 여운형, 춘원 이광수, 만해 한용운을 만나 보기도 했다.

"지금 우리나라에 이들을 모두 만나본 사람은 아마 없을 거야. 이광수에게 큰 실망을 했지. 난 그의 문학 작품만 보고 그래도 기대를 했는데, '우리나라는 지리적인 이유로 어느 큰 나라에 예속해서 살 수 밖에 없

다' 는 말을 듣고는 춘원이 형편없는 변절자임을 확인했지. 그런데 한용운 선생은 달랐어. 성북동 산비탈의 누추한 집에 기거하던 만해는 '이 시대에 청년들이 무엇을 할 것인가를 스스로 찾으라' 는 말을 들려 줬어. 가난과 병고에 시달리는 민족의 지도자를 보며 설움이 복받쳐 오르기도 했어."

당시 보성고보 역사교사였던 문준석 선생의 소개로 몽양을 만난 이기형은 그 뒤로 그를 민족의 지도자로 믿고 따른다.

"스물한 살 나던 38년에 서울 계동 휘문고보 뒷골목에 있던 몽양 선생의 집을 찾아갔지. 몽양은 말했어. 참된 지도자는 뒤에서 대중더러 나가라고 독려하는 것이 아니라, 앞장서서 몸소 나아가는 것이라고. 당당한 풍모, 탁월한 식견, 뛰어난 웅변을 겸비했으면서도 소탈하고 가식이 없는

분이었지. 그 뒤론 그런 지도자를 보
지 못했어."

　해방을 몽양의 집에서 맞이했던
이기형 시인은 몽양에 대한 여러 권
의 전기를 지었다. 몽양의 혁명가적
인 기질은 봉건 구습을 타파하는 모
습에서도 여실히 드러났다. 1908년
부친의 상을 치른 뒤 몽양은 손수 가
위로 상투를 자르고 집안의 노비들을

모아놓고 종문서를 불사른다. 당시의
장면은 이기형 시인이 지은 《여운형》
에 잘 묘사되어 있다.

　"그대들을 모두 해방시키겠다. 지
금부터 제각기 자유롭게 행동하라.
이제부터 상전도 없고 종도 없다. 그
런 고로 서방님이니, 아씨니 하는 칭
호부터 싹 없애라. 오직 인간은 날 때
부터 평등이니 주인과 종과의 의리는

어제까지의 나쁜 풍습이다. 오늘부터는 그런 낡은 껍데기를 벗어 던져라."

몽양은 1920년 상해에서 이동휘과의 공산주의자 그룹에 가담해 조선독립운동을 시작했고, 《공산당선언》을 우리말로 최초로 번역하기도 했다. 1921년 소련에서 열린 근동피압박인민대회에 참석해 레닌과 회담을 하기도 했던 몽양은 공산주의에 몰두하기보다는 민족문제에 더 치중했다고 한다. 그런 탓에 해방 이후 몽양의 노선은 좌와 우 양쪽으로부터 비판을 받기도 했다.

"우선 민족해방을 성취한 후에 민주혁명을 수행하고 점차로 그러나 과감하게 자주독립 통일의 민주사회주의적인 민족국가를 건설해야 한다는 것이 몽양의 이념이었어. 이를 위해서는 좌우합작을 해야 한다고 보았지. 이 때문에 일부에서 몽양이 좌도 우도 아닌 기회주의자라는 비판을 받

기도 한 거야. 그러나 이는 몽양을 잘 모르고 하는 소리지. 몽양은 줏대가 분명한 사람이야. 포용력이 넓어서 그렇게 보인 게 아닌가 싶어."

'몽양의 비서'라는 소리를 들을 만큼 여운형 선생을 가까이서 모셨던 이기형 시인은 《동신일보》, 《중외일보》 기자를 지내기도 했다. 45년 10월 18일 이승만과 미8군 사령과 하지가 군정청 회의실에서 한국 기자들을 처음 만났을 때, 《동신일보》 기자로 참석하기도 했다. 47년 7월 19일 몽양이 암살당한 뒤 이기형 선생은 칩거 생활에 들어갔다. 그 당시 그는 해직기자가 되어 숫돌장사를 하며 지내고 있었다.

"이승만이 여운형을 죽였지. 이승만이 상해 임시정부의 법통을 이어받고 있다고 하는데 도대체 말이 안 되는 얘기야. 임시정부 정통성을 이어받은 이승만이 김구를 죽이고, 여운

형을 죽이나? 이승만 정권은 친일파의 법통을 이어받았을 뿐이야."

테러리즘에 환멸을 느낀 그는 철저히 현실을 외면하고 시장바닥에서 곱창장사, 야채장사, 학원 강사를 하며 수십 년을 지냈다. 백이숙제처럼 살겠다고 작심한 그는 신동엽, 김수영 시인도 모른 채 살았다. 그러던 그가 다시 시를 쓰기 시작한 것은 75년경부터다.

"통일되기 전에는 시를 쓰지 않으려 했는데 살아생전에 통일을 못 볼 수도 있다는 생각이 들더군. 죽기 전에 이북에 계신 어머니에게 뭔가를 남겨야 하겠다는 마음으로 시를 쓰기 시작했어. 이를 모아 82년에 시집 《망향》을 펴냈지."

시집 《망향》을 펴내는 과정은 이기형 시인에겐 문학수업 과정이기도 했다.

"시집 《망향》이 나오기 전에 환갑이 넘은 노인이 시 몇 편 써 가지고 백낙청, 이시영, 신경림 씨를 뻔질나게 찾아다닌 걸 상상해봐. 귀찮았겠지만 내색하지 않고 평을 해 준 그분들을 지금 생각하면 참 고마워. 《망향》이 나온 뒤에는 또 김규동, 남정현, 양성우, 박태순 씨를 번갈아 찾아다니며 무료로 문학수업을 받았지."

두 번째 만남 :
지조와 포용력 함께 지녀야

10월 31일 양심수 전원 석방과 국가보안법 철폐 민중대동제가 열린 한양대 체육관 앞 잔디밭에서 이기형 시인을 다시 만났다. 잔디밭에서는 '민족민주열사 명예회복과 의문의 죽음 진상규명을 위한 일일주점'이 열리고 있었고, 열사들의 패널 사진이 도열해 있었다. 사진기자를 위해고 장준하 선생 사진 앞에서 포즈를

오늘도 어머니가 주신

소중한 다리를 너무 혹사했습니다

안산을 돌고 독립공원을 누비고

당산에서 한겨레신문사까지 걸었으니까요

한 달 경로 버스표 열두 장으로는 어림없어

무려 지하철만 타고 악써 걷지요

마른 다리로나마 맨날 떠날 것입니다

뿌리를 찾아

통일을 찾아

북한강 원류를 찾아 나섰다가

삼팔선이 막아서면 석 달 열흘쯤 통곡할래요

백년 외아들이 백발 홀어머님을 져안는

취한 이기형 시인은 몇 차례 주먹을 불끈불끈 쥐어 가며 열사들 이야기를 들려주었다.

"조성만 학생은 인간적으로는 예수보다 더 의지가 강한 사람이라는 생각이 들어. 예수는 가능하다면 죽음의 잔을 피하게 해 달라고 기도했어. 그런데 성만이는 명동성당에서 투신하면서 더 확실한 죽음을 위해 할복까지 했지. 그만큼 민족에 대한 사랑이 깊었던 것이고. 통일에 대한 신념이 강했던 것이야."

이기형 시인은 얼마 전《산하단심》에 실린 '사람은 어떤 때 가장 강한가' 라는 시는 이렇게 끝을 맺고 있다.

"인류 정신사는 대답한다/ 진리와 신념을 위해/ 죽음을 두려워하지 않을 때/ 바로 그 때다."

민족민주열사들이 바로 이러한 강자들이다. 그러나 보통 사람들이 이처럼 진리와 신념을 위해 죽음을 각오하기란 어려운 일이다. 어지간한 시련 앞에서도 무릎을 꿇는 게 대부분의 인간이다.

"나는 변절자를 가장 싫어하고 지조를 지키는 사람을 존경해. 그러나 국가보안법이 있는 나라에서 지조를 지킨다는 것은 예사로운 일이 아니야. 웬만큼 도덕적으로 살아서 될 일이 아니고 생의 모든 것. 심지어는 죽음까지 요구하거든. 몇 십 년 동안 감옥에서 지조를 지키는 장기수들을 봐. 초인적인 인내심과 고뇌와 결단이 없으면 선택할 수 없는 길이야."

지조를 예찬하는 이기형 시인이 젊은 시절부터 지켜 온 사상적 신념은 무엇인가?

"나는 이미 야학에 다니던 열세살 무렵에 '우리는 농사지어 알곡은 왜놈들에게 빼앗기고 껍데기만 먹는다.'는 내용의 웅변을 하기도 했어. 소년 시절부터 나는 진보적 민족주의자이고 70년의 세월이 흐른 지금도 여전히 같은 생각을 갖고 있지."

이기형 시인은 80년대에 민중을 노래했던 젊은 시인들의 대다수가 사상적 신념을 가벼이 여기는 것을 문제 삼았다.

"80년대, 90년대를 거치면서 일관되게 민중적인 시를 쓰는 젊은 시인들을 찾아보기 어려운 게 사실이야. 민중이라는 말도 사라져 버렸지. 냄비처럼 끓지 말고 온돌방처럼 온기가 오래가야 하는 것인데……"

자신을 진보적 민족주의자. 민족적 사회주의자로 여기는 이기형 시인은 지조를 소중히 여기지만 사람과의 관계에서는 포용력을 중시한다.

"우리 사회처럼 옹졸하고 비뚤어진 사회에서는 옹고집만으로 살아가기는 어려워. 자기중심은 잃지 않되 자기와 생각이 다른 사람을 포용할 줄 알아야 해. 설령 이념이나 정견이 달라도 적으로 규정하지 말고 용서하고 관용할 줄 알아야 해. 일제 강점기에는 감옥 안에서 민족주의자와 공산주의자가 한 이불 속에서 조선의 독립을 위해 머리를 맞대고 궁리했는데 지금은 노선이 조금만 달라도 등을 돌리는 게 문제야."

세 번째 만남 :
이른 새벽 서대문 독립공원 헤메고 다니기도

이기형 시인은 눈물이 많다. 그는 수요일마다 운다. 세 번째 만난 날도 수요일인데 이날도 오전 내내 울었다고 한다.

"수요일마다 KBS에서 방영하는 〈그 사람이 보고 싶다〉를 보면서 집사람이랑 눈물을 흘리곤 해. 생이별했다가 수십 년 만에 만난 사람들을 보면 어찌나 가슴이 쓰린지. 그런데 이것은 어찌 보면 작은 만남이고 더 큰 만남은 남과 북의 헤어진 가족들이 만나는 것이야."

〈그 사람이 보고 싶다〉 때문에 울었다는 이기형 시인은 마포로 오는 지하철 안에서 또 눈물을 흘렸다.

"인혁당사건 진상규명과 명예회복을 위한 자료집을 읽다가 보니 나도 모르게 눈물이 나오더군. 가족들이 겪는 고통을 떠올리니 눈물을 주체할 수 없었어. 옆자리에 앉은 사람은 내가 왜 우는지 의아했을 거야."

눈물 많은 노시인은 수년 전 서대문에 살 때는 일주일에 한두 번씩 몽유병 환자처럼 새벽에 집을 나와 눈물을 뿌리며 독립공원을 헤매고 다녔다.

"독립운동, 통일운동 하던 애국자들이 고초를 겪었던 서대문 형무소 자리를 보면서 목이 메곤 했지. 함경도 산골의 화전민 후예가 고향을 떠나와 민족의 통일과 어머니를 떠올리며 눈물을 흘리곤 했던 것이야. 고향을 생각하며 쓴 시, 장기수를 형상화한 시들은 울지 않고 쓴 것들이 없어."

이기형 시인은 눈물이야말로 바로 자신의 뜨거운 열정의 결정체라 말한다.

"내 가슴 속에서 주체하지 못할 정도로 넘쳐나는 민족과 어머니와 시대정신이 바로 눈물로 흐르는 것이야. 나는 이 눈물을 시로 만들 생각이지."

민족을 위해 흘리는 눈물이 있기에 자신을 시인이라 여기는 이기형 선생은 혁명적 낭만주의를 추구한다.

"내가 말하는 혁명적 낭만주의란 꿈을 갖는 낭만주의, 미래의 꿈을 제시하는 시를 말하지."

혁명적 낭만주의자인 이기형 시인에게 혁명은 꿈과 같은 것이고 꿈은 또한 혁명이다. 그의 꿈은 시 '별꿈'에서 '인간해방'으로 묘사되어 있다. 이기형 선생이 어느 젊은 시인보다도 더 뜨거운 열정을 지닐 수 있는 비결은 바로 그가 꿈을 꾸는 시인이기 때문이다.

"시집 《별꿈》은 바로 나의 꿈을 노래한 것이기도 해. 인간해방의 꿈, 통일의 꿈, 바로 이런 꿈들이 있기에 나는 여전히 건재하고 열정을 잃지 않고 있지."

꿈을 꾸지 않아서 청년들의 열정이 쉽게 식는 걸까?

"저마다 꿈은 있겠지만 큰 꿈이 없어서 그런 거야. 젊은 사람들은 우리 민족의 평화와 통일을 위한 원대한 꿈을 꿔야 해. 꿈을 키우기 위해서는 민족의 지도자를 찾아 다녀야 해. 그런데 내가 보기에는 해방 전후 시기에 비해 지금은 큰 인물이 없는 것 같아."

그렇다면 왜 젊은이들이 믿고 따를 만한 민족의 지도자가 보이지 않는 걸까?

"이게 모두 다 분단 때문이야. 국가보안법 아래서는 지조 있는 인물이 나오기가 쉽지 않아. 그리고 반공교육 때문에 사상과 능력을 겸비한 지도자가 크기 어려워. 50년간의 반공 이데올로기 교육은 대다수 진보인사조차도 반북의식을 갖게 만들었어. 나는 반북의식을 지닌 사람은 이 시대의 지성도 양심도 아니라고 봐. 하루빨리 반공교육이 아닌 홍익인간 교육을 실현해야 해."

남들 같으면 쓰던 시도 때려치울 나이인 66세에 시집 《망향》 펴내

인간해방의 별꿈을 꾸는 이기형 시인, 그는 젊은 시절 꿈꾸던 것을 얼마나 이루었을까.

"문학적으로는 어느 정도 이뤘지. 시집도 몇 권 냈으니까. 젊은 시절에 내가 문학을 꿈꾼 것은 문학을 통해 독립운동을 할 수 있다고 믿었기 때문이야. 지금은 문학을 통해서 통일운동을 하는 거고. 그런데 아직도 통일의 꿈은 이루지 못했어."

그런데 스스로 민족시인이라 자부하는 이기형 시인의 문학성에 대해서 문단의 평론가들은 그리 주목하지 않는 게 사실이다.

"시대정신이 있는 평론가들이 드물기 때문이야. 요즘 나오는 시집들 중에 시대적 긴장감을 유지한 작품들을 보기 어려운데 이런 시들을 높이 치는 걸 보면 실망스럽기도 해."

그러나 시대정신만 가지고 시가 되는 것은 아닐 것이다. 이기형 선생이 집회장에서 발표하는 시는 시가 아니라는 비판도 있다.

"근래 행사장에서 발표한 시를 문학적인 시라고 할 수는 없겠지. 그것은 어디까지나 행사시야. 그래도 청중들은 내가 쓴 행사시를 듣고 통쾌하다고 해."

이기형 시인은 자타가 공인하는 민족시인이 되기 위해서는 좀 더 문학적 순도를 높여야 한다는 점에 동의한다.

"내 첫 시집 《망향》에 실린 시들

저마다 꿈은 있겠지만
큰 꿈이 없어서 그런 거야.

그런데 내가 보기에는
해방 전후 시기에 비해
지금은 큰 인물이 없는 것 같아.

은 서정성과 문학적 완성도 면에서 만만한 시들이 아니야. 그 뒤로는 시사적 요구에 응답하기 위해 시를 연마하지 못한 것은 사실이지. 그렇지만 나는 이제부터 출발이야. 두고 보라고. 나는 팔십부터 전성기니까. 앞으로 시집을 한 권은 더 쓸 테니까."

1982년에 펴낸 시집 《망향》의 발문에서 신경림 시인은 66세의 시인을 이렇게 평했다.

"그는 이미 예순도 훨씬 넘은, 남들 같으면 쓰던 시도 때려치웠을 나이다. 이 나이에 그는 젊은이보다 더한 정열을 가지고 다시 시에 달려든 것이다. 그의 시에서 나이보다 오히려 젊음이 느껴지고, 연륜에서 오는 때와 결보다 젊음에서 오는 싱싱함이 더 느껴지는 까닭을 알 것 같다."

그런데 이기형 시인은 이제는 여든을 훨씬 넘긴 나이에 시를 쓰고자 달려들고 있는 것이다. 여든이 넘은 나이에 고도의 정신적 집중을 요구하는 시를 쓴다는 것도 놀랍지만, 이기형 시인이 극도의 궁핍함 속에서 시를 써왔다는 것은 '기적'과도 같은 일이었다. 가난은 문학의 양식이 되기도 하지만 때로는 절망과 변절의 독약이 되기도 한다.

"참 가난하게 살았어. 한평생 가난의 바다를 헤쳐 오면서 인생이 고해임을 뼛속 깊이 절감했지. 《시인의 고향》을 취재할 때는 고구마를 싸 갖고 다니며 요기를 했고, 경로우대증이 아니면 차비가 없어 움직이지도 못할 지경이었지. 그러나 한 번도 좌절하거나 꿈을 포기한 적은 없어. 가난 때문에 운동 못 하고 시를 못 쓴다는 것은 엄살이야."

그래도 돈이 좀 있었으면 하는 바람도 있었다.

"마음대로 글을 발표하지 못하니까 출판사를 하고 싶다는 생각이 들더라고. 그때는 돈이 무척 아쉬웠어. '차비 걱정, 찻값 걱정을 안 했다면 더 많은 사람을 만나고 보람 있는 활동을 했을 텐데' 하는 생각도 들었지."

한참 궁핍할 때 죽은 몽양 덕을 보기도 했다.

"83년 섣달 그믐날 쌀이 똑 떨어졌어. 설날 아침 끼니를 때울 양식조차 없었던 거야. 그런데 바로 그날 실천문학사로부터 몽양 전기 원고료를 받아서 쌀을 살 수 있었지. 그때 눈물 흘리던 집사람 얼굴이 눈앞에 선해."

그래도 지금은 거의 독학으로 서울대 화학과를 나와 미국에서 박사학위 받고 돌아온 아들 휘건 씨 덕분에 차비 걱정은 안 하고 지내서 다행이라고 한다. 평생을 가난의 고해에서 지내 왔지만, 열정과 민족애에 관한 한 그 누구보다 자부심을 가진 이기형 시인. 그는 '서시 1'에서 시인은 "가장 낮게 앉아 가장 높이 보는 자"이며, 그가 쓰는 시는 "가장 높은 데서 가장 깊게 보는 자"라고 했다. 평생을 가장 낮은 곳에서 살아온 이기형 시인. 그는 지금 가장 높은 데서 이 시대를 살아가는 사람들에게 백발의 열정을 다해 몸부림쳐 내달리며 시를 쓴다.

"나는 지금/ 십 킬로미터를 뛴다/ 내 조국의 통일처럼/ 늦어진/ 내 인생의 후반 길에/ 불꽃을 날리며/ 봄을 부르며/ 먼 먼 결승점을 향해/ 나는 몸부림쳐 내달린다"

_ '노장마라톤' 중

최진섭 기자 (월간 《말》 1998년 12월호)

1989년 첫 현장취재,
1998년 마지막 《말》인터뷰로 만난 민족시인

이기형 시인을 처음 만난 날짜는 1989년 1월 21일이다.

이날을 정확하게 기억하는 것은 바로 이 날 나는 월간 《말》지 입사 시험을 치뤘고, 전국민족민주운동연합(전민련) 출범식이 열리는 대학로에 갔다가 이기형 시인을 만났기 때문이다. 명동의 전진상 기념관에서 《말》지 입사 시험을 치렀는데, 1교시는 논술이었고, 2교시가 기사 작성 실기 시험이었다. 기사 작성의 주제는 대학로에서 진행된 전민련 출범식을 취재하는 것이었다.

논술 시험 문제지를 그럭저럭 채운 뒤 전민련 출범식장에 달려갔지만, 학교 다닐 때 학보사 기자 경험을 한 적도 없던 나는 언론사 기자들 뒷전에서 맴돌며 시간만 허비했다. 별다른 취재거리를 얻지 못한 채 맘 졸이던 내 눈에 연설을 경청하는 백발의 노인이 눈에 들어왔다.

전민련 출범에 대한 소감을 묻자 이 백발의 민주 시민은 청산유수로 막힘없이 답변했다. 25년이 지난 지금도 열변을 토하던 그분의 목소리와 눈빛이 생생히 떠오른다. 시험 마감시간에 쫓겨 인사도 제대로 못하고 전진상 기념관으로 돌아온 나는 무난히 원고지를 메울 수 있었다. 고

백하건대 이 백발의 민주시민이 아니었다면 제대로 된 전민련 출범식 취재기사는 둘째 치고 원고지를 메꾸는 일이 거의 불가능했을 것이다.

내게는 귀인과도 같았던 이 백발의 신사가 바로 이기형 시인이었음을 알게 된 것은 그로부터 몇 달 지나서다. 마포의《말》지 사무실에서 마감 작업을 할 때, 대학로에서 만난 백발의 시민이 편집부로 들어오더니 기자들에게 수고한다며 인사를 했다. 나는 이때야 이 분이 이기형 시인이라는 것을 알게 됐다. 그때《말》지 선배 기자들이 이기형 시인은 이곳저곳 투쟁의 현장뿐만 아니라《말》지 사무실에도 종종 찾아와서 격려한다는 점을 알려주었다. 부지런하기로 치면 천하제일의 시인이었다.

그 뒤로 간혹 집회 장소에서 만나면 이기형 시인은 안주머니에서 원고지를 꺼내 자작시를 보여줬다. 읽어보고 솔직한 평을 해 달라는 것이었다. 연배 많으신 분의 글에 대해 언급하는 것이 부담스러워서 머뭇거리면 솔직하게 말하라고 하면서 한마디라도 평을 들어야 흡족해 했다.

1998년 12월호《말》지의 권두 인터뷰를 하기 위해 이기형 시인을 몇 차례 만난 뒤 한 달쯤 지나서 10년 동안 다녔던《말》지를 퇴사했다. 그 뒤로 이기형 시인을 직접 볼 일은 거의 없었다. 그런데 2013년 여름 언론보도를 통해 이기형 시인의 장례식 소식을 접했다. 그렇게 통일을 갈구하고, 젊은이들보다 더 정열적으로 시를 쓰고, 쉬지 않고 집회현장을 찾아다니시던 분인데 결국 통일 조국을 생전에 보지 못하고 돌아가신 것이다.

산 역사 물려주려
감옥 간다

—

고 강희남 목사
(1920~2009)

우측부터 계훈제 선생, 강희남 목사, 백기완 선생, 지선 스님.

1920년 전북 김제 출생 / 1926년 초등학교 졸업 후 한학수업 및 중학 강의로 독학 / 1947년 한국신학대학 입학 / 1950년 동 대학졸업 후 중·고등학교에서 교편 생활 / 1955년 전북 김제 난산교회 등에서 목회 시작 / 1977년 긴급조치 9호로 1차 투옥되어 3년간 옥고 / 1980~1984년 한국 기독교농민회 이사장 / 1983년 문익환 목사와 민통련 창립 후 중앙위원회위원장 및 대의원총회의장 등 역임 / 1986년 전북대 강연 사건으로 2차 투옥, 1년 옥고 중 40일 단식투쟁 / 1989년 남한민족민주운동연합(전민련) 고문 / 1997년 범민련남측본부 의장 / 2009년 6월 6일 별세 / 저서 《력사 속의 실존》(1989), 《민중주의》(2001), 《중국 동북 3성을 가다》(2003), 《우리 민족 정리된 상고사》(2008), 《새번역 환단고기》(2008)

오로지 양떼를 보살피려는 마음이지만
양떼에게도 환영받지 못하는
목자의 고독한 모습이 떠오릅니다.

나는 천성적으로 고독한 사람이야.
그런데 영적 내면화의 차원에서,
하느님을 찾아가는 과정에서
고독이 필요하다는 생각도 들어.
인간의 자유함은 고독 이전에 오는 것이
아니라 고독 다음에 오는 것이지.
내가 경험한 바로는 호연지기, 자유,
무애 같은 것이 모두 다 살과 뼈를 깎는
고독, 그것으로부터 여과되어
나오는 것이 아닌가 싶어.
그런 점에서 감옥에서 수십 년간
고독하게 지낸 장기수가
더 자유로운 인간이라 할 수도 있을 거야.

5·16군사쿠데타로 박정희 정권이 들어서자 주민등록증을 찢어 버린 채 '나라 없는 백성'으로 살아온 강희남 목사가 이를 다시 만든 것은 김대중 정부가 들어선 이후다. 강 목사는 1989년에 쓴 '소위 주민등록증'이라는 제목의 글에서 주민등록증 없이 살아가는 이유를 다음과 같이 밝혔다.

"소위 주민등록증 없이 지낸 지가 우금 28년이 된다. 왜냐? 나에게는 '대통령'이 없고, 따라서 '정부'도 없다. 따라서 '국가'도 없기 때문이다. 나에게는 다만 '민족'만이 존재한다. 나는 나라 없는 백성이다. 민주 세대에서는 국민이 만든 헌법에 의해 국민의 손으로 선거해서 세운 사람이 대통령이 되는 것이다."

이처럼 정통성 없는 대통령과 국가를 인정하지 않던 강희남 목사는 김대중 정부를 '국민의 정부'로 인정하고, 1998년 봄 3·13사면으로 석방된 이후 주민등록증을 발급받은 것이다. 그런데 강 목사는 국민의 정부로 인정한 김대중 정권에 의해 다시금 구속되었다. 8·15 대축전에 참여한 혐의로 98년 8월 18일 구속되었다가 두 달 만에 보석으로 풀려난 강희남 목사를 전주의 허름한 13평짜리 아파트에서 만나보았다.

다섯 차례 감옥 간 '하느님의 집을 지키는 개'

수십 년 동안 민주화운동을 같이 했던 김대중 씨가 정권을 잡았는데도 감옥에 가게 된 것에 대해 어떻게 생각할까?

"정권은 바뀌었지만 정치세력이 교체되지 않았기 때문이야. 검찰, 안기부, 기무사 등 공안세력은 바뀐 게 하나도 없어. 그나마 정권이라도 바뀌었으니까 보석으로라도 풀려났지. 김영삼 정권 같으면 어림없는 일이야."

강희남 목사는 모두 다섯 차례 옥살이를 했다. 박정희 군사정권 이후 지금까지 노태우 시절을 빼고는, 정권이 바뀔 때마다 한두 차례씩 겪었다는 감옥 이야기를 빼고는, 그의 삶과 철학을 이야기할 수 없을 것이다. 어떤 계기로 민주화운동에 뛰어들게 되었을까?

"난 누구의 영향도 받지 않았어. 오로지 목회자로서의 양심에 기반해서 참예언자의 역할을 하려고 애썼을 뿐이야. 권력에 입바른 소리 잘한 이사야 예언자처럼 살고자 했던 것이지."

박정희 정권 시절부터 입바른 소리 잘하던 강 목사는 1977년에 긴급조치 9호로 검거되어 10년형을 선고

받고 투옥됐다. 광주교도소에서 복역할 때는 장남 세현 씨가 전주교도에 수감되기도 했다. 우연의 일치겠지만 두 사람의 수번은 모두 1967번이었다.

"세현이가 항소를 해서 광주로 이감 온 다음 날 나를 대전형무소로 이감 보내더군. 만감이 교차했지. 나는 이때부터 목사는 '하느님의 집을 지키는 개'라는 생각을 했어. 도적이 침입해 오면 짖는 것이 개가 할 일이겠고, 국민주권을 침탈한 도적 무리를 보고 짖는 것은 목회자의 의무라 하겠지."

유신독재의 심장에 총을 쏜 김재규 덕에 3년 만에 출소한 강희남 목사는 다시금 전주대학교에서 한 강연이 문제가 되어 86년 11월에 국가보안법 위반 혐의로 구속된다. 전주교도소에 수감 중이던 강 목사는 87년 전두환의 영구집권 음모인 4·13호

헌조치에 맞서 40일간의 단식투쟁을 벌이기도 했다.

"전두환 정권이 최후의 발악을 하는 모습을 보면서 죽기를 각오하고 단식투쟁을 벌이겠다는 결심을 하고 하느님께 기도했지. '하느님 아버지시여, 이 감방은 이 민족사가 제게 마련해준 거처입니다. 제가 이 안에서 죽음으로써, 제 거처가 된 이 감방으로 하여금 민주주의의 산실이 되게 하겠습니다. 저를 붙들어 주십시오'라고. 몸이 허약한 내가 40일 동안 단식한 것은 기적 같은 일이야.

6월 항쟁의 승리로 출소한 강 목사는 노태우 정권 시절에는 용케도 감옥을 피해갔다. 그러나 1994년 7월 김일성 주석 조문 건과 관련해 다시금 구속된다. 94년 7월 강희남 목사는 '북에 조문 간다 길 비켜라'고 쓴 흰 종이를 들고 판문점으로 향하다 경찰에 연행됐다.

김 주석 조문 사건으로 구속됐다가 1심에서 집행유예로 석방된 강 목사는 다시금 1995년 11월 30일 범민련 간부 30여 명과 함께 구속돼 3년 형을 선고받았다.

병아리인 민중과
암탉인 하느님이 함께 쪼아야

젊은 나이도 아니고 환갑이 넘은 연로한 나이에 국가보안법으로 감옥을 간다는 것은 분명 예사로운 일이 아니다. 감옥 가는 게 두렵지 않을까?

"두렵긴. 실로 괴로운 양심의 시대를 사는 선비가 마땅히 몸 둘 곳이라야 감옥밖에 더 있겠는가? 이것이 바로 내 양심이야. 내게 두려운 것이 있다면 '사가의 펜끝'이고 '나 자신의 그림자'일 뿐이야."

자신의 그림자가 두렵다는 것은 결코 속일 수 없는 자기 양심과 하느님이 두렵다는 뜻이다.

"나를 부끄럽게 하는 그림자는 많지. 초지를 버리고 변절하는 그림자, 말은 잘 하지만 실천이 따라가지 못하는 그림자, 좁은 길로 가야 할 줄은 알지만 자기 영광의 넓은 길로 가는 그림자가 다 그런 것에 속하지."

자기 자신의 그림자 이상으로 강 목사가 두려워하는 것은 '사가의 펜 끝'이다. 그는 함께 민주화운동을 해온 동지들에게 "사람이 무서워해야 할 것은 총칼이 아니고 지금 숨어서 이 민족사를 기록하고 있는 사가의 펜 끝"이라는 얘기를 입버릇처럼 말했다. 사가의 펜 끝을 두려워하기에 강희남 목사는 산 역사를 남기기 위해 애쓴다. 산 역사를 후대에 물려주기 위해 감옥에 가고, 고난의 길을 걷는 것이다.

"빠른 시일 안에 통일할 수 있다고 보지 않아. 양키 놈들이 있는데 쉽게 통일이 되겠어. 하지만 통일이 지고의 선이기에 통일운동을 하는 것이야. 내가 죽어 후손에게 통일조국을 물려주진 못하더라도 살아있는 정신, 산 역사는 물려줘야 하는 것 아니겠어?"

강 목사는 언제쯤 통일이 될 것이라는 확신도 없이 통일운동을 하는 걸까? 신앙심으로 한다면 모를까, 일반 사람들로서는 아무런 기약 없이 통일운동에 나서기란 어려운 일일 것이다.

"당장은 어렵지만 민중의 정성이 극에 달한 그 순간에 통일이 될 거야. 이때 쓸 수 있는 말이 줄탁동시(啐啄同時)라는 한자성어지. 이는 불교에서 쓰는 말인데 병아리가 20일 지나서 노란 부리로 알껍데기를 쪼려고 할 때(啐), 밖에서 어미 닭이 같이 쪼아주는 것(啄)을 뜻하는 것이지. 민중이 통일운동에 모두 떨쳐나서 알을 깨고 나오려고 할 때 암탉이 되시는 하느님께서 도와주실 테고, 그 순간에 통일의 옥동자는 태어날 수 있는 것이야."

그런데 강희남 목사는 근래에 무척 고독하다. 박정희 정권 때부터 함께 민주화운동을 했던 동지들이 김영삼 정권 이후 하나둘 떨어져 나가더니 최근에는 민족민주운동에 남아있는 사람이 몇 안 되기 때문이다. 범민련이 김영삼 정권에 의해 이적단체로 규정된 이후에는 뜻을 같이 하는 운동가들이 현저하게 줄어들었다. 범민련 노선에 대중성이 없다는 지적이 많다.

"본래는 범민련 주변에 운동가들이 많았는데 탄압이 심해지니까 떨어져 나간 거야. 지금이라도 우리의 신조와 원칙을 버리면 정권의 탄압이 누그러지고 대중이 따라올 수도 있겠지. 그러나 지금 당장 대중을 포섭 못한다고 원리를 버릴 수는 없어. 대중을 따라서 곁길로 갈 수는 없는 거야. 언젠가는 대중이 따라올 것이라 믿어. 왜냐하면 정권은 짧고, 민족과 운동은 영원한 것이지. 40년, 50년도 따지고 보면 잠시야."

범민련이 그토록 사력을 다해 지키려 하는 것이 무엇일까?

"너무나 상식적인 것들이야. 남북이 이미 합의한 7·4공동성명의 3대 원칙인 자주, 평화, 민족대단결이라는 통일 3원칙을 고수하려는 것이고, 연방제 통일방안과 양키군대의 철수와 같은 강령을 지키려 하는 것이야."

미국을 아메리카라 발음하고 역사는 반드시 '력사'로 표기

강 목사는 대중 집회에서도 거리

낌 없이 '양키 놈들'이라는 말을 쓴다. 어감상 미국을 얕잡아 부르는 의미가 있기에 양키라는 말을 즐겨 쓰는 그에게 대한민국은 여전히 식민지 국가다. 80년대까지는 한국사회를 식민지로 규정하는 운동가들이 많았지만, 90년대 들어선 뒤로는 이런 주장을 펴는 사람이 많지 않다. 강 의장이 변화된 정세를 너무 무시하는 것 아닐까?

"양키가 주둔하고 있는 한 대한민국은 떳떳한 주권국가가 아니야. 판문점에서 회담할 때도 태극기는 없어. 성조기가 있을 뿐이지. 그래서 북한은 남한이 아니라 미국을 상대로 하는 것이야. 남한아메리카(한미)방위협정을 놓고 봐도 우리에겐 영토도 없고, 영공도 없어. 여전히 군사적 신식민지 상태라 할 수 있어. 일제 36년이나 지금의 남한 사회나 본질에선 다를 게 없다는 게 내 생각이야."

김대중 정권도 '양키'들의 지지를 받지 못했다면 들어서지 못했을 거라는 것이 그의 판단이다.

"김대중 씨는 아메리카와 친하지 않고는 대통령이 될 수 없다는 것을 잘 아는 사람이야. 때문에 그 누구보다 친아메리카적인 성향을 띠는 것이지. 아메리카 의회에서 영어로 연설하는 것만 봐도 알 수 있잖아. 김대중 대통령이 역대 어느 대통령보다 개혁적이고 당분간 김대중을 능가하는 지도자가 나오긴 힘들겠지만 그가 통일대통령이 되긴 불가능하다고 봐. 왜냐하면 양키가 이 땅에 주둔하고 있는 한 통일은 될 수 없거든."

강 목사는 미국이라 하지 않고 '아메리카'라 하고 영국이라 하지 않고 반드시 '잉글랜드'라 한다.

"이 세상에 영국, 독일, 미국이라는 나라는 존재하질 않아. 중국 사람

성서를 읽지 않지만
내 신앙은 조금도 해이하지 않아.
나는 이 역사에 실재하고 계신
하느님과 끊임없이 대화하고 있지.
난 단 하루도 하느님 없이는
살 수 없는 사람이야.
입으로 주여, 주여 한다고
기독교인이 아냐.

그런데 세상 사람들은
거꾸로 저마다 자기에게
이로운 삶을 선택하려고 하지.

들이 영국, 독일, 미국이라고 표기했지만 그들 발음은 잉글랜드, 도이치, 아메리카하고 비슷해. 하지만 우리는 그렇게 발음하지 않잖아. 그러니까 차라리 잉글랜드, 도이치, 아메리카라고 표기하는 게 옳아."

사물의 이름을 바르게 불러줘야

이처럼 남들이 별다른 문제의식 없이 넘기는 일을 강희남 목사는 깐깐하게 따지고 넘어간다. 그는 미국을 아메리카라고 발음하듯이 역사는 반드시 '력사' 라고 표기한다. 1989년에 펴낸 강희남 목사 글모음집의 제목도 《력사 속의 실존》이다. 왜 역사가 아니고 력사일까?

"한자 역(歷)자의 원음이 '역' 이 아니라 '력' 이야. 원음으로 발음하는 게 옳아. '유럽' 이 아니고 '유　ㄹㅓ　ㅍㅛ' 이며 '그룹' 이 아니고 '그　ㄹㅜ

ㅍㅛ' 이지. 남의 문화를 중시해야 자기 문화도 중시하게 되는 법이야."

강 목사가 이토록 단어 하나하나를 고르는데 신중한 것은 공자의 정명론에 근거한다. 모든 사물의 이름을 바르게 불러 주어야 그 사물의 본질을 정확히 파악할 수 있다는 것이 정명론의 요체다.

운동과 문자사용에서 드러나는 그의 철저함은 신학에서도 마찬가지다. 그의 신앙은 단지 교회나 성서 안에 머무르지 않으며 목회공간 또한 교회 울타리를 넘어선다. 그는 성서에 수도 없이 나오는 여호와라는 말도 쓰지 않는다.

"한신대 다닐 때 예수가 여호와라는 칭호를 쓰지 않은 이유에 대해 한참 동안 연구했지. 왜 그랬을까? 내 나름대로 내린 결론은 여호와는 어디까지나 유대민족의 신을 부르는 이름이었다는 것이었어. 때문에 유대민족을 초월하는 보편적인 신을 여호와라고 부를 수 없었던 것이지. 이 뒤로 나는 구약을 읽을 대 여호와는 하느님이나 주로 바꿔 읽었어."

성서마저 버려야
참 기독교인

여호와라는 구약의 하느님 이름을 버린 강희남 목사는 10년 전 목회자의 길에서 정년퇴임하면서 성경도 함께 버렸다.

"성서를 졸업하지 않으면 참기독교인이 될 수 없지. 2천 년 전의 성서 속에서 참예수의 모습을 찾는 것은 어리석은 일이야. 성서 때문에 기독교인이 되었다고 하는 찰나에 성서를 놓아 버려야 참기독교인이 될 수 있어."

인간이 만든 관습이나 제도에 얽매이지 않고 자유롭게 신앙하는 목회자를 종종 만났지만 강 목사처럼 성서조차 버리는 파격적인 목회자는 처음이었다. 이는 마치 부처를 만나면 부처를 죽이라고 하는, 때로는 불상마저 불쏘시개로 써 버리는 선승의 자유로움과도 비슷해 보였다. 그렇다면 강 목사의 성서는 무엇인가?

"내 눈에 보이는 자연이 성서이고, 내 귀에 들리는 것은 모두 하느님의 음성이야. 하느님은 시공을 초월해서 언제 어디서나 우리에게 말씀하시는, 사랑과 진실과 정의 안에 살아계시는 하느님이지."

성서에도 얽매이지 않는 강희남 목사는 당연히 교회의 울타리에 속박되지 않는다. 그의 눈에는 교회 밖에 하느님이 아시는 진실한 교인이 있고, 참된 성전이 있다. 그는 교회 안으로 사람을 불러 모으는 전도가 아닌 밖으로 보내는 선교를 강조하는 '미시오 테이'(하느님의 선교)의 신학을 중시한다.

"하느님의 선교 신학에서는 사람이 선교하지 못하는 유물론의 공산주의 사회에서라도 하느님은 선교하고 계신다고 보고 있지. 때문에 설령 하느님을 모른 채 살고 있는 유물론자라 해도 하느님의 사랑과 정의를 실천하고 살면 하느님은 그를 당신의 자녀로 삼으시는 거야."

성서와 교회를 넘어서는 그의 신앙은 마침내는 기독교마저 넘어선다. 기독교의 하느님이 아닌 우주의 하느님을 믿는다.

"하느님이 주신 지혜로 판단해 볼 때 우리의 하느님은 기독교의 하느님이 아닌 우주의 하느님이야. 그분은 바로 이슬람의 하느님이고 동학의 하느님이고, 불교의 부처와도 같은 분

이야. 단지 인간들이 장님 코끼리 만지기식으로 제각각의 언어로 달리 표현하는 것일 뿐이야."

이 같은 신관은 제도권 교회로부터는 이단으로 판정받을 소지도 있다. 그러나 강 목사는 그런 외부의 시선에 개의치 않는다.

"성서를 읽지 않지만 내 신앙은 조금도 해이하지 않아. 나는 이 역사에 실재하고 계신 하느님과 끊임없이 대화하고 있지. 난 단 하루도 하느님 없이는 살 수 없는 사람이야. 입으로 주여, 주여 한다고 기독교인이 아냐. 자기에게 불리한 삶을 선택하는 것이 참기독교인이고, 그 길만이 하느님 나라를 건설하는 길이야. 그런데 세상 사람들은 거꾸로 저마다 자기에게 이로운 삶을 선택하려고 하지."

11월 28일, 종로 6가에 위치한 범민련 사무실에서 강희남 의장을 한

차례 더 만났다. 범민련 사무실에는 그 흔한 컴퓨터 한 대 없었다. 지난 8·15범민족대회와 관련한 증거물로 컴퓨터를 다 압수해 갔다고 한다. 강 목사는 사무실에 들어서자마자 두 손 모아 기도했다. 종교형식에 구애받지 않는 강 목사가 기도만큼은 경건하게 했다. 무어라 기도하는지 궁금하다.

"나는 항상 이 땅에 하느님의 나라가 구현되게 해 달라고 기도하지. 그러기 위해서는 이 민족의 통일이어서 이뤄져야 하고, 통일을 앞당기기 위해서는 범민련이 잘 돼야 해. 때문에 범민련을 위해서도 늘 기도하지."

자유를 찾는
고독한 흰돌

그는 혁신적인 운동관, 신앙관으로 말미암아 교단이나 재야에서도 고독하다. 전주에 있는 강 목사의 집에는 "저기 아득한 초원에 한 목자와 그 양떼, 자화상을 쓰다 흰돌 강희남"이라는 글씨가 걸려 있다. 오로지 양떼를 보살피려는 마음이지만 양떼로부터도 환영받지 못하는 목자의 고독한 모습이 떠오른다.

"나는 천성적으로 고독한 사람이야. 그런데 영적 내면화의 차원에서, 하느님을 찾아가는 과정에서 고독이 필요하다는 생각도 들어. 인간의 자유함은 고독 이전에 오는 것이 아니라 고독 다음에 오는 것이지. 내가 경험한 바로는 호연지기, 자유, 무애 같은 것이 모두 다 살과 뼈를 깎는 고독, 그것으로부터 여과되어 나오는 것이 아닌가 싶어. 그런 점에서 감옥에서 수십 년간 고독하게 지낸 장기수가 더 자유로운 인간이라 할 수도 있을 거야."

강희남 목사는 자유를 갈구하는 자화상을 다음과 같이 묘사하기도 했다.

"작은 가난을 목숨 곁에 두고 인생황야 저문 날에 창백한 얼굴로 외길 가는 나그네. 오늘도 날이 저물기 전에 떠나야 한다고, 저 광막한 사막길을 향해 정처 없이 사라지는 한 사람의 순례자를 보았는가?"

강희남 범민련 의장의 호 흰돌은 〈요한묵시록〉 2장 17절의 "승리한 사람에게는 감추어 둔 흰돌을 주겠다. 그 돌 위에는 새로운 이름이 적혀 있는데, 그 이름은 그 돌을 받는 사람밖에는 아무도 알지 못한다."는 구절에서 따온 것이다. 팔십을 목전에 둔 인생의 황혼 길에 분단의 사막 길을 외로이 걸어가는 순례자 강희남 목사. 그는 역사에서 승리한 사람이 될 것인가? 그는 말한다.

"정권 앞에 패자가 될지언정 하느님 앞에 승자가 돼야 하며 정권 앞에 죄인이 되더라도 결코 역사 앞에 죄인은 되지 말아야 한다는 것이 나의 신념이야."

최진섭 기자 (월간 《말》 1999년 1월호)

<추도시>

강희남 목사 2주기에

세월이 여류하야

가신님 돌아오지 않으니

통일 큰 일꾼 강희남님 가신 지도

어언 두 돌

가슴이 저리고

오장이 찢어져

형제 갈라져 예순 몇 해뇨

뉘 작간이냐

뭐 탓이냐

아서라 세상사 못 믿을 거여

북천을 바라 호곡하랴

남천을 쳐다봐 통곡하랴

오갈 데 없는 허에

복통이 터져

남남북녀

손에 손잡고

통일씨를 심자

강 목사님 가신 큰 뜻

이제 알겠다

통일이 그냥 온다냐

통일씨가 매냥 떨어진다냐

용문산 천이백 살 은행나무를 보아라

심고 가꾸고 가꾸고

남북형제 일떠서 손에 손잡고

어기영차

통일씨를 심고 가꾸고

칠천만 송이 통일꽃을 피우자

아, 통일 큰 열매 안아올 그날이여.

_ 이기형 시인

(2011년 6월 6일, 마석 모란공원 추도식에서 낭송)

분단시대의 지식인

통일만세

2014년 2월 15일 초판 1쇄 발행

글쓴이	남정현 · 박순경 · 최진섭 외
표지 디자인	Agi Socity
디자인	(주) 올벼
펴낸이	최진섭
펴낸곳	도서출판 말
전화	070-7165-7510
팩스	02-322-3333
주소	서울시 마포구 연남로 37 동서빌딩 2층
이메일	dreamstarjs@gmail.com
출판신고	2012년 3월 22일 제 2013-000403호

ISBN 979-11-951906-1-4